Heinrich von Kleist
dtv-Gesamtausgabe
Band 2

Heinrich von Kleist

Der zerbrochne Krug
Amphitryon
Penthesilea

Deutscher
Taschenbuch
Verlag

1. Auflage Februar 1964
4. Auflage März 1976: 37. bis 42. Tausend
Deutscher Taschenbuch Verlag GmbH & Co. KG,
München
Als Druckvorlage diente die im Carl Hanser Verlag München
erschienene Ausgabe der Sämtlichen Werke und Briefe
Kleists, herausgegeben von Helmut Sembdner.
Umschlagentwurf: Celestino Piatti
Gesamtherstellung: C. H. Beck'sche Buchdruckerei,
Nördlingen
Printed in Germany · ISBN 3-423-05192-2

DER
ZERBROCHNE
KRUG

EIN LUSTSPIEL

VORREDE

Diesem Lustspiel liegt wahrscheinlich ein historisches Faktum, worüber ich jedoch keine nähere Auskunft habe auffinden können, zum Grunde. Ich nahm die Veranlassung dazu aus einem Kupferstich, den ich vor mehreren Jahren in der Schweiz sah. Man bemerkte darauf – zuerst einen Richter, der gravitätisch auf dem Richterstuhl saß: vor ihm stand eine alte Frau, die einen zerbrochenen Krug hielt, sie schien das Unrecht, das ihm widerfahren war, zu demonstrieren: Beklagter, ein junger Bauerkerl, den der Richter, als überwiesen, andonnerte, verteidigte sich noch, aber schwach: ein Mädchen, das wahrscheinlich in dieser Sache gezeugt hatte (denn wer weiß, bei welcher Gelegenheit das Deliktum geschehen war) spielte sich, in der Mitte zwischen Mutter und Bräutigam, an der Schürze; wer ein falsches Zeugnis abgelegt hätte, könnte nicht zerknirschter dastehn: und der Gerichtsschreiber sah (er hatte vielleicht kurz vorher das Mädchen angesehen) jetzt den Richter mißtrauisch zur Seite an, wie Kreon, bei einer ähnlichen Gelegenheit, den Ödip. Darunter stand: der zerbrochene Krug. – Das Original war, wenn ich nicht irre, von einem niederländischen Meister.

WALTER, Gerichtsrat
ADAM, Dorfrichter
LICHT, Schreiber
FRAU MARTHE RULL
EVE, ihre Tochter
VEIT TÜMPEL, ein Bauer
RUPRECHT, sein Sohn
FRAU BRIGITTE
EIN BEDIENTER, BÜTTEL, MÄGDE usw.

Die Handlung spielt in einem niederländischen Dorfe
bei Utrecht.

Szene: Die Gerichtsstube

Erster Auftritt

Adam sitzt und verbindet sich ein Bein. Licht tritt auf.

LICHT. Ei, was zum Henker, sagt, Gevatter Adam!
   Was ist mit Euch geschehn? Wie seht Ihr aus?
ADAM. Ja, seht. Zum Straucheln brauchts doch nichts, als
   Auf diesem glatten Boden, ist ein Strauch hier? [Füße.
   Gestrauchelt bin ich hier; denn jeder trägt
   Den leidgen Stein zum Anstoß in sich selbst.
LICHT. Nein, sagt mir, Freund! Den Stein trüg jeglicher –?
ADAM. Ja, in sich selbst!
LICHT.   Verflucht das!
ADAM.   Was beliebt?
LICHT. Ihr stammt von einem lockern Ältervater,
   Der so beim Anbeginn der Dinge fiel,   10
   Und wegen seines Falls berühmt geworden;
   Ihr seid doch nicht –?
ADAM.   Nun?
LICHT.   Gleichfalls –?
ADAM.   Ob ich –? Ich glaube –!
   Hier bin ich hingefallen, sag ich Euch.
LICHT. Unbildlich hingeschlagen?
ADAM.   Ja, unbildlich.
   Es mag ein schlechtes Bild gewesen sein.
LICHT. Wann trug sich die Begebenheit denn zu?

ADAM. Jetzt, in dem Augenblick, da ich dem Bett
    Entsteig. Ich hatte noch das Morgenlied
    Im Mund, da stolpr' ich in den Morgen schon,
20   Und eh ich noch den Lauf des Tags beginne,
    Renkt unser Herrgott mir den Fuß schon aus.
LICHT. Und wohl den linken obenein?
ADAM.   Den linken?
LICHT. Hier, den gesetzten?
ADAM.   Freilich!
LICHT.   Allgerechter!
    Der ohnhin schwer den Weg der Sünde wandelt.
ADAM.
    Der Fuß! Was! Schwer! Warum?
LICHT.   Der Klumpfuß?
ADAM.   Klumpfuß!
    Ein Fuß ist, wie der andere, ein Klumpen.
LICHT. Erlaubt! Da tut Ihr Eurem rechten Unrecht.
    Der rechte kann sich dieser – Wucht nicht rühmen,
    Und wagt sich eh'r aufs Schlüpfrige.
ADAM.   Ach, was!
30   Wo sich der eine hinwagt, folgt der andre.
LICHT. Und was hat das Gesicht Euch so verrenkt?
ADAM. Mir das Gesicht?
LICHT.   Wie? Davon wißt Ihr nichts?
ADAM. Ich müßt ein Lügner sein – wie siehts denn aus?
LICHT. Wies aussieht?
ADAM.   Ja, Gevatterchen.
LICHT.   Abscheulich!
ADAM. Erklärt Euch deutlicher.
LICHT.   Geschunden ists,
    Ein Greul zu sehn. Ein Stück fehlt von der Wange,
    Wie groß? Nicht ohne Waage kann ichs schätzen.
ADAM. Den Teufel auch!
LICHT *bringt einen Spiegel.* Hier! Überzeugt Euch selbst!
    Ein Schaf, das, eingehetzt von Hunden, sich
40   Durch Dornen drängt, läßt nicht mehr Wolle sitzen,
    Als Ihr, Gott weiß wo? Fleisch habt sitzen lassen.
ADAM. Hm! Ja! 's ist wahr. Unlieblich sieht es aus.
    Die Nas hat auch gelitten.
LICHT.   Und das Auge.
ADAM. Das Auge nicht, Gevatter.
LICHT.   Ei, hier liegt

Querfeld ein Schlag, blutrünstig, straf mich Gott,
Als hätt ein Großknecht wütend ihn geführt.
ADAM. Das ist der Augenknochen. – Ja, nun seht,
Das alles hatt ich nicht einmal gespürt.
LICHT. Ja, ja! So gehts im Feuer des Gefechts.
ADAM. Gefecht! Was! – Mit dem verfluchten Ziegenbock, 50
Am Ofen focht ich, wenn Ihr wollt. Jetzt weiß ichs.
Da ich das Gleichgewicht verlier, und gleichsam
Ertrunken in den Lüften um mich greife,
Fass ich die Hosen, die ich gestern abend
Durchnäßt an das Gestell des Ofens hing.
Nun fass ich sie, versteht Ihr, denke mich,
Ich Tor, daran zu halten, und nun reißt
Der Bund; Bund jetzt und Hos und ich, wir stürzen,
Und häuptlings mit dem Stirnblatt schmettr' ich auf
Den Ofen hin, just wo ein Ziegenbock   60
Die Nase an der Ecke vorgestreckt.
LICHT *lacht.* Gut, gut.
ADAM.   Verdammt!
LICHT.   Der erste Adamsfall,
Den Ihr aus einem Bett hinaus getan.
ADAM.
Mein Seel! – Doch, was ich sagen wollte, was gibts
                                        Neues?
LICHT. Ja, was es Neues gibt! Der Henker hols,
Hätt ichs doch bald vergessen.
ADAM.   Nun?
LICHT. Macht Euch bereit auf unerwarteten
Besuch aus Utrecht.
ADAM.   So?
LICHT.   Der Herr Gerichtsrat kömmt.
ADAM.
Wer kömmt?
LICHT.   Der Herr Gerichtsrat Walter kömmt, aus
Er ist in Revisionsbereisung auf den Ämtern [Utrecht. 70
Und heut noch trifft er bei uns ein.
ADAM. Noch heut! Seid Ihr bei Trost?
LICHT.   So wahr ich lebe.
Er war in Holla, auf dem Grenzdorf, gestern,
Hat das Justizamt dort schon revidiert.
Ein Bauer sah zur Fahrt nach Huisum schon
Die Vorspannpferde vor den Wagen schirren.

ADAM. Heut noch, er, der Gerichtsrat, her, aus Utrecht!
    Zur Revision, der wackre Mann, der selbst
    Sein Schäfchen schiert, dergleichen Fratzen haßt.
80   Nach Huisum kommen, und uns kujonieren!
LICHT. Kam er bis Holla, kommt er auch bis Huisum.
    Nehmt Euch in acht.
ADAM.   Ach geht!
LICHT.   Ich sag es Euch.
ADAM. Geht mir mit Eurem Märchen, sag ich Euch.
LICHT. Der Bauer hat ihn selbst gesehn, zum Henker.
ADAM. Wer weiß, wen der triefäugige Schuft gesehn.
    Die Kerle unterscheiden ein Gesicht
    Von einem Hinterkopf nicht, wenn er kahl ist.
    Setzt einen Hut dreieckig auf mein Rohr,
    Hängt ihm den Mantel um, zwei Stiefeln drunter,
90   So hält so'n Schubiack ihn für wen Ihr wollt.
LICHT. Wohlan, so zweifelt fort, ins Teufels Namen,
    Bis er zur Tür hier eintritt.
ADAM.   Er, eintreten! –
    Ohn uns ein Wort vorher gesteckt zu haben.
LICHT. Der Unverstand! Als obs der vorige
    Revisor noch, der Rat Wachholder, wäre!
    Es ist Rat Walter jetzt, der revidiert.
ADAM.
    Wenngleich Rat Walter! Geht, laßt mich zufrieden.
    Der Mann hat seinen Amtseid ja geschworen,
    Und praktisiert, wie wir, nach den
100   Bestehenden Edikten und Gebräuchen.
LICHT. Nun, ich versichr' Euch, der Gerichtsrat Walter
    Erschien in Holla unvermutet gestern,
    Vis'tierte Kassen und Registraturen,
    Und suspendierte Richter dort und Schreiber,
    Warum? ich weiß nicht, ab officio.
ADAM. Den Teufel auch? Hat das der Bauer gesagt?
LICHT. Dies und noch mehr –
ADAM.   So?
LICHT.   Wenn Ihrs wissen wollt.
    Denn in der Frühe heut sucht man den Richter,
    Dem man in seinem Haus Arrest gegeben,
110   Und findet hinten in der Scheuer ihn
    Am Sparren hoch des Daches aufgehangen.
ADAM. Was sagt Ihr?

LICHT.   Hülf inzwischen kommt herbei,
  Man löst ihn ab, man reibt ihn und begießt ihn,
  Ins nackte Leben bringt man ihn zurück.

ADAM. So? Bringt man ihn?

LICHT.   Doch jetzo wird versiegelt,
  In seinem Haus, vereidet und verschlossen,
  Es ist, als wär er eine Leiche schon,
  Und auch sein Richteramt ist schon beerbt.

ADAM.
  Ei, Henker, seht! – Ein liederlicher Hund wars –
  Sonst eine ehrliche Haut, so wahr ich lebe,   120
  Ein Kerl, mit dem sichs gut zusammen war;
  Doch grausam liederlich, das muß ich sagen.
  Wenn der Gerichtsrat heut in Holla war,
  So gings ihm schlecht, dem armen Kauz, das glaub ich.

LICHT. Und dieser Vorfall einzig, sprach der Bauer,
  Sei schuld, daß der Gerichtsrat noch nicht hier;
  Zu Mittag treff er doch ohnfehlbar ein.

ADAM. Zu Mittag! Gut, Gevatter! Jetzt gilts Freundschaft.
  Ihr wißt, wie sich zwei Hände waschen können.
  Ihr wollt auch gern, ich weiß, Dorfrichter werden,   130
  Und Ihr verdients, bei Gott, so gut wie einer.
  Doch heut ist noch nicht die Gelegenheit,
  Heut laßt Ihr noch den Kelch vorübergehn.

LICHT. Dorfrichter, ich! Was denkt Ihr auch von mir?

ADAM. Ihr seid ein Freund von wohlgesetzter Rede,
  Und Euren Cicero habt Ihr studiert
  Trotz einem auf der Schul in Amsterdam.
  Drückt Euren Ehrgeiz heut hinunter, hört Ihr?
  Es werden wohl sich Fälle noch ergeben,
  Wo Ihr mit Eurer Kunst Euch zeigen könnt.   140

LICHT. Wir zwei Gevatterleute! Geht mir fort.

ADAM. Zu seiner Zeit, Ihr wißts, schwieg auch der große
  Demosthenes. Folgt hierin seinem Muster.
  Und bin ich König nicht von Mazedonien,
  Kann ich auf meine Art doch dankbar sein.

LICHT. Geht mir mit Eurem Argwohn, sag ich Euch.
  Hab ich jemals –?

ADAM.   Seht, ich, ich, für mein Teil,
  Dem großen Griechen folg ich auch. Es ließe
  Von Depositionen sich und Zinsen

150   Zuletzt auch eine Rede ausarbeiten:
      Wer wollte solche Perioden drehn?
LICHT. Nun, also!
ADAM.   Von solchem Vorwurf bin ich rein,
      Der Henker hols! Und alles, was es gilt,
      Ein Schwank ists etwa, der zur Nacht geboren,
      Des Tags vorwitzgen Lichtstrahl scheut.
LICHT.   Ich weiß.
ADAM. Mein Seel! Es ist kein Grund, warum ein Richter,
      Wenn er nicht auf dem Richtstuhl sitzt,
      Soll gravitätisch, wie ein Eisbär, sein.
LICHT. Das sag ich auch.
ADAM.   Nun denn, so kommt Gevatter,
160   Folgt mir ein wenig zur Registratur;
      Die Aktenstöße setz ich auf, denn die,
      Die liegen wie der Turm zu Babylon.

Zweiter Auftritt

Ein Bedienter tritt auf. Die Vorigen. – Nachher: Zwei Mägde.

DER BEDIENTE.
      Gott helf, Herr Richter! Der Gerichtsrat Walter
      Läßt seinen Gruß vermelden, gleich wird er hier sein.
ADAM. Ei, du gerechter Himmel! Ist er mit Holla
      Schon fertig?
DER BEDIENTE. Ja, er ist in Huisum schon.
ADAM. He! Liese! Grete!
LICHT.   Ruhig, ruhig jetzt.
ADAM. Gevatterchen!
LICHT.   Laßt Euern Dank vermelden.
DER BEDIENTE. Und morgen reisen wir nach Hussahe.
170 ADAM. Was tu ich jetzt? Was laß ich?
           Er greift nach seinen Kleidern.
ERSTE MAGD *tritt auf.*   Hier bin ich, Herr.
LICHT. Wollt Ihr die Hosen anziehn? Seid Ihr toll?
ZWEITE MAGD *tritt auf.*
      Hier bin ich, Herr Dorfrichter.
LICHT.   Nehmt den Rock.
ADAM *sieht sich um.*
      Wer? Der Gerichtsrat?
LICHT.   Ach, die Magd ist es.

ADAM.
  Die Bäffchen! Mantel! Kragen!
ERSTE MAGD.   Erst die Weste!
ADAM. Was? – Rock aus! Hurtig!
LICHT *zum Bedienten.*   Der Herr Gerichtsrat
  Hier sehr willkommen sein. Wir sind sogleich [werden
  Bereit ihn zu empfangen. Sagt ihm das.
ADAM. Den Teufel auch! Der Richter Adam läßt sich
  Entschuldigen.
LICHT.   Entschuldigen!
ADAM.   Entschuldgen.
  Ist er schon unterwegs etwa?
DER BEDIENTE.   Er ist   180
  Im Wirtshaus noch. Er hat den Schmied bestellt;
  Der Wagen ging entzwei.
ADAM.   Gut. Mein Empfehl.
  Der Schmied ist faul. Ich ließe mich entschuldgen.
  Ich hätte Hals und Beine fast gebrochen,
  Schaut selbst, 's ist ein Spektakel, wie ich ausseh;
  Und jeder Schreck purgiert mich von Natur.
  Ich wäre krank.
LICHT.   Seid Ihr bei Sinnen? –
  Der Herr Gerichtsrat wär sehr angenehm.
  – Wollt Ihr?
ADAM.   Zum Henker!
LICHT.   Was?
ADAM.   Der Teufel soll mich holen,
  Ists nicht so gut, als hätt ich schon ein Pulver!   190
LICHT. Das fehlt noch, daß Ihr auf den Weg ihm leuchtet.
ADAM. Margrete! he! Der Sack voll Knochen! Liese!
DIE BEIDEN MÄGDE.
  Hier sind wir ja. Was wollt Ihr?
ADAM.   Fort! sag ich.
  Kuhkäse, Schinken, Butter, Würste, Flaschen
  Aus der Registratur geschafft! Und flink! –
  Du nicht. Die andere. – Maulaffe! Du ja!
  – Gotts Blitz, Margrete! Liese soll, die Kuhmagd,
  In die Registratur!
              Die erste Magd geht ab.
DIE ZWEITE MAGD.   Sprecht, soll man Euch verstehn!
ADAM.
  Halts Maul jetzt, sag ich –! Fort! schaff mir die Perücke!

200   Marsch! Aus dem Bücherschrank! Geschwind! Pack
                                                    dich!

Die zweite Magd ab.

LICHT *zum Bedienten.*
    Es ist dem Herrn Gerichtsrat, will ich hoffen,
    Nichts Böses auf der Reise zugestoßen?

DER BEDIENTE.
    Je, nun! Wir sind im Hohlweg umgeworfen.

ADAM. Pest! Mein geschundner Fuß! Ich krieg die Stiefeln –

LICHT. Ei, du mein Himmel! Umgeworfen, sagt Ihr?
    Doch keinen Schaden weiter –?

DER BEDIENTE.   Nichts von Bedeutung.
    Der Herr verstauchte sich die Hand ein wenig.
    Die Deichsel brach.

ADAM.   Daß er den Hals gebrochen!

LICHT.
    Die Hand verstaucht! Ei, Herr Gott! Kam der Schmied

DER BEDIENTE.   [schon?

210   Ja, für die Deichsel.

LICHT.   Was?

ADAM.   Ihr meint, der Doktor.

LICHT. Was?

DER BEDIENTE. Für die Deichsel?

ADAM.   Ach, was! Für die Hand.

DER BEDIENTE.
    Adies, ihr Herrn. – Ich glaub, die Kerls sind toll. *Ab.*

LICHT. Den Schmied meint ich.

ADAM.   Ihr gebt Euch bloß, Gevatter.

LICHT. Wieso?

ADAM.   Ihr seid verlegen.

LICHT.   Was!

Die erste Magd tritt auf.

ADAM.   He! Liese!
    Was hast du da?

ERSTE MAGD.   Braunschweiger Wurst, Herr Richter.

ADAM. Das sind Pupillenakten.

LICHT.   Ich, verlegen!

ADAM. Die kommen wieder zur Registratur.

ERSTE MAGD. Die Würste?

ADAM.   Würste! Was! Der Einschlag hier.

LICHT. Es war ein Mißverständnis.

DIE ZWEITE MAGD *tritt auf.*   Im Bücherschrank,
   Herr Richter, find ich die Perücke nicht.   220
ADAM. Warum nicht?
ZWEITE MAGD.   Hm! Weil Ihr –
ADAM.   Nun?
ZWEITE MAGD.   Gestern abend –
   Glock eilf –
ADAM.   Nun? Werd ichs hören?
ZWEITE MAGD.   Ei, Ihr kamt ja,
   Besinnt Euch, ohne die Perück ins Haus.
ADAM. Ich, ohne die Perücke?
ZWEITE MAGD.   In der Tat.
   Da ist die Liese, die's bezeugen kann.
   Und Eure andr' ist beim Perückenmacher.
ADAM. Ich wär –?
ERSTE MAGD.   Ja, meiner Treu, Herr Richter Adam!
   Kahlköpfig wart Ihr, als Ihr wiederkamt;
   Ihr spracht, Ihr wärt gefallen, wißt Ihr nicht?
   Das Blut mußt ich Euch noch vom Kopfe waschen.   230
ADAM. Die Unverschämte!
ERSTE MAGD.   Ich will nicht ehrlich sein.
ADAM. Halts Maul, sag ich, es ist kein wahres Wort.
LICHT. Habt Ihr die Wund seit gestern schon?
ADAM.   Nein, heut.
   Die Wunde heut und gestern die Perücke.
   Ich trug sie weiß gepudert auf dem Kopfe,
   Und nahm sie mit dem Hut, auf Ehre, bloß,
   Als ich ins Haus trat, aus Versehen ab.
   Was die gewaschen hat, das weiß ich nicht.
   – Scher dich zum Satan, wo du hingehörst!
   In die Registratur!   *Erste Magd ab.*
                         Geh, Margarete!   240
   Gevatter Küster soll mir seine borgen;
   In meine hätt die Katze heute morgen
   Gejungt, das Schwein! Sie läge eingesäuet
   Mir unterm Bette da, ich weiß nun schon.
LICHT. Die Katze? Was? Seid Ihr –?
ADAM.   So wahr ich lebe.
   Fünf Junge, gelb und schwarz, und eins ist weiß.
   Die schwarzen will ich in der Vecht ersäufen.
   Was soll man machen? Wollt Ihr eine haben?
LICHT. In die Perücke?

ADAM.   Der Teufel soll mich holen!
250 Ich hatte die Perücke aufgehängt,
     Auf einen Stuhl, da ich zu Bette ging,
     Den Stuhl berühr ich in der Nacht, sie fällt –
LICHT. Drauf nimmt die Katze sie ins Maul –
ADAM.   Mein Seel –
LICHT. Und trägt sie unters Bett und jungt darin.
ADAM. Ins Maul? Nein –
LICHT.   Nicht? Wie sonst?
ADAM.   Die Katz? Ach, was!
LICHT. Nicht? Oder Ihr vielleicht?
ADAM.   Ins Maul! Ich glaube–!
     Ich stieß sie mit dem Fuße heut hinunter,
     Als ich es sah.
LICHT.   Gut, gut.
ADAM.   Kanaillen die!
     Die balzen sich und jungen, wo ein Platz ist.
ZWEITE MAGD *kichernd.*
260 So soll ich hingehn?
ADAM.   Ja, und meinen Gruß
     An Muhme Schwarzgewand, die Küsterin.
     Ich schickt ihr die Perücke unversehrt
     Noch heut zurück – ihm brauchst du nichts zu sagen.
     Verstehst du mich?
ZWEITE MAGD.   Ich werd es schon bestellen. *Ab.*

Dritter Auftritt

Adam und Licht.

ADAM Mir ahndet heut nichts Guts, Gevatter Licht.
LICHT. Warum?
ADAM.   Es geht bunt alles überecke mir.
     Ist nicht auch heut Gerichtstag?
LICHT.   Allerdings.
     Die Kläger stehen vor der Türe schon.
ADAM. – Mir träumt', es hätt ein Kläger mich ergriffen,
270 Und schleppte vor den Richtstuhl mich; und ich,
     Ich säße gleichwohl auf dem Richtstuhl dort,
     Und schält' und hunzt' und schlingelte mich herunter,
     Und judiziert den Hals ins Eisen mir.
LICHT. Wie? Ihr Euch selbst?

ADAM.   So wahr ich ehrlich bin.
  Drauf wurden beide wir zu eins, und flohn,
  Und mußten in den Fichten übernachten.
LICHT. Nun? Und der Traum meint Ihr –?
ADAM.   Der Teufel hols.
  Wenns auch der Traum nicht ist, ein Schabernack,
  Seis, wie es woll, ist wider mich im Werk!
LICHT.
  Die läppsche Furcht! Gebt Ihr nur vorschriftsmäßig,   280
  Wenn der Gerichtsrat gegenwärtig ist,
  Recht den Parteien auf dem Richterstuhle,
  Damit der Traum vom ausgehunzten Richter
  Auf andre Art nicht in Erfüllung geht.

Vierter Auftritt

Der Gerichtsrat Walter tritt auf. Die Vorigen.

WALTER. Gott grüß Euch, Richter Adam.
ADAM.   Ei, willkommen!
  Willkommen, gnädger Herr, in unserm Huisum!
  Wer konnte, du gerechter Gott, wer konnte
  So freudigen Besuches sich gewärtgen.
  Kein Traum, der heute früh Glock achte noch
  Zu solchem Glücke sich versteigen durfte.   290
WALTER. Ich komm ein wenig schnell, ich weiß; und muß
  Auf dieser Reis, in unsrer Staaten Dienst,
  Zufrieden sein, wenn meine Wirte mich
  Mit wohlgemeintem Abschiedsgruß entlassen.
  Inzwischen ich, was meinen Gruß betrifft,
  Ich meins von Herzen gut, schon wenn ich komme.
  Das Obertribunal in Utrecht will
  Die Rechtspfleg auf dem platten Land verbessern,
  Die mangelhaft von mancher Seite scheint,
  Und strenge Weisung hat der Mißbrauch zu erwarten. 300
  Doch *mein* Geschäft auf dieser Reis ist noch
  Ein strenges nicht, sehn soll ich bloß, nicht strafen,
  Und find ich gleich nicht alles, wie es soll,
  Ich freue mich, wenn es erträglich ist.
ADAM. Fürwahr, so edle Denkart muß man loben.
  Euer Gnaden werden hie und da, nicht zweifl' ich,
  Den alten Brauch im Recht zu tadeln wissen;

Und wenn er in den Niederlanden gleich
Seit Kaiser Karl dem fünften schon besteht:
310 Was läßt sich in Gedanken nicht erfinden?
Die Welt, sagt unser Sprichwort, wird stets klüger,
Und alles liest, ich weiß, den Puffendorf;
Doch Huisum ist ein kleiner Teil der Welt,
Auf den nicht mehr, nicht minder, als sein Teil nur
Kann von der allgemeinen Klugheit kommen.
Klärt die Justiz in Huisum gütigst auf,
Und überzeugt Euch, gnädger Herr, Ihr habt
Ihr noch sobald den Rücken nicht gekehrt,
Als sie auch völlig Euch befriedgen wird;
320 Doch fändet Ihr sie heut im Amte schon
Wie Ihr sie wünscht, mein Seel, so wärs ein Wunder,
Da sie nur dunkel weiß noch, was Ihr wollt.

WALTER. Es fehlt an Vorschriften, ganz recht. Vielmehr
Es sind zu viel, man wird sie sichten müssen.

ADAM. Ja, durch ein großes Sieb. Viel Spreu! Viel Spreu!

WALTER. Das ist dort der Herr Schreiber?

LICHT.   Der Schreiber Licht,
Zu Eurer hohen Gnaden Diensten. Pfingsten
Neun Jahre, daß ich im Justizamt bin.

ADAM *bringt einen Stuhl.*
Setzt Euch.

WALTER.   Laßt sein.

ADAM.   Ihr kommt von Holla schon.

330 WALTER. Zwei kleine Meilen – Woher wißt Ihr das?

ADAM. Woher? Euer Gnaden Diener –

LICHT.   Ein Bauer sagt' es,
Der eben jetzt von Holla eingetroffen.

WALTER. Ein Bauer?

ADAM.   Aufzuwarten.

WALTER.   – Ja! Es trug sich
Dort ein unangenehmer Vorfall zu,
Der mir die heitre Laune störte,
Die in Geschäften uns begleiten soll. –
Ihr werdet davon unterrichtet sein?

ADAM. Wärs wahr, gestrenger Herr? Der Richter Pfaul,
Weil er Arrest in seinem Haus empfing,
340 Verzweiflung hätt den Toren überrascht,
Er hing sich auf?

WALTER.   Und machte Übel ärger.
  Was nur Unordnung schien, Verworrenheit,
  Nimmt jetzt den Schein an der Veruntreuung,
  Die das Gesetz, Ihr wißts, nicht mehr verschont. –
  Wie viele Kassen habt Ihr?
ADAM.   Fünf, zu dienen.
WALTER. Wie, fünf! Ich stand im Wahn – Gefüllte Kassen?
  Ich stand im Wahn, daß Ihr nur vier –
ADAM.   Verzeiht!
  Mit der Rhein-Inundations-Kollektenkasse?
WALTER. Mit der Inundations-Kollektenkasse!
  Doch jetzo ist der Rhein nicht inundiert,   350
  Und die Kollekten gehn mithin nicht ein.
  – Sagt doch, Ihr habt ja wohl Gerichtstag heut?
ADAM. Ob wir –?
WALTER.   Was?
LICHT.   Ja, den ersten in der Woche.
WALTER. Und jene Schar von Leuten, die ich draußen
  Auf Eurem Flure sah, sind das –?
ADAM.   Das werden –
LICHT. Die Kläger sinds, die sich bereits versammeln.
WALTER. Gut. Dieser Umstand ist mir lieb, ihr Herren.
  Laßt diese Leute, wenns beliebt, erscheinen.
  Ich wohne dem Gerichtsgang bei; ich sehe
  Wie er in Eurem Huisum üblich ist.   360
  Wir nehmen die Registratur, die Kassen,
  Nachher, wenn diese Sache abgetan.
ADAM. Wie Ihr befehlt. – Der Büttel! He! Hanfriede!

Fünfter Auftritt

Die zweite Magd tritt auf. Die Vorigen.

ZWEITE MAGD. Gruß von Frau Küsterin, Herr Richter
                                              Adam;
  So gern sie die Perück Euch auch –
ADAM.   Wie? Nicht?
ZWEITE MAGD. Sie sagt, es wäre Morgenpredigt heute;
  Der Küster hätte selbst die eine auf,
  Und seine andre wäre unbrauchbar,
  Sie sollte heut zu dem Perückenmacher.
ADAM. Verflucht!

370 ZWEITE MAGD.   Sobald der Küster wieder kömmt,
  Wird sie jedoch sogleich Euch seine schicken.
ADAM. Auf meine Ehre, gnädger Herr –
WALTER.   Was gibts?
ADAM. Ein Zufall, ein verwünschter, hat um beide
  Perücken mich gebracht. Und jetzt bleibt mir
  Die dritte aus, die ich mir leihen wollte:
  Ich muß kahlköpfig den Gerichtstag halten.
WALTER. Kahlköpfig!
ADAM.   Ja, beim ewgen Gott! So sehr
  Ich ohne der Perücke Beistand um
  Mein Richteransehn auch verlegen bin.
380 – Ich müßt es auf dem Vorwerk noch versuchen,
  Ob mir vielleicht der Pächter –?
WALTER.   Auf dem Vorwerk!
  Kann jemand anders hier im Orte nicht –?
ADAM. Nein, in der Tat –
WALTER.   Der Prediger vielleicht.
ADAM. Der Prediger? Der –
WALTER.   Oder Schulmeister.
ADAM. Seit der Sackzehnde abgeschafft, Euer Gnaden,
  Wozu ich hier im Amte mitgewirkt,
  Kann ich auf beider Dienste nicht mehr rechnen.
WALTER. Nun, Herr Dorfrichter? Nun? Und der Gerichts-
  Denkt Ihr zu warten, bis die Haar Euch wachsen? [tag?
390 ADAM. Ja, wenn Ihr mir erlaubt, schick ich aufs Vorwerk.
WALTER. – Wie weit ists auf das Vorwerk?
ADAM.   Ei! Ein kleines
  Halbstündchen.
WALTER.   Eine halbe Stunde, was!
  Und Eurer Sitzung Stunde schlug bereits.
  Macht fort! Ich muß noch heut nach Hussahe.
ADAM. Macht fort! Ja –
WALTER.   Ei, so pudert Euch den Kopf ein!
  Wo Teufel auch, wo ließt Ihr die Perücken?
  – Helft Euch so gut Ihr könnt. Ich habe Eile.
ADAM. Auch das.
DER BÜTTEL *tritt auf.*
    Hier ist der Büttel!
ADAM.   Kann ich inzwischen
  Mit einem guten Frühstück, Wurst aus Braunschweig,
400 Ein Gläschen Danziger etwa –

WALTER.   Danke sehr.

ADAM.

  Ohn Umständ!

WALTER.   Dank', Ihr hörts, habs schon genossen.
  Geht Ihr, und nutzt die Zeit, ich brauche sie
  In meinem Büchlein etwas mir zu merken.

ADAM. Nun, wenn Ihr so befehlt – Komm, Margarete!

WALTER. – Ihr seid ja bös verletzt, Herr Richter Adam.
  Seid Ihr gefallen?

ADAM.   – Hab einen wahren Mordschlag
  Heut früh, als ich dem Bett entstieg, getan:
  Seht, gnädger Herr Gerichtsrat, einen Schlag
  Ins Zimmer hin, ich glaubt es wär ins Grab.

WALTER. Das tut mir leid. – Es wird doch weiter nicht   410
  Von Folgen sein?

ADAM.   Ich denke nicht. Und auch
  In meiner Pflicht solls weiter mich nicht stören. –
  Erlaubt!

WALTER.   Geht, geht!

ADAM *zum Büttel.*   Die Kläger rufst du – marsch!
        Adam, die Magd und der Büttel ab.

Sechster Auftritt

Frau Marthe, Eve, Veit und Ruprecht treten auf. –
Walter und Licht im Hintergrunde.

FRAU MARTHE. Ihr krugzertrümmerndes Gesindel, ihr!
  Ihr sollt mir büßen, ihr!

VEIT.   Sei Sie nur ruhig,
  Frau Marth! Es wird sich alles hier entscheiden.

FRAU MARTHE.

  O ja. Entscheiden. Seht doch. Den Klugschwätzer.
  Den Krug mir, den zerbrochenen, entscheiden.
  Wer wird mir den geschiednen Krug entscheiden?
  Hier wird entschieden werden, daß geschieden   420
  Der Krug mir bleiben soll. Für so'n Schiedsurteil
  Geb ich noch die geschiednen Scherben nicht.

VEIT. Wenn Sie sich Recht erstreiten kann, Sie hörts,
  Ersetz ich ihn.

FRAU MARTHE.   Er mir den Krug ersetzen.
  Wenn ich mir Recht erstreiten kann, ersetzen.

Setz Er den Krug mal hin, versuch Ers mal,
Setz Er'n mal hin auf das Gesims! Ersetzen!
Den Krug, der kein Gebein zum Stehen hat,
Zum Liegen oder Sitzen hat, ersetzen!

430 VEIT. Sie hörts! Was geifert Sie? Kann man mehr tun?
Wenn einer Ihr von uns den Krug zerbrochen,
Soll Sie entschädigt werden.

FRAU MARTHE.   Ich entschädigt!
Als ob ein Stück von meinem Hornvieh spräche.
Meint Er, daß die Justiz ein Töpfer ist?
Und kämen die Hochmögenden und bänden
Die Schürze vor, und trügen ihn zum Ofen,
Die könnten sonst was in den Krug mir tun,
Als ihn entschädigen. Entschädigen!

RUPRECHT. Laß Er sie, Vater. Folg Er mir. Der Drachen!
440 's ist der zerbrochne Krug nicht, der sie wurmt,
Die Hochzeit ist es, die ein Loch bekommen,
Und mit Gewalt hier denkt sie sie zu flicken.
Ich aber setze noch den Fuß eins drauf:
Verflucht bin ich, wenn ich die Metze nehme.

FRAU MARTHE.
Der eitle Flaps! Die Hochzeit ich hier flicken!
Die Hochzeit, nicht des Flickdrahts, unzerbrochen
Nicht einen von des Kruges Scherben wert.
Und stünd die Hochzeit blankgescheuert vor mir,
Wie noch der Krug auf dem Gesimse gestern,
450 So faßt ich sie beim Griff jetzt mit den Händen,
Und schlüg sie gellend ihm am Kopf entzwei,
Nicht aber hier die Scherben möcht ich flicken!
Sie flicken!

EVE.   Ruprecht!
RUPRECHT.   Fort du –!
EVE.   Liebster Ruprecht!
RUPRECHT. Mir aus den Augen!
EVE.   Ich beschwöre dich.
RUPRECHT. Die lüderliche –! Ich mag nicht sagen, was.
EVE. Laß mich ein einzges Wort dir heimlich –
RUPRECHT.   Nichts!
EVE. – Du gehst zum Regimente jetzt, o Ruprecht,
Wer weiß, wenn du erst die Muskete trägst,
Ob ich dich je im Leben wieder sehe.
460 Krieg ists, bedenke, Krieg, in den du ziehst:

Willst du mit solchem Grolle von mir scheiden?

RUPRECHT.

Groll? Nein, bewahr mich Gott, das will ich nicht
Gott schenk dir so viel Wohlergehn, als er
Erübrigen kann. Doch kehrt ich aus dem Kriege
Gesund, mit erzgegoßnem Leib zurück,
Und würd in Huisum achtzig Jahre alt,
So sagt ich noch im Tode zu dir: Metze!
Du willsts ja selber vor Gericht beschwören.

FRAU MARTHE *zu Eve.*

Hinweg! Was sagt ich dir? Willst du dich noch
Beschimpfen lassen? Der Herr Korporal   470
Ist was für dich, der würdge Holzgebein,
Der seinen Stock im Militär geführt,
Und nicht dort der Maulaffe, der dem Stock
Jetzt seinen Rücken bieten wird. Heut ist
Verlobung, Hochzeit, wäre Taufe heute,
Es wär mir recht, und mein Begräbnis leid ich,
Wenn ich dem Hochmut erst den Kamm zertreten,
Der mir bis an die Krüge schwillet.

EVE.   Mutter!
Laßt doch den Krug! Laßt mich doch in der Stadt ver-
                                                   suchen,
Ob ein geschickter Handwerksmann die Scherben   480
Nicht wieder Euch zur Lust zusammenfügt.
Und wärs um ihn geschehn, nehmt meine ganze
Sparbüchse hin, und kauft Euch einen neuen.
Wer wollte doch um einen irdnen Krug,
Und stammt er von Herodes' Zeiten her,
Solch einen Aufruhr, so viel Unheil stiften.

FRAU MARTHE.

Du sprichst, wie dus verstehst. Willst du etwa
Die Fiedel tragen, Evchen, in der Kirche
Am nächsten Sonntag reuig Buße tun?
Dein guter Name lag in diesem Topfe,   490
Und vor der Welt mit ihm ward er zerstoßen,
Wenn auch vor Gott nicht, und vor mir und dir.
Der Richter ist mein Handwerksmann, der Schergen,
Der Block ists, Peitschenhiebe, die es braucht,
Und auf den Scheiterhaufen das Gesindel,
Wenns unsre Ehre weiß zu brennen gilt,
Und diesen Krug hier wieder zu glasieren.

Siebenter Auftritt

Adam im Ornat, doch ohne Perücke, tritt auf. Die Vorigen.

ADAM *für sich.*

    Ei, Evchen. Sieh! Und der vierschrötge Schlingel,
    Der Ruprecht! Ei, was Teufel, sieh! Die ganze Sipp-
                               schaft!
500   – Die werden mich doch nicht bei mir verklagen?

EVE. O liebste Mutter, folgt mir, ich beschwör Euch,
    Laßt diesem Unglückszimmer uns entfliehen!

ADAM. Gevatter! Sagt mir doch, was bringen die?

LICHT. Was weiß ich? Lärm um nichts; Lappalien.
    Es ist ein Krug zerbrochen worden, hör ich.

ADAM. Ein Krug! So! Ei! – Ei, wer zerbrach den Krug?

LICHT. Wer ihn zerbrochen?

ADAM.   Ja, Gevatterchen.

LICHT. Mein Seel, setzt Euch: so werdet Ihrs erfahren.

ADAM *heimlich.*

    Evchen!

EVE *gleichfalls.*

         Geh Er.

ADAM.   Ein Wort.

EVE.   Ich will nichts wissen.

510 ADAM. Was bringt ihr mir?

EVE.   Ich sag Ihm, Er soll gehn.

ADAM. Evchen! Ich bitte dich! Was soll mir das bedeuten?

EVE. Wenn Er nicht gleich –! Ich sags Ihm, laß Er mich.

ADAM *zu Licht.*

    Gevatter, hört, mein Seel, ich halts nicht aus.
    Die Wund am Schienbein macht mir Übelkeiten;
    Führt Ihr die Sach, ich will zu Bette gehn.

LICHT. Zu Bett –? Ihr wollt –? Ich glaub, Ihr seid verrückt.

ADAM. Der Henker hols. Ich muß mich übergeben.

LICHT. Ich glaub, Ihr rast, im Ernst. Soeben kommt Ihr –?
    – Meinthalben. Sagts dem Herrn Gerichtsrat dort.
520   Vielleicht erlaubt ers. – Ich weiß nicht, was Euch fehlt?

ADAM *wieder zu Evchen.*

    Evchen! Ich flehe dich! Um alle Wunden!
    Was ists, das ihr mir bringt?

EVE.   Er wirds schon hören.

ADAM. Ists nur der Krug dort, den die Mutter hält,
    Den ich, soviel –?

EVE.   Ja, der zerbrochne Krug nur.
ADAM. Und weiter nichts?
EVE.   Nichts weiter.
ADAM.   Nichts? Gewiß
                                                nicht?
EVE. Ich sag Ihm, geh Er. Laß Er mich zufrieden.
ADAM. Hör du, bei Gott, sei klug, ich rat es dir.
EVE. Er, Unverschämter!
ADAM.   In dem Attest steht
   Der Name jetzt, Frakturschrift, Ruprecht Tümpel.
   Hier trag ichs fix und fertig in der Tasche;   530
   Hörst du es knackern, Evchen? Sieh, das kannst du,
   Auf meine Ehr, heut übers Jahr dir holen,
   Dir Trauerschürz und Mieder zuzuschneiden,
   Wenns heißt: der Ruprecht in Batavia
   Krepiert' – ich weiß, an welchem Fieber nicht,
   Wars gelb, wars scharlach, oder war es faul.
WALTER.
   Sprecht nicht mit den Partein, Herr Richter Adam,
   Vor der Session! Hier setzt Euch, und befragt sie.
ADAM. Was sagt er? – Was befehlen Euer Gnaden?
WALTER. Was ich befehl? – Ich sagte deutlich Euch,   540
   Daß Ihr nicht heimlich vor der Sitzung sollt
   Mit den Partein zweideutge Sprache führen.
   Hier ist der Platz, der Eurem Amt gebührt,
   Und öffentlich Verhör, was ich erwarte.
ADAM *für sich.*
   Verflucht! Ich kann mich nicht dazu entschließen –!
   – Es klirrte etwas, da ich Abschied nahm –
LICHT *ihn aufschreckend.*
   Herr Richter! Seid Ihr –?
ADAM.   Ich? Auf Ehre nicht!
   Ich hatte sie behutsam drauf gehängt,
   Und müßt ein Ochs gewesen sein –
LICHT.   Was?
ADAM.   Was?
LICHT.   Ich fragte –?
ADAM. Ihr fragtet, ob ich –?
LICHT.   Ob Ihr taub seid, fragt ich.   550
   Dort Seiner Gnaden haben Euch gerufen.
ADAM. Ich glaubte –! Wer ruft?
LICHT.   Der Herr Gerichtsrat dort.

ADAM *für sich.* Ei! Hols der Henker auch! Zwei Fälle gibts,
    Mein Seel, nicht mehr, und wenns nicht biegt, so brichts.
    – Gleich! Gleich! Gleich! Was befehlen Euer Gnaden?
    Soll jetzt die Prozedur beginnen?
WALTER. Ihr seid ja sonderbar zerstreut. Was fehlt Euch?
ADAM. – Auf Ehr! Verzeiht. Es hat ein Perlhuhn mir,
    Das ich von einem Indienfahrer kaufte,
560   Den Pips: ich soll es nudeln, und verstehs nicht,
    Und fragte dort die Jungfer bloß um Rat.
    Ich bin ein Narr in solchen Dingen, seht,
    Und meine Hühner nenn ich meine Kinder.
WALTER.
    Hier. Setzt Euch. Ruft den Kläger und vernehmt ihn.
    Und Ihr, Herr Schreiber, führt das Protokoll.
ADAM. Befehlen Euer Gnaden den Prozeß
    Nach den Formalitäten, oder so,
    Wie er in Huisum üblich ist, zu halten?
WALTER. Nach den gesetzlichen Formalitäten,
570   Wie er in Huisum üblich ist, nicht anders.
ADAM. Gut, gut. Ich werd Euch zu bedienen wissen.
    Seid Ihr bereit, Herr Schreiber?
LICHT.   Zu Euren Diensten.
ADAM. – So nimm, Gerechtigkeit, denn deinen Lauf!
    Klägere trete vor.
FRAU MARTHE.   Hier, Herr Dorfrichter!
ADAM. Wer seid Ihr?
FRAU MARTHE.   Wer –?
ADAM.   Ihr.
FRAU MARTHE.   Wer ich –?
ADAM.   Wer Ihr seid!
    Wes Namens, Standes, Wohnorts, und so weiter.
FRAU MARTHE.
    Ich glaub, Er spaßt, Herr Richter.
ADAM.   Spaßen, was!
    Ich sitz im Namen der Justiz, Frau Marthe,
    Und die Justiz muß wissen, wer Ihr seid.
580 LICHT *halblaut.* Laßt doch die sonderbare Frag –
FRAU MARTHE.   Ihr guckt
    Mir alle Sonntag in die Fenster ja,
    Wenn Ihr aufs Vorwerk geht!
WALTER.   Kennt Ihr die Frau?
ADAM. Sie wohnt hier um die Ecke, Euer Gnaden,

Wenn man den Fußsteig durch die Hecken geht;
Witw' eines Kastellans, Hebamme jetzt,
Sonst eine ehrliche Frau, von gutem Rufe.

WALTER. Wenn Ihr so unterrichtet seid, Herr Richter,
So sind dergleichen Fragen überflüssig.
Setzt ihren Namen in das Protokoll,
Und schreibt dabei: dem Amte wohlbekannt.   590

ADAM. Auch das. Ihr seid nicht für Formalitäten.
Tut so, wie Seiner Gnaden anbefohlen.

WALTER. Fragt nach dem Gegenstand der Klage jetzt.

ADAM. Jetzt soll ich –?

WALTER *ungeduldig.*   Ja, den Gegenstand ermitteln!

ADAM. Das ist gleichfalls ein Krug, verzeiht.

WALTER.   Wie? Gleichfalls!

ADAM. Ein Krug. Ein bloßer Krug. Setzt einen Krug,
Und schreibt dabei: dem Amte wohlbekannt.

LICHT. Auf meine hingeworfene Vermutung
Wollt Ihr, Herr Richter –?

ADAM.   Mein Seel, wenn ichs Euch sage
So schreibt Ihrs hin. Ists nicht ein Krug, Frau Marthe?   600

FRAU MARTHE. Ja, hier der Krug –

ADAM.   Da habt Ihrs.

FRAU MARTHE.   Der zerbrochne –

ADAM. Pedantische Bedenklichkeit.

LICHT.   Ich bitt Euch –

ADAM.
Und wer zerbrach den Krug? Gewiß der Schlingel –?

FRAU MARTHE.
Ja, er, der Schlingel dort –

ADAM *für sich.*   Mehr brauch ich nicht.

RUPRECHT.
Das ist nicht wahr, Herr Richter.

ADAM *für sich.*   Auf, aufgelebt, du alter Adam!

RUPRECHT.
Das lügt sie in den Hals hinein –

ADAM.   Schweig, Maulaffe!
Du steckst den Hals noch früh genug ins Eisen.
– Setzt einen Krug, Herr Schreiber, wie gesagt,
Zusamt dem Namen des, der ihn zerschlagen.
Jetzt wird die Sache gleich ermittelt sein.   610

WALTER.
Herr Richter! Ei! Welch ein gewaltsames Verfahren.

ADAM. Wieso?

LICHT. Wollt Ihr nicht förmlich –?

ADAM. Nein! sag ich;
Ihr Gnaden lieben Förmlichkeiten nicht.

WALTER. Wenn Ihr die Instruktion, Herr Richter Adam,
Nicht des Prozesses einzuleiten wißt,
Ist hier der Ort jetzt nicht, es Euch zu lehren.
Wenn Ihr Recht anders nicht, als so, könnt geben,
So tretet ab: vielleicht kanns Euer Schreiber.

ADAM. Erlaubt! Ich gabs, wies hier in Huisum üblich;
620   Euer Gnaden habens also mir befohlen.

WALTER. Ich hätt –?

ADAM. Auf meine Ehre!

WALTER. Ich befahl Euch,
Recht hier nach den Gesetzen zu erteilen;
Und hier in Huisum glaubt ich die Gesetze
Wie anderswo in den vereinten Staaten.

ADAM. Da muß submiß ich um Verzeihung bitten!
Wir haben hier, mit Euerer Erlaubnis,
Statuten, eigentümliche, in Huisum,
Nicht aufgeschriebene, muß ich gestehn, doch durch
Bewährte Tradition uns überliefert.
630   Von dieser Form, getrau ich mir zu hoffen,
Bin ich noch heut kein Jota abgewichen.
Doch auch in Eurer andern Form bin ich,
Wie sie im Reich mag üblich sein, zu Hause.
Verlangt Ihr den Beweis? Wohlan, befehlt!
Ich kann Recht so jetzt, jetzo so erteilen.

WALTER. Ihr gebt mir schlechte Meinungen, Herr Richter.
Es sei. Ihr fangt von vorn die Sache an. –

ADAM. Auf Ehr! Gebt acht, Ihr sollt zufrieden sein.
– Frau Marthe Rull! Bringt Eure Klage vor.

FRAU MARTHE.
640   Ich klag, Ihr wißts, hier wegen dieses Krugs;
Jedoch vergönnt, daß ich, bevor ich melde
Was diesem Krug geschehen, auch beschreibe
Was er vorher mir war.

ADAM. Das Reden ist an Euch.

FRAU MARTHE.
Seht ihr den Krug, ihr wertgeschätzten Herren?
Seht ihr den Krug?

ADAM. O ja, wir sehen ihn.

FRAU MARTHE.
  Nichts seht ihr, mit Verlaub, die Scherben seht ihr;
  Der Krüge schönster ist entzwei geschlagen.
  Hier grade auf dem Loch, wo jetzo nichts,
  Sind die gesamten niederländischen Provinzen
  Dem span'schen Philipp übergeben worden.   650
  Hier im Ornat stand Kaiser Karl der fünfte:
  Von dem seht ihr nur noch die Beine stehn.
  Hier kniete Philipp, und empfing die Krone:
  Der liegt im Topf, bis auf den Hinterteil,
  Und auch noch der hat einen Stoß empfangen.
  Dort wischten seine beiden Muhmen sich,
  Der Franzen und der Ungarn Königinnen,
  Gerührt die Augen aus; wenn man die eine
  Die Hand noch mit dem Tuch empor sieht heben,
  So ists, als weinete sie über sich.   660
  Hier im Gefolge stützt sich Philibert,
  Für den den Stoß der Kaiser aufgefangen,
  Noch auf das Schwert; doch jetzo müßt er fallen,
  So gut wie Maximilian: der Schlingel!
  Die Schwerter unten jetzt sind weggeschlagen.
  Hier in der Mitte, mit der heilgen Mütze,
  Sah man den Erzbischof von Arras stehn;
  Den hat der Teufel ganz und gar geholt,
  Sein Schatten nur fällt lang noch übers Pflaster.
  Hier standen rings, im Grunde, Leibtrabanten,   670
  Mit Hellebarden, dicht gedrängt, und Spießen,
  Hier Häuser, seht, vom großen Markt zu Brüssel,
  Hier guckt noch ein Neugierger aus dem Fenster:
  Doch was er jetzo sieht, das weiß ich nicht.

ADAM. Frau Marth! Erlaßt uns das zerscherbte Paktum,
  Wenn es zur Sache nicht gehört.
  Uns geht das Loch – nichts die Provinzen an,
  Die darauf übergeben worden sind.

FRAU MARTHE. Erlaubt! Wie schön der Krug, gehört zur
  Den Krug erbeutete sich Childerich,   [Sache! – 680
  Der Kesselflicker, als Oranien
  Briel mit den Wassergeusen überrumpelte.
  Ihn hatt ein Spanier, gefüllt mit Wein,
  Just an den Mund gesetzt, als Childerich
  Den Spanier von hinten niederwarf,
  Den Krug ergriff, ihn leert' und weiter ging.

ADAM. Ein würdger Wassergeuse.

FRAU MARTHE.   Hierauf vererbte
Der Krug auf Fürchtegott, den Totengräber;
Der trank zu dreimal nur, der Nüchterne,
690   Und stets vermischt mit Wasser aus dem Krug.
Das erstemal, als er im Sechzigsten
Ein junges Weib sich nahm; drei Jahre drauf,
Als sie noch glücklich ihn zum Vater machte;
Und als sie jetzt noch funfzehn Kinder zeugte,
Trank er zum drittenmale, als sie starb.

ADAM. Gut. Das ist auch nicht übel.

FRAU MARTHE.   Drauf fiel der Krug
An den Zachäus, Schneider in Tirlemont,
Der meinem sel'gen Mann, was ich euch jetzt
Berichten will, mit eignem Mund erzählt.
700   Der warf, als die Franzosen plünderten,
Den Krug, samt allem Hausrat aus dem Fenster,
Sprang selbst, und brach den Hals, der Ungeschickte,
Und dieser irdne Krug, der Krug von Ton,
Aufs Bein kam er zu stehen, und blieb ganz.

ADAM. Zur Sache, wenns beliebt, Frau Marthe Rull! Zur
FRAU MARTHE.   [Sache!
Drauf in der Feuersbrunst von sechsundsechzig,
Da hatt ihn schon mein Mann, Gott hab ihn selig –

ADAM. Zum Teufel! Weib! So seid Ihr noch nicht fertig?

FRAU MARTHE.
– Wenn ich nicht reden soll, Herr Richter Adam,
710   So bin ich unnütz hier, so will ich gehn,
Und ein Gericht mir suchen, das mich hört.

WALTER. Ihr sollt hier reden: doch von Dingen nicht,
Die Eurer Klage fremd. Wenn Ihr uns sagt,
Daß jener Krug Euch wert, so wissen wir
Soviel, als wir zum Richten hier gebrauchen.

FRAU MARTHE.
Wieviel ihr brauchen möget, hier zu richten,
Das weiß ich nicht, und untersuch es nicht;
Das aber weiß ich, daß ich, um zu klagen,
Muß vor euch sagen dürfen, über was.

WALTER.
720   Gut denn. Zum Schluß jetzt. Was geschah dem Krug?
Was? – Was geschah dem Krug im Feuer

Von Anno sechsundsechzig? Wird mans hören?
Was ist dem Krug geschehn?
FRAU MARTHE.   Was ihm geschehen?
Nichts ist dem Krug, ich bitt euch sehr, ihr Herren,
Nichts Anno sechsundsechzig ihm geschehen.
Ganz blieb der Krug, ganz in der Flammen Mitte,
Und aus des Hauses Asche zog ich ihn
Hervor, glasiert, am andern Morgen, glänzend,
Als käm er eben aus dem Töpferofen.
WALTER. Nun gut. Nun kennen wir den Krug. Nun wissen   730
Wir alles, was dem Krug geschehn, was nicht.
Was gibts jetzt weiter?
FRAU MARTHE.   Nun, diesen Krug jetzt, seht
                                         – den Krug,
Zertrümmert einen Krug noch wert, den Krug
Für eines Fräuleins Mund, die Lippe selbst
Nicht der Frau Erbstatthalterin zu schlecht,
Den Krug, ihr hohen Herren Richter beide,
Den Krug hat jener Schlingel mir zerbrochen.
ADAM. Wer?
FRAU MARTHE. Er, der Ruprecht dort.
RUPRECHT.   Das ist gelogen,
Herr Richter.
ADAM.   Schweig Er, bis man Ihn fragen wird.
Auch heut an Ihn noch wird die Reihe kommen.   740
– Habt Ihrs im Protokoll bemerkt?
LICHT.   O ja.
ADAM. Erzählt den Hergang, würdige Frau Marthe.
FRAU MARTHE. Es war Uhr eilfe gestern –
ADAM.   Wann, sagt Ihr?
FRAU MARTHE.
Uhr eilf.
ADAM.   Am Morgen!
FRAU MARTHE.   Nein, verzeiht, am Abend –
Und schon die Lamp im Bette wollt ich löschen,
Als laute Männerstimmen, ein Tumult,
In meiner Tochter abgelegnen Kammer,
Als ob der Feind einbräche, mich erschreckt.
Geschwind die Trepp eil ich hinab, ich finde
Die Kammertür gewaltsam eingesprengt,   750
Schimpfreden schallen wütend mir entgegen,
Und da ich mir den Auftritt jetzt beleuchte,

Was find ich jetzt, Herr Richter, was jetzt find ich?
Den Krug find ich zerscherbt im Zimmer liegen,
In jedem Winkel liegt ein Stück,
Das Mädchen ringt die Händ, und er, der Flaps dort,
Der trotzt, wie toll, Euch in des Zimmers Mitte.

ADAM *bankerott.* Ei, Wetter!

FRAU MARTHE.   Was?

ADAM.   Sieh da, Frau Marthe!

FRAU MARTHE.   Ja! –
Drauf ists, als ob, in so gerechtem Zorn,
760 Mir noch zehn Arme wüchsen, jeglichen
Fühl ich mir wie ein Geier ausgerüstet.
Ihn stell ich dort zur Rede, was er hier
In später Nacht zu suchen, mir die Krüge
Des Hauses tobend einzuschlagen habe:
Und er, zur Antwort gibt er mir, jetzt ratet?
Der Unverschämte! Der Halunke, der!
Aufs Rad will ich ihn sehen, oder mich
Nicht mehr geduldig auf den Rücken legen:
Er spricht, es hab ein anderer den Krug
770 Vom Sims gestürzt – ein anderer, ich bitt Euch,
Der vor ihm aus der Kammer nur entwichen;
– Und überhäuft mit Schimpf mir da das Mädchen.

ADAM. O! faule Fische – Hierauf?

FRAU MARTHE.   Auf dies Wort
Seh ich das Mädchen fragend an; die steht
Gleich einer Leiche da, ich sage: Eve! –
Sie setzt sich; ists ein anderer gewesen,
Frag ich? Und Joseph und Maria, ruft sie,
Was denkt Ihr Mutter auch? – So sprich! Wer wars?
Wer sonst, sagt sie, – und wer auch konnt es anders?
780 Und schwört mir zu, daß ers gewesen ist.

EVE. Was schwor ich Euch? Was hab ich Euch geschwo-
Nichts schwor ich, nichts Euch –   [ren?

FRAU MARTHE.   Eve!

EVE.   Nein! Dies lügt Ihr –

RUPRECHT. Da hört ihrs.

ADAM.   Hund, jetzt, verfluchter, schweig,
Soll hier die Faust den Rachen dir nicht stopfen!
Nachher ist Zeit für dich, nicht jetzt.

FRAU MARTHE.
Du hättest nicht –?

EVE.   Nein, Mutter! Dies verfälscht Ihr.
  Seht, leid tuts in der Tat mir tief zur Seele,
  Daß ich es öffentlich erklären muß:
  Doch nichts schwor ich, nichts, nichts hab ich ge-
ADAM. Seid doch vernünftig, Kinder.   [schworen.
LICHT.   Das ist ja seltsam.   790
FRAU MARTHE. Du hättest mir, o Eve, nicht versichert –?
  Nicht Joseph und Maria angerufen?
EVE.
  Beim Schwur nicht! Schwörend nicht! Seht, dies jetzt
  Und Joseph und Maria ruf ich an.   [schwör ich,
ADAM.
  Ei, Leutchen! Ei, Frau Marthe! Was auch macht Sie?
  Wie schüchtert Sie das gute Kind auch ein.
  Wenn sich die Jungfer wird besonnen haben,
  Erinnert ruhig dessen, was geschehen,
  – Ich sage, was geschehen *ist*, und was,
  Spricht sie nicht, wie sie soll, geschehn noch *kann*:   800
  Gebt acht, so sagt sie heut uns aus, wie gestern,
  Gleichviel, ob sies beschwören kann, ob nicht.
  Laßt Joseph und Maria aus dem Spiele.
WALTER. Nicht doch, Herr Richter, nicht! Wer wollte den
  Parteien so zweideutge Lehren geben.
FRAU MARTHE. Wenn sie ins Angesicht mir sagen kann,
  Schamlos, die liederliche Dirne, die,
  Daß es ein andrer als der Ruprecht war,
  So mag meintwegen sie – ich mag nicht sagen, was.
  Ich aber, ich versichr' es Euch, Herr Richter,   810
  Und kann ich gleich nicht, daß sies schwor, behaupten,
  Daß sies gesagt hat gestern, das beschwör *ich*,
  Und Joseph und Maria ruf ich an.
ADAM. Nun weiter will ja auch die Jungfer –
WALTER.   Herr Richter!
ADAM. Euer Gnaden? – Was sagt er? – Nicht, Herzens-
                              Evchen?
FRAU MARTHE. Heraus damit! Hast dus mir nicht gesagt?
  Hast dus mir gestern nicht, mir nicht gesagt?
EVE. Wer leugnet Euch, daß ichs gesagt –
ADAM.   Da habt ihrs.
RUPRECHT. Die Metze, die!
ADAM.   Schreibt auf.
VEIT.   Pfui, schäm Sie sich.

820 WALTER. Von Eurer Aufführung, Herr Richter Adam,
Weiß ich nicht, was ich denken soll. Wenn Ihr selbst
Den Krug zerschlagen hättet, könntet Ihr
Von Euch ab den Verdacht nicht eifriger
Hinwälzen auf den jungen Mann, als jetzt. –
Ihr setzt nicht mehr ins Protokoll, Herr Schreiber,
Als nur der Jungfer Eingeständnis, hoff ich,
Vom gestrigen Geständnis, nicht vom Fakto.
– Ists an die Jungfer jetzt schon auszusagen?
ADAM. Mein Seel, wenns ihre Reihe noch nicht ist,
830 In solchen Dingen irrt der Mensch, Euer Gnaden.
Wen hätt ich fragen sollen jetzt? Beklagten?
Auf Ehr! Ich nehme gute Lehre an.
WALTER. Wie unbefangen! – Ja, fragt den Beklagten.
Fragt, macht ein Ende, fragt, ich bitt Euch sehr:
Dies ist die letzte Sache, die Ihr führt.
ADAM. Die letzte! Was! Ei freilich! Den Beklagten!
Wohin auch, alter Richter, dachtest du?
Verflucht, das pipse Perlhuhn mir! Daß es
Krepiert wär an der Pest in Indien!
840 Stets liegt der Kloß von Nudeln mir im Sinn.
WALTER.
Was liegt? Was für ein Kloß liegt Euch –?
ADAM.   Der Nudelkloß,
Verzeiht, den ich dem Huhne geben soll.
Schluckt mir das Aas die Pille nicht herunter,
Mein Seel, so weiß ich nicht, wies werden wird.
WALTER. Tut Eure Schuldigkeit, sag ich, zum Henker!
ADAM. Beklagter trete vor.
RUPRECHT.   Hier, Herr Dorfrichter.
Ruprecht, Veits des Kossäten Sohn, aus Huisum.
ADAM. Vernahm Er dort, was vor Gericht soeben
Frau Marthe gegen Ihn hat angebracht?
850 RUPRECHT. Ja, Herr Dorfrichter, das hab ich.
ADAM.   Getraut Er sich
Etwas dagegen aufzubringen, was?
Bekennt Er, oder unterfängt Er sich,
Hier wie ein gottvergeßner Mensch zu leugnen?
RUPRECHT. Was ich dagegen aufzubringen habe,
Herr Richter? Ei! Mit Euerer Erlaubnis,
Daß sie kein wahres Wort gesprochen hat.
ADAM. So? Und das denkt Er zu beweisen?

RUPRECHT. O ja.

ADAM.   Die würdige Frau Marthe, die.
  Beruhige Sie sich. Es wird sich finden.

WALTER. Was geht Ihm die Frau Marthe an, Herr Richter? 860

ADAM. Was mir –? Bei Gott! Soll ich als Christ –?

WALTER.   Bericht
  Er, was Er für sich anzuführen hat. –
  Herr Schreiber, wißt Ihr den Prozeß zu führen?

ADAM. Ach, was!

LICHT.   Ob ich – ei nun, wenn Euer Gnaden –

ADAM. Was glotzt Er da? Was hat Er aufzubringen?
  Steht nicht der Esel, wie ein Ochse, da?
  Was hat Er aufzubringen?

RUPRECHT.   Was ich aufzubringen?

WALTER. Er ja, Er soll den Hergang jetzt erzählen.

RUPRECHT.
  Mein Seel, wenn man zu Wort mich kommen ließe.

WALTER. 's ist in der Tat, Herr Richter, nicht zu dulden. 870

RUPRECHT. Glock zehn Uhr mocht es etwa sein zu Nacht, –
  Und warm just diese Nacht des Januars
  Wie Mai, – als ich zum Vater sage: Vater!
  Ich will ein bissel noch zur Eve gehn.
  Denn heuren wollt ich sie, das müßt ihr wissen,
  Ein rüstig Mädel ists, ich habs beim Ernten
  Gesehn, wo alles von der Faust ihr ging,
  Und ihr das Heu man flog, als wie gemaust.
  Da sagt' ich: willst du? Und sie sagte: ach!
  Was du da gakelst. – Und nachher sagt' sie, ja.   880

ADAM. Bleib Er bei seiner Sache. Gakeln! Was!
  Ich sagte, willst du? Und sie sagte, ja.

RUPRECHT. Ja, meiner Treu, Herr Richter.

WALTER.   Weiter! Weiter!

RUPRECHT.   Nun –
  Da sagt ich: Vater, hört Er? Laß Er mich.
  Wir schwatzen noch am Fenster was zusammen.
  Na, sagt er, lauf; bleibst du auch draußen, sagt er?
  Ja, meiner Seel, sag ich, das ist geschworen.
  Na, sagt er, lauf, um eilfe bist du hier.

ADAM. Na, so sag du, und gakle, und kein Ende.
  Na, hat er bald sich ausgesagt?

RUPRECHT.   Na, sag ich,   890
  Das ist ein Wort, und setz die Mütze auf,

Und geh; und übern Steig will ich, und muß
Durchs Dorf zurückgehn, weil der Bach geschwollen.
Ei, alle Wetter, denk ich, Ruprecht, Schlag!
Nun ist die Gartentür bei Marthens zu:
Denn bis um zehn läßt 's Mädel sie nur offen,
Wenn ich um zehn nicht da bin, komm ich nicht.

ADAM. Die liederliche Wirtschaft, die.

WALTER.   Drauf weiter?

RUPRECHT. Drauf – wie ich übern Lindengang mich näh're
900 Bei Marthens, wo die Reihen dicht gewölbt,
Und dunkel, wie der Dom zu Utrecht, sind,
Hör ich die Gartentüre fernher knarren.
Sieh da! Da ist die Eve noch! sag ich,
Und schicke freudig Euch, von wo die Ohren
Mir Kundschaft brachten, meine Augen nach –
– Und schelte sie, da sie mir wiederkommen,
Für blind, und schicke auf der Stelle sie
Zum zweitenmal, sich besser umzusehen,
Und schimpfe sie nichtswürdige Verleumder,
910 Aufhetzer, niederträchtge Ohrenbläser,
Und schicke sie zum drittenmal, und denke,
Sie werden, weil sie ihre Pflicht getan,
Unwillig los sich aus dem Kopf mir reißen,
Und sich in einen andern Dienst begeben:
Die Eve ists, am Latz erkenn ich sie,
Und einer ists noch obenein.

ADAM. So? Einer noch? Und wer, Er Klugschwätzer?

RUPRECHT. Wer? Ja, mein Seel, da fragt Ihr mich –

ADAM.   Nun also!
Und nicht gefangen, denk ich, nicht gehangen.

920 WALTER. Fort! Weiter in der Rede! Laßt ihn doch!
Was unterbrecht Ihr ihn, Herr Dorfrichter?

RUPRECHT. Ich kann das Abendmahl darauf nicht nehmen,
Stockfinster wars, und alle Katzen grau.
Doch müßt Ihr wissen, daß der Flickschuster,
Der Lebrecht, den man kürzlich losgesprochen,
Dem Mädel längst mir auf die Fährte ging.
Ich sagte vorgen Herbst schon: Eve, höre,
Der Schuft schleicht mir ums Haus, das mag ich nicht;
Sag ihm, daß du kein Braten bist für ihn,
930 Mein Seel, sonst werf ich ihn vom Hof herunter.
Die spricht, ich glaub, du schierst mich, sagt ihm was,

Das ist nicht hin, nicht her, nicht Fisch, nicht Fleisch:
Drauf geh ich hin, und werf den Schlingel herunter.
ADAM. So? Lebrecht heißt der Kerl?
RUPRECHT.   Ja, Lebrecht.
ADAM.   Gut.
Das ist ein Nam. Es wird sich alles finden.
– Habt Ihrs bemerkt im Protokoll, Herr Schreiber?
LICHT. O ja, und alles andere, Herr Richter.
ADAM. Sprich weiter, Ruprecht, jetzt, mein Sohn.
RUPRECHT.   Nun schießt,
Da ich Glock elf das Pärchen hier begegne,
– Glock zehn Uhr zog ich immer ab – das Blatt mir.   940
Ich denke, halt, jetzt ists noch Zeit, o Ruprecht,
Noch wachsen dir die Hirschgeweihe nicht: –
Hier mußt du sorgsam dir die Stirn befühlen,
Ob dir von fern hornartig etwas keimt.
Und drücke sacht mich durch die Gartenpforte,
Und berg in einen Strauch von Taxus mich:
Und hör Euch ein Gefispre hier, ein Scherzen,
Ein Zerren hin, Herr Richter, Zerren her,
Mein Seel, ich denk, ich soll vor Lust –
EVE.   Du Böswicht!
Was das, o, schändlich ist von dir!
FRAU MARTHE.   Halunke!   950
Dir weis ich noch einmal, wenn wir allein sind,
Die Zähne! Wart! Du weißt noch nicht, wo mir
Die Haare wachsen! Du sollsts erfahren!
RUPRECHT. Ein Viertelstündchen dauerts so, ich denke,
Was wirds doch werden, ist doch heut nicht Hochzeit?
Und eh ich den Gedanken ausgedacht,
Husch! sind sie beid ins Haus schon, vor dem Pastor.
EVE. Geht, Mutter, mag es werden, wie es will –
ADAM. Schweig du mir dort, rat ich, das Donnerwetter
Schlägt über dich ein, unberufne Schwätzerin!   960
Wart, bis ich auf zur Red dich rufen werde.
WALTER.
Sehr sonderbar, bei Gott!
RUPRECHT.   Jetzt hebt, Herr Richter Adam,
Jetzt hebt sichs, wie ein Blutsturz, mir. Luft!
Da mir der Knopf am Brustlatz springt: Luft jetzt!
Und reiße mir den Latz auf: Luft jetzt sag ich!
Und geh, und drück, und tret und donnere,

Da ich der Dirne Tür, verriegelt finde,
Gestemmt, mit Macht, auf einen Tritt, sie ein.
ADAM. Blitzjunge, du!
RUPRECHT.   Just da sie auf jetzt rasselt,
970   Stürzt dort der Krug vom Sims ins Zimmer hin,
Und husch! springt einer aus dem Fenster Euch:
Ich seh die Schöße noch vom Rocke wehn.
ADAM. War das der Leberecht?
RUPRECHT.   Wer sonst, Herr Richter?
Das Mädchen steht, die werf ich übern Haufen,
Zum Fenster eil ich hin, und find den Kerl
Noch in den Pfählen hangen, am Spalier,
Wo sich das Weinlaub aufrankt bis zum Dach.
Und da die Klinke in der Hand mir blieb,
Als ich die Tür eindonnerte, so reiß ich
980   Jetzt mit dem Stahl eins pfundschwer übern Detz ihm:
Den just, Herr Richter, konnt ich noch erreichen.
ADAM. Wars eine Klinke?
RUPRECHT.   Was?
ADAM.   Obs –
RUPRECHT.   Ja, die Türklinke.
ADAM. Darum.
LICHT.   Ihr glaubtet wohl, es war ein Degen?
ADAM. Ein Degen? Ich – wieso?
RUPRECHT.   Ein Degen!
LICHT.   Je nun!
Man kann sich wohl verhören. Eine Klinke
Hat sehr viel Ähnlichkeit mit einem Degen.
ADAM. Ich glaub –!
LICHT.   Bei meiner Treu! Der Stiel, Herr Richter?
ADAM. Der Stiel!
RUPRECHT.   Der Stiel! Der wars nun aber nicht.
Der Klinke umgekehrtes Ende wars.
990   ADAM. Das umgekehrte Ende wars der Klinke!
LICHT. So! So!
RUPRECHT.   Doch auf dem Griffe lag ein Klumpen
Blei, wie ein Degengriff, das muß ich sagen.
ADAM. Ja, wie ein Griff.
LICHT.   Gut. Wie ein Degengriff.
Doch irgend eine tücksche Waffe mußt es
Gewesen sein. Das wußt ich wohl.
WALTER. Zur Sache stets, ihr Herren, doch! Zur Sache!

ADAM. Nichts als Allotrien, Herr Schreiber! – Er, weiter!
RUPRECHT.
   Jetzt stürzt der Kerl, und ich schon will mich wenden,
   Als ichs im Dunkeln auf sich rappeln sehe.
   Ich denke, lebst du noch? und steig aufs Fenster   1000
   Und will dem Kerl das Gehen unten legen:
   Als jetzt, ihr Herrn, da ich zum Sprung just aushol,
   Mir eine Handvoll grobgekörnten Sandes –
   – Und Kerl und Nacht und Welt und Fensterbrett,
   Worauf ich steh, denk ich nicht, straf mich Gott,
   Das alles fällt in einen Sack zusammen –
   Wie Hagel, stiebend, in die Augen fliegt.
ADAM. Verflucht! Sieh da! Wer tat das?
RUPRECHT.   Wer? Der Lebrecht.
ADAM. Halunke!
RUPRECHT.   Meiner Treu! Wenn ers gewesen.
ADAM. Wer sonst!
RUPRECHT.   Als stürzte mich ein Schloßenregen   1010
   Von eines Bergs zehn Klaftern hohen Abhang,
   So schlag ich jetzt vom Fenster Euch ins Zimmer:
   Ich denk, ich schmettere den Boden ein.
   Nun brech ich mir den Hals doch nicht, auch nicht
   Das Kreuz mir, Hüften, oder sonst, inzwischen
   Konnt ich des Kerls doch nicht mehr habhaft werden,
   Und sitze auf, und wische mir die Augen.
   Die kommt, und ach, Herr Gott! ruft sie, und Rup-
                              recht!
   Was ist dir auch? Mein Seel, ich hob den Fuß,
   Gut wars, daß ich nicht sah, wohin ich stieß.   1020
ADAM. Kam das vom Sande noch?
RUPRECHT.   Vom Sandwurf, ja.
ADAM. Verdammt! Der traf!
RUPRECHT.   Da ich jetzt aufersteh,
   Was sollt ich auch die Fäuste hier mir schänden?
   So schimpf ich sie, und sage liederliche Metze,
   Und denke, das ist gut genug für sie.
   Doch Tränen, seht, ersticken mir die Sprache.
   Denn da Frau Marthe jetzt ins Zimmer tritt,
   Die Lampe hebt, und ich das Mädchen dort
   Jetzt schlotternd, zum Erbarmen, vor mir sehe,
   Sie, die so herzhaft sonst wohl um sich sah,   1030
   So sag ich zu mir, blind ist auch nicht übel.

Ich hätte meine Augen hingegeben,
Knippkügelchen, wer will, damit zu spielen.
EVE. Er ist nicht wert, der Böswicht –
ADAM. Sie soll schweigen!
RUPRECHT. Das Weitere wißt ihr.
ADAM. Wie, das Weitere?
RUPRECHT. Nun ja, Frau Marthe kam, und geiferte,
Und Ralf, der Nachbar, kam, und Hinz, der Nachbar,
Und Muhme Sus und Muhme Liese kamen,
Und Knecht und Mägd und Hund und Katzen kamen,
1040 's war ein Spektakel, und Frau Marthe fragte
Die Jungfer dort, wer ihr den Krug zerschlagen,
Und die, die sprach, ihr wißts, daß ichs gewesen.
Mein Seel, sie hat so unrecht nicht, ihr Herren.
Den Krug, den sie zu Wasser trug, zerschlug ich,
Und der Flickschuster hat im Kopf ein Loch. –
ADAM. Frau Marthe! Was entgegnet Ihr der Rede?
Sagt an!
FRAU MARTHE.
Was ich der Red entgegene?
Daß sie, Herr Richter, wie der Marder einbricht,
Und Wahrheit wie ein gakelnd Huhn erwürgt.
1050 Was Recht liebt, sollte zu den Keulen greifen,
Um dieses Ungetüm der Nacht zu tilgen.
ADAM. Da wird Sie den Beweis uns führen müssen.
FRAU MARTHE.
O ja, sehr gern. – Hier ist mein Zeuge. – Rede!
ADAM. Die Tochter? Nein, Frau Marthe.
WALTER. Nein? Warum nicht?
ADAM. Als Zeugin, gnädger Herr? Steht im Gesetzbuch
Nicht titulo, ists quarto? oder quinto?
Wenn Krüge oder sonst, was weiß ich?
Von jungen Bengeln sind zerschlagen worden,
So zeugen Töchter ihren Müttern nicht?
1060 WALTER. In Eurem Kopf liegt Wissenschaft und Irrtum
Geknetet, innig, wie ein Teig, zusammen;
Mit jedem Schnitte gebt Ihr mir von beidem.
Die Jungfer zeugt noch nicht, sie deklariert jetzt;
Ob, und für wen, sie zeugen will und kann,
Wird erst aus der Erklärung sich ergeben.
ADAM. Ja, deklarieren. Gut. Titulo sexto.
Doch was sie sagt, das glaubt man nicht.

WALTER. Tritt vor, mein junges Kind.
ADAM.   He! Lies'–! – Erlaubt!
  Die Zunge wird sehr trocken mir – Margrete!

Achter Auftritt

Eine Magd tritt auf. Die Vorigen.

ADAM.
  Ein Glas mit Wasser! –
DIE MAGD.   Gleich! *Ab.*
ADAM.   Kann ich Euch gleichfalls–?   1070
WALTER. Ich danke.
ADAM.   Franz? oder Mos'ler? Was Ihr wollt.
  Walter verneigt sich; die Magd bringt Wasser und entfernt sich.

Neunter Auftritt

Walter. Adam. Frau Marthe usw. ohne die Magd.

ADAM. – Wenn ich freimütig reden darf, Ihr Gnaden,
  Die Sache eignet gut sich zum Vergleich.
WALTER.
  Sich zum Vergleich? Das ist nicht klar, Herr Richter.
  Vernünftge Leute können sich vergleichen;
  Doch wie *Ihr* den Vergleich schon wollt bewirken,
  Da noch durchaus die Sache nicht entworren,
  Das hätt ich wohl von Euch zu hören Lust.
  Wie denkt Ihrs anzustellen, sagt mir an?
  Habt Ihr ein Urteil schon gefaßt?
ADAM.   Mein Seel!   1080
  Wenn ich, da das Gesetz im Stich mich läßt,
  Philosophie zu Hülfe nehmen soll,
  So wars – der Leberecht –
WALTER.   Wer?
ADAM.   Oder Ruprecht –
WALTER. Wer?
ADAM.   Oder Lebrecht, der den Krug zerschlug.
WALTER. Wer also wars? Der Lebrecht oder Ruprecht?
  Ihr greift, ich seh, mit Eurem Urteil ein,
  Wie eine Hand in einen Sack voll Erbsen.
ADAM. Erlaubt!

WALTER.   Schweigt, schweigt, ich bitt Euch.
ADAM.   Wie Ihr wollt.
Auf meine Ehr, mir wärs vollkommen recht,
1090   Wenn sie es alle beid gewesen wären.
WALTER. Fragt dort, so werdet Ihrs erfahren.
ADAM.   Sehr gern.
Doch wenn Ihrs herausbekommt, bin ich ein Schuft.
– Habt Ihr das Protokoll da in Bereitschaft?
LICHT. Vollkommen.
ADAM.   Gut.
LICHT.   Und brech ein eignes Blatt mir,
Begierig, was darauf zu stehen kommt.
ADAM. Ein eignes Blatt? Auch gut.
WALTER.   Sprich dort, mein Kind.
ADAM. Sprich, Evchen, hörst du, sprich jetzt, Jungfer
                                        Evchen!
Gib Gotte, hörst du, Herzchen, gib, mein Seel,
Ihm und der Welt, gib ihm was von der Wahrheit.
1100   Denk, daß du hier vor Gottes Richtstuhl bist,
Und daß du deinen Richter nicht mit Leugnen,
Und Plappern, was zur Sache nicht gehört,
Betrüben mußt. Ach, was! Du bist vernünftig.
Ein Richter immer, weißt du, ist ein Richter,
Und einer braucht ihn heut, und einer morgen.
Sagst du, daß es der Lebrecht war: nun gut;
Und sagst du, daß es Ruprecht war: auch gut!
Sprich so, sprich so, ich bin kein ehrlicher Kerl,
Es wird sich alles, wie dus wünschest, finden.
1110   Willst du mir hier von einem andern trätschen,
Und dritten etwa, dumme Namen nennen:
Sieh, Kind, nimm dich in acht, ich sag nichts weiter.
In Huisum, hols der Henker, glaubt dirs keiner,
Und keiner, Evchen, in den Niederlanden,
Du weißt, die weißen Wände zeugen nicht,
Der auch wird zu verteidigen sich wissen:
Und deinen Ruprecht holt die Schwerenot!
WALTER. Wenn Ihr doch Eure Reden lassen wolltet.
Geschwätz, gehauen nicht und nicht gestochen.
1120 ADAM. Verstehens Euer Gnaden nicht?
WALTER.   Macht fort!
Ihr habt zulängst hier auf dem Stuhl gesprochen.
ADAM. Auf Ehr! Ich habe nicht studiert, Euer Gnaden.

Bin ich euch Herrn aus Utrecht nicht verständlich,
Mit diesem Volk vielleicht verhält sichs anders:
Die Jungfer weiß, ich wette, was ich will.

FRAU MARTHE.
Was soll das? Dreist heraus jetzt mit der Sprache!

EVE. O liebste Mutter!

FRAU MARTHE.   Du –! Ich rate dir!

RUPRECHT.
Mein Seel, 's ist schwer, Frau Marthe, dreist zu spre-
Wenn das Gewissen an der Kehl uns sitzt.   [chen,

ADAM. Schweig Er jetzt, Nasweis, mucks Er nicht.

FRAU MARTHE.   Wer wars? 1130

EVE. O Jesus!

FRAU MARTHE. Maulaffe, der! Der niederträchtige!
O Jesus! Als ob sie eine Hure wäre.
Wars der Herr Jesus?

ADAM.   Frau Marthe! Unvernunft!
Was das für –! Laß Sie die Jungfer doch gewähren!
Das Kind einschrecken – Hure – Schafsgesicht!
So wirds uns nichts. Sie wird sich schon besinnen.

RUPRECHT. O ja, besinnen.

ADAM.   Flaps dort, schweig Er jetzt.

RUPRECHT. Der Flickschuster wird ihr schon einfallen.

ADAM. Der Satan! Ruft den Büttel! He! Hanfriede!

RUPRECHT.
Nun, nun! Ich schweig, Herr Richter, laßts nur sein. 1140
Sie wird Euch schon auf meinen Namen kommen.

FRAU MARTHE.
Hör du, mach mir hier kein Spektakel, sag ich.
Hör, neunundvierzig bin ich alt geworden
In Ehren: funfzig möcht ich gern erleben.
Den dritten Februar ist mein Geburtstag;
Heut ist der erste. Mach es kurz. Wer wars?

ADAM. Gut, meinethalben! Gut, Frau Marthe Rull!

FRAU MARTHE.
Der Vater sprach, als er verschied: Hör, Marthe,
Dem Mädel schaff mir einen wackern Mann;
Und wird sie eine liederliche Metze,   1150
So gib dem Totengräber einen Groschen,
Und laß mich wieder auf den Rücken legen:
Mein Seel, ich glaub, ich kehr im Grab mich um.

ADAM. Nun, das ist auch nicht übel.

FRAU MARTHE.   Willst du Vater
Und Mutter jetzt, mein Evchen, nach dem vierten
Gebot hoch ehren, gut, so sprich: in meine Kammer
Ließ ich den Schuster, oder einen dritten,
Hörst du? Der Bräutgam aber war es nicht.

RUPRECHT.
Sie jammert mich. Laßt doch den Krug, ich bitt Euch;
1160 Ich will'n nach Utrecht tragen. Solch ein Krug –
Ich wollt ich hätt ihn nur entzwei geschlagen.

EVE. Unedelmütger, du! Pfui, schäme dich,
Daß du nicht sagst, gut, ich zerschlug den Krug!
Pfui, Ruprecht, pfui, o schäme dich, daß du
Mir nicht in meiner Tat vertrauen kannst.
Gab ich die Hand dir nicht und sagte, ja,
Als du mich fragtest, Eve, willst du mich?
Meinst du, daß du den Flickschuster nicht wert bist?
Und hättest du durchs Schlüsselloch mich mit
1170 Dem Lebrecht aus dem Kruge trinken sehen,
Du hättest denken sollen: Ev ist brav,
Es wird sich alles ihr zum Ruhme lösen,
Und ists im Leben nicht, so ist es jenseits,
Und wenn wir auferstehn ist auch ein Tag.

RUPRECHT. Mein Seel, das dauert mir zu lange, Evchen.
Was ich mit Händen greife, glaub ich gern.

EVE. Gesetzt, es wär der Leberecht gewesen,
Warum – des Todes will ich ewig sterben,
Hätt ichs dir Einzigem nicht gleich vertraut;
1180 Jedoch warum vor Nachbarn, Knecht' und Mägden–
Gesetzt, ich hätte Grund, es zu verbergen,
Warum, o Ruprecht, sprich, warum nicht sollt ich,
Auf dein Vertraun hin sagen, daß dus warst?
Warum nicht sollt ichs? Warum sollt ichs nicht?

RUPRECHT. Ei, so zum Henker, sags, es ist mir recht,
Wenn du die Fiedel dir ersparen kannst.

EVE. O du Abscheulicher! Du Undankbarer!
Wert, daß ich mir die Fiedel spare! Wert,
Daß ich mit einem Wort zu Ehren mich,
1190 Und dich in ewiges Verderben bringe.

WALTER.
Nun –? Und dies einzge Wort –? Halt uns nicht auf.
Der Ruprecht also war es nicht?

EVE. Nein, gnädger Herr, weil ers denn selbst so will,

Um seinetwillen nur verschwieg ich es:
Den irdnen Krug zerschlug der Ruprecht nicht,
Wenn ers Euch selber leugnet, könnt Ihrs glauben.
FRAU MARTHE. Eve! Der Ruprecht nicht?
EVE.   Nein, Mutter, nein!
Und wenn ichs gestern sagte, wars gelogen.
FRAU MARTHE. Hör, dir zerschlag ich alle Knochen!
Sie setzt den Krug nieder.
EVE. Tut, was Ihr wollt.
WALTER *drohend.*   Frau Marthe!
ADAM.   He! Der Büttel! – 1200
Schmeißt sie heraus dort, die verwünschte Vettel!
Warum solls Ruprecht just gewesen sein?
Hat Sie das Licht dabei gehalten, was?
Die Jungfer, denk ich, wird es wissen müssen:
Ich bin ein Schelm, wenns nicht der Lebrecht war.
FRAU MARTHE.
War es der Lebrecht etwa? Wars der Lebrecht?
ADAM. Sprich, Evchen, wars der Lebrecht nicht, mein
                            Herzchen?
EVE. Er Unverschämter, Er! Er Niederträchtger!
Wie kann Er sagen, daß es Lebrecht –
WALTER.   Jungfer!
Was untersteht Sie sich? Ist das mir der   1210
Respekt, den Sie dem Richter schuldig ist?
EVE. Ei, was! Der Richter dort! Wert, selbst vor dem
Gericht, ein armer Sünder, dazustehn –
– Er, der wohl besser weiß, wer es gewesen!
Sich zum Dorfrichter wendend:
Hat Er den Lebrecht in die Stadt nicht gestern
Geschickt nach Utrecht, vor die Kommission,
Mit dem Attest, die die Rekruten aushebt?
Wie kann Er sagen, daß es Lebrecht war,
Wenn Er wohl weiß, daß der in Utrecht ist?
ADAM. Nun wer denn sonst? Wenns Lebrecht nicht, zum
                            Henker – 1220
Nicht Ruprecht ist, nicht Lebrecht ist – – Was
RUPRECHT.   [machst du?
Mein Seel, Herr Richter Adam, laßt Euch sagen,
Hierin mag doch die Jungfer just nicht lügen,
Dem Lebrecht bin ich selbst begegnet gestern,
Als er nach Utrecht ging, früh wars Glock acht,

Und wenn er auf ein Fuhrwerk sich nicht lud,
Hat sich der Kerl, krummbeinig wie er ist,
Glock zehn Uhr nachts noch nicht zurück gehaspelt.
Es kann ein dritter wohl gewesen sein.

1230 ADAM. Ach, was! Krummbeinig! Schafsgesicht! Der Kerl
Geht seinen Stiefel, der, trotz einem.
Ich will von ungespaltnem Leibe sein,
Wenn nicht ein Schäferhund von mäßger Größe
Muß seinen Trab gehn, mit ihm fortzukommen.

WALTER. Erzähl den Hergang uns.

ADAM.   Verzeihn Euer Gnaden!
Hierauf wird Euch die Jungfer schwerlich dienen.

WALTER.
Nicht dienen? Mir nicht dienen? Und warum nicht?

ADAM. Ein twatsches Kind. Ihr sehts. Gut, aber twatsch.
Blutjung, gefirmelt kaum; das schämt sich noch,
1240   Wenns einen Bart von weitem sieht. So'n Volk,
Im Finstern leiden sies, und wenn es Tag wird,
So leugnen sies vor ihrem Richter ab.

WALTER.
Ihr seid sehr nachsichtsvoll, Herr Richter Adam,
Sehr mild, in allem, was die Jungfer angeht.

ADAM. Die Wahrheit Euch zu sagen, Herr Gerichtsrat,
Ihr Vater war ein guter Freund von mir.
Wollen Euer Gnaden heute huldreich sein,
So tun wir hier nicht mehr, als unsre Pflicht,
Und lassen seine Tochter gehn.

1250 WALTER. Ich spüre große Lust in mir, Herr Richter,
Der Sache völlig auf den Grund zu kommen. –
Sei dreist, mein Kind; sag, wer den Krug zerschlagen.
Vor niemand stehst du, in dem Augenblick,
Der einen Fehltritt nicht verzeihen könnte.

EVE. Mein lieber, würdiger und gnädger Herr,
Erlaßt mir, Euch den Hergang zu erzählen.
Von dieser Weigrung denkt uneben nicht.
Es ist des Himmels wunderbare Fügung,
Die mir den Mund in dieser Sache schließt.

1260   Daß Ruprecht jenen Krug nicht traf, will ich
Mit einem Eid, wenn Ihrs verlangt,
Auf heiligem Altar bekräftigen.
Jedoch die gestrige Begebenheit,
Mit jedem andern Zuge, ist mein eigen,

Und nicht das ganze Garnstück kann die Mutter,
Um eines einzgen Fadens willen, fordern,
Der, ihr gehörig, durchs Gewebe läuft.
Ich kann hier, wer den Krug zerschlug, nicht melden,
Geheimnisse, die nicht mein Eigentum,
Müßt ich, dem Kruge völlig fremd, berühren.   1270
Früh oder spät will ichs ihr anvertrauen,
Doch hier das Tribunal ist nicht der Ort,
Wo sie das Recht hat, mich darnach zu fragen.
ADAM. Nein, Rechtens nicht. Auf meine Ehre nicht.
Die Jungfer weiß, wo unsre Zäume hängen.
Wenn sie den Eid hier vor Gericht will schwören,
So fällt der Mutter Klage weg:
Dagegen ist nichts weiter einzuwenden.
WALTER. Was sagt zu der Erklärung Sie, Frau Marthe?
FRAU MARTHE.
Wenn ich gleich was Erkleckliches nicht aufbring,   1280
Gestrenger Herr, so glaubt, ich bitt Euch sehr,
Daß mir der Schlag bloß jetzt die Zunge lähmte.
Beispiele gibts, daß ein verlorner Mensch,
Um vor der Welt zu Ehren sich zu bringen,
Den Meineid vor dem Richterstuhle wagt; doch daß
Ein falscher Eid sich schwören kann, auf heilgem
Altar, um an den Pranger hinzukommen,
Das heut erfährt die Welt zum erstenmal.
Wär, daß ein andrer, als der Ruprecht, sich
In ihre Kammer gestern schlich, gegründet,   1290
Wärs überall nur möglich, gnädger Herr,
Versteht mich wohl, – so säum ich hier nicht länger.
Den Stuhl setzt ich, zur ersten Einrichtung,
Ihr vor die Tür, und sagte, geh, mein Kind,
Die Welt ist weit, da zahlst du keine Miete,
Und lange Haare hast du auch geerbt,
Woran du dich, kommt Zeit, kommt Rat, kannst
WALTER. Ruhig, ruhig, Frau Marthe.   [hängen.
FRAU MARTHE.   Da ich jedoch
Hier den Beweis noch anders führen kann,
Als bloß durch sie, die diesen Dienst mir weigert,   1300
Und überzeugt bin völlig, daß nur er
Mir, und kein anderer, den Krug zerschlug,
So bringt die Lust, es kurzhin abzuschwören,
Mich noch auf einen schändlichen Verdacht.

Die Nacht von gestern birgt ein anderes
Verbrechen noch, als bloß die Krugverwüstung.
Ich muß Euch sagen, gnädger Herr, daß Ruprecht
Zur Konskription gehört, in wenig Tagen
Soll er den Eid zur Fahn in Utrecht schwören.
1310   Die jungen Landessöhne reißen aus.
Gesetzt, er hätte gestern nacht gesagt:
Was meinst du, Evchen? Komm. Die Welt ist groß.
Zu Kist' und Kasten hast du ja die Schlüssel –
Und sie, sie hätt ein wenig sich gesperrt:
So hätte ohngefähr, da ich sie störte,
– Bei ihm aus Rach, aus Liebe noch bei ihr –
Der Rest, so wie geschehn, erfolgen können.

RUPRECHT. Das Rabenaas! Was das für Reden sind!
Zu Kist' und Kasten –

WALTER.   Still!

EVE.   Er, austreten!

1320   WALTER. Zur Sache hier. Vom Krug ist hier die Rede. –
Beweis, Beweis, daß Ruprecht ihn zerbrach!

FRAU MARTHE.
Gut, gnädger Herr. Erst will ich hier beweisen,
Daß Ruprecht mir den Krug zerschlug,
Und dann will ich im Hause untersuchen. –
Seht, eine Zunge, die mir Zeugnis redet,
Bring ich für jedes Wort auf, das er sagte,
Und hätt in Reihen gleich sie aufgeführt,
Wenn ich von fern geahndet nur, daß diese
Die ihrige für mich nicht brauchen würde.
1330   Doch wenn ihr Frau Brigitte jetzo ruft,
Die ihm die Muhm ist, so genügt mir die,
Weil die den Hauptpunkt just bestreiten wird.
Denn die, die hat Glock halb auf eilf im Garten,
Merkt wohl, bevor der Krug zertrümmert worden,
Wortwechselnd mit der Ev ihn schon getroffen;
Und wie die Fabel, die er aufgestellt,
Vom Kopf zu Fuß dadurch gespalten wird,
Durch diese einzge Zung, ihr hohen Richter:
Das überlaß ich selbst euch einzusehn.

RUPRECHT.
1340   Wer hat mich –?

VEIT.   Schwester Briggy?

RUPRECHT.   Mich mit Ev? Im Garten?

FRAU MARTHE.
   Ihn mit der Ev, im Garten, Glock halb eilf,
   Bevor er noch, wie er geschwätzt, um eilf
   Das Zimmer überrumpelnd eingesprengt:
   Im Wortgewechsel, kosend bald, bald zerrend,
   Als wollt er sie zu etwas überreden.
ADAM *für sich.* Verflucht! Der Teufel ist mir gut.
WALTER. Schafft diese Frau herbei.
RUPRECHT.   Ihr Herrn, ich bitt euch:
   Das ist kein wahres Wort, das ist nicht möglich.
ADAM. O wart, Halunke! – He! Der Büttel! Hanfried! –
   Denn auf der Flucht zerschlagen sich die Krüge –   1350
   – Herr Schreiber, geht, schafft Frau Brigitt herbei!
VEIT. Hör, du verfluchter Schlingel, du, was machst du?
   Dir brech ich alle Knochen noch.
RUPRECHT.   Weshalb auch?
VEIT. Warum verschwiegst du, daß du mit der Dirne
   Glock halb auf eilf im Garten schon scharwenzt?
   Warum verschwiegst dus?
RUPRECHT.   Warum ichs verschwieg?
   Gotts Schlag und Donner, weils nicht wahr ist, Vater!
   Wenn das die Muhme Briggy zeugt, so hängt mich.
   Und bei den Beinen sie meinthalb dazu.
VEIT. *Wenn* aber sies bezeugt – nimm dich in acht!   1360
   Du und die saubre Jungfer Eve dort,
   Wie ihr auch vor Gericht euch stellt, ihr steckt
   Doch unter einer Decke noch. 's ist irgend
   Ein schändliches Geheimnis noch, von dem
   Sie weiß, und nur aus Schonung hier nichts sagt.
RUPRECHT. Geheimnis! Welches?
VEIT.   Warum hast du eingepackt?
   He? Warum hast du gestern abend eingepackt?
RUPRECHT. Die Sachen?
VEIT.   Röcke, Hosen, ja, und Wäsche;
   Ein Bündel, wies ein Reisender just auf
   Die Schultern wirft?
RUPRECHT.   Weil ich nach Utrecht soll!   1370
   Weil ich zum Regiment soll! Himmel-Donner –!
   Glaubt Er, daß ich –?
VEIT.   Nach Utrecht? Ja, nach Utrecht!
   Du hast geeilt, nach Utrecht hinzukommen!
   Vorgestern wußtest du noch nicht, ob du

Den fünften oder sechsten Tag wirst reisen.

WALTER. Weiß Er zur Sache was zu melden, Vater?

VEIT. – Gestrenger Herr, ich will noch nichts behaupten.
Ich war daheim, als sich der Krug zerschlug,
Und auch von einer andern Unternehmung
1380 Hab ich, die Wahrheit zu gestehn, noch nichts,
Wenn ich jedweden Umstand wohl erwäge,
Das meinen Sohn verdächtig macht, bemerkt.
Von seiner Unschuld völlig überzeugt,
Kam ich hieher, nach abgemachtem Streit
Sein ehelich Verlöbnis aufzulösen,
Und ihm das Silberkettlein einzufordern,
Zusamt dem Schaupfennig, den er der Jungfer
Bei dem Verlöbnis vorgen Herbst verehrt.
Wenn jetzt von Flucht was, und Verräterei
1390 An meinem grauen Haar zutage kommt,
So ist mir das so neu, ihr Herrn, als euch:
Doch dann der Teufel soll den Hals ihm brechen.

WALTER. Schafft Frau Brigitt herbei, Herr Richter Adam.

ADAM. – Wird Euer Gnaden diese Sache nicht
Ermüden? Sie zieht sich in die Länge.
Euer Gnaden haben meine Kassen noch,
Und die Registratur – Was ist die Glocke?

LICHT. Es schlug soeben halb.

ADAM.   Auf eilf!

LICHT.   Verzeiht, auf zwölfe.

WALTER. Gleichviel.

ADAM.   Ich glaub, die Zeit ist, oder Ihr verrückt.
                Er sieht nach der Uhr.
1400 Ich bin kein ehrlicher Mann. – Ja, was befehlt Ihr?

WALTER. Ich bin der Meinung –

ADAM.   Abzuschließen? Gut –!

WALTER. Erlaubt! Ich bin der Meinung, fortzufahren.

ADAM. Ihr seid der Meinung – Auch gut. Sonst würd ich
Auf Ehre, morgen früh, Glock neun, die Sache,
Zu Euerer Zufriedenheit beendgen.

WALTER. Ihr wißt um meinen Willen.

ADAM.   Wie Ihr befehlt.
Herr Schreiber, schickt die Büttel ab; sie sollen
Sogleich ins Amt die Frau Brigitte laden.

WALTER. Und nehmt Euch – Zeit, die mir viel wert, zu
1410 Gefälligst selbst der Sach ein wenig an. *Licht ab.* [sparen–

Zehnter Auftritt

Die Vorigen ohne Licht. Späterhin einige Mägde.

ADAM *aufstehend.*
  Inzwischen könnte man, wenns so gefällig,
  Vom Sitze sich ein wenig lüften –?
WALTER.   Hm! O ja.
  Was ich sagen wollt –
ADAM.   Erlaubt Ihr gleichfalls,
  Daß die Partein, bis Frau Brigitt erscheint –?
WALTER. Was? Die Partein?
ADAM.   Ja, vor die Tür, wenn Ihr –
WALTER *für sich.* Verwünscht!
              Laut. Herr Richter Adam, wißt Ihr was?
  Gebt ein Glas Wein mir in der Zwischenzeit.
ADAM. Von ganzem Herzen gern. He! Margarete!
  Ihr macht mich glücklich, gnädger Herr. – Margrete!
              Die Magd tritt auf.
DIE MAGD. Hier.
ADAM.   Was befehlt Ihr? – Tretet ab, ihr Leute.   1420
  Franz? – Auf den Vorsaal draußen. – Oder Rhein?
WALTER. Von unserm Rhein.
ADAM.   Gut. – Bis ich rufe. Marsch!
WALTER. Wohin?
ADAM.   Geh, vom versiegelten, Margrete. –
  Was? Auf den Flur bloß draußen. – Hier. – Der
WALTER.   [Schlüssel.
  Hm! Bleibt.
ADAM.   Fort! Marsch, sag ich! – Geh, Margarete!
  Und Butter, frisch gestampft, Käs auch aus Limburg,
  Und von der fetten pommerschen Räuchergans.
WALTER. Halt! Einen Augenblick! Macht nicht so viel
  Umständ, ich bitt Euch sehr, Herr Richter.
ADAM.   Schert
  Zum Teufel euch, sag ich! Tu, wie ich sagte.   1430
WALTER.
  Schickt Ihr die Leute fort, Herr Richter?
ADAM.   Euer Gnaden?
WALTER. Ob Ihr –?
ADAM.   Sie treten ab, wenn Ihr erlaubt.
  Bloß ab, bis Frau Brigitt erscheint.
  Wie, oder solls nicht etwa –?

WALTER. Hm! Wie Ihr wollt.
Doch obs der Mühe sich verlohnen wird?
Meint Ihr, daß es so lange Zeit wird währen,
Bis man im Ort sie trifft?

ADAM. 's ist heute Holztag,
Gestrenger Herr. Die Weiber größtenteils
Sind in den Fichten, Sträucher einzusammeln.

1440 Es könnte leicht –

RUPRECHT. Die Muhme ist zu Hause.

WALTER. Zu Haus. Laßt sein.

RUPRECHT. Die wird sogleich erscheinen.

WALTER.
Die wird uns gleich erscheinen. Schafft den Wein.

ADAM *für sich.*
Verflucht!

WALTER. Macht fort. Doch nichts zum Imbiß, bitt
Als ein Stück trocknen Brodes nur, und Salz. [ich,

ADAM *für sich.* Zwei Augenblicke mit der Dirn allein –
Laut. Ach trocknes Brod! Was! Salz! Geht doch.

WALTER. Gewiß.

ADAM. Ei, ein Stück Käs aus Limburg mindstens. – Käse
Macht erst geschickt die Zunge, Wein zu schmecken.

WALTER. Gut. Ein Stück Käse denn, doch weiter nichts.

1450 ADAM. So geh. Und weiß, von Damast, aufgedeckt.
Schlecht alles zwar, doch recht.
Die Magd ab.
Das ist der Vorteil
Von uns verrufnen hagestolzen Leuten,
Daß wir, was andre, knapp und kummervoll,
Mit Weib und Kindern täglich teilen müssen,
Mit einem Freunde, zur gelegnen Stunde,
Vollauf genießen.

WALTER. Was ich sagen wollte –
Wie kamt Ihr doch zu Eurer Wund, Herr Richter?
Das ist ein böses Loch, fürwahr, im Kopf, das!

ADAM. – Ich fiel.

WALTER. Ihr fielt. Hm! So. Wann? Gestern abend?

1460 ADAM. Heut, Glock halb sechs, verzeiht, am Morgen,
Da ich soeben aus dem Bette stieg. [früh,

WALTER. Worüber?

ADAM. Über – gnädger Herr Gerichtsrat,
Die Wahrheit Euch zu sagen, über mich.

Ich schlug Euch häuptlings an den Ofen nieder,
Bis diese Stunde weiß ich nicht, warum?
WALTER. Von hinten?
ADAM.   Wie? Von hinten –
WALTER.   Oder vorn?
Ihr habt zwo Wunden, vorne ein' und hinten.
ADAM. Von vorn und hinten. – Margarete!
Die beiden Mägde mit Wein usw. Sie decken auf, und gehen wieder ab.
WALTER.   Wie?
ADAM. Erst so, dann so. Erst auf die Ofenkante,
Die vorn die Stirn mir einstieß, und sodann   1470
Vom Ofen rückwärts auf den Boden wieder,
Wo ich mir noch den Hinterkopf zerschlug.
                    Er schenkt ein.
Ists Euch gefällig?
WALTER *nimmt das Glas.*
                    Hättet Ihr ein Weib,
So würd ich wunderliche Dinge glauben,
Herr Richter.
ADAM.   Wieso?
WALTER.   Ja, bei meiner Treu,
So rings seh ich zerkritzt Euch und zerkratzt.
ADAM *lacht.* Nein, Gott sei Dank! Fraunnägel sind es nicht.
WALTER. Glaubs. Auch ein Vorteil noch der Hagestolzen.
ADAM *fortlachend.*
Strauchwerk für Seidenwürmer, das man trocknend
Mir an dem Ofenwinkel aufgesetzt. –   1480
Auf Euer Wohlergehn!
                    Sie trinken.
WALTER.   Und grad auch heut
Noch die Perücke seltsam einzubüßen!
Die hätt Euch Eure Wunden noch bedeckt.
ADAM. Ja, ja. Jedwedes Übel ist ein Zwilling. –
Hier – von dem fetten jetzt – kann ich –?
WALTER.   Ein Stückchen.
Aus Limburg?
ADAM.   Rect' aus Limburg, gnädger Herr.
WALTER. – Wie Teufel aber, sagt mir, ging das zu?
ADAM. Was?
WALTER.   Daß Ihr die Perücke eingebüßt.
ADAM. Ja, seht. Ich sitz und lese gestern abend
Ein Aktenstück, und weil ich mir die Brille   1490

Verlegt, duck ich so tief mich in den Streit,
Daß bei der Kerze Flamme lichterloh
Mir die Perücke angeht. Ich, ich denke,
Feu'r fällt vom Himmel auf mein sündig Haupt,
Und greife sie, und will sie von mir werfen;
Doch eh ich noch das Nackenband gelöst,
Brennt sie wie Sodom und Gomorrha schon.
Kaum daß ich die drei Haare noch mir rette.

WALTER. Verwünscht! Und Eure andr' ist in der Stadt.
1500 ADAM. Bei dem Perückenmacher. – Doch zur Sache.
WALTER. Nicht allzurasch, ich bitt, Herr Richter Adam.
ADAM. Ei, was! Die Stunde rollt. Ein Gläschen. Hier.

Er schenkt ein.

WALTER.
Der Lebrecht – wenn der Kauz dort wahr gespro-
Er auch hat einen bösen Fall getan.   [chen –
ADAM. Auf meine Ehr.

Er trinkt.

WALTER.   Wenn hier die Sache,
Wie ich fast fürchte, unentworren bleibt,
So werdet Ihr, in Eurem Ort, den Täter
Leicht noch aus seiner Wund entdecken können.

Er trinkt.

Niersteiner?
ADAM.   Was?
WALTER.   Oder guter Oppenheimer?
1510 ADAM. Nierstein. Sieh da! Auf Ehre! Ihr verstehts.
Aus Nierstein, gnädger Herr, als hätt ich ihn geholt.
WALTER. Ich prüft ihn, vor drei Jahren, an der Kelter.

Adam schenkt wieder ein.

– Wie hoch ist Euer Fenster? – Dort! Frau Marthe!
FRAU MARTHE. Mein Fenster?
WALTER.   Das Fenster jener Kammer, ja,
Worin die Jungfer schläft?
FRAU MARTHE.   Die Kammer zwar
Ist nur vom ersten Stock, ein Keller drunter,
Mehr als neun Fuß das Fenster nicht vom Boden;
Jedoch die ganze, wohlerwogene
Gelegenheit sehr ungeschickt zum Springen.
1520 Denn auf zwei Fuß steht von der Wand ein Weinstock,
Der seine knotgen Äste rankend hin
Durch ein Spalier treibt, längs der ganzen Wand:

Das Fenster selbst ist noch davon umstrickt.
Es würd ein Eber, ein gewaffneter,
Müh mit den Fängern haben, durchzubrechen.
ADAM. Es hing auch keiner drin.

Er schenkt sich ein.

WALTER.   Meint Ihr?
ADAM.   Ach, geht!

Er trinkt.

WALTER *zu Ruprecht.*
Wie traf er denn den Sünder? Auf den Kopf?
ADAM. Hier.
WALTER.   Laßt.
ADAM.   Gebt her.
WALTER.   's ist halb noch voll.
ADAM.   Wills füllen.
WALTER. Ihr hörts.
ADAM.   Ei, für die gute Zahl.
WALTER.   Ich bitt Euch.
ADAM. Ach, was! Nach der Pythagoräer-Regel.   1530

Er schenkt ihm ein.

WALTER *wieder zu Ruprecht.*
Wie oft traf er dem Sünder denn den Kopf?
ADAM. Eins ist der Herr. Zwei ist das finstre Chaos.
Drei ist die Welt. Drei Gläser lob ich mir.
Im dritten trinkt man mit den Tropfen Sonnen,
Und Firmamente mit den übrigen.
WALTER. Wie oftmals auf den Kopf traf Er den Sünder?
Er, Ruprecht, Ihn dort frag ich!
ADAM.   Wird mans hören?
Wie oft trafst du den Sündenbock? Na, heraus!
Gotts Blitz, seht, weiß der Kerl wohl selbst, ob er –
Vergaßt dus?
RUPRECHT.   Mit der Klinke?
ADAM.   Ja, was weiß ich.   1540
WALTER. Vom Fenster, als Er nach ihm herunterhieb?
RUPRECHT. Zweimal, ihr Herrn.
ADAM.   Halunke! Das behielt er!

Er trinkt.

WALTER. Zweimal! Er konnt ihn mit zwei solchen Hie-
Erschlagen, weiß er –?   [ben
RUPRECHT.   Hätt ich ihn erschlagen,
So hätt ich ihn. Es wär mir grade recht.

Läg er hier vor mir, tot, so könnt ich sagen,
Der wars, ihr Herrn, ich hab euch nicht belogen.
ADAM. Ja, tot! Das glaub ich. Aber so –
Er schenkt ein.

WALTER. Konnt Er ihn denn im Dunkeln nicht erkennen?
1550 RUPRECHT.
Nicht einen Stich, gestrenger Herr. Wie sollt ich?
ADAM.
Warum sperrtst du nicht die Augen auf – Stoßt an!
RUPRECHT. Die Augen auf! Ich hatt sie aufgesperrt.
Der Satan warf sie mir voll Sand.
ADAM *in den Bart.*   Voll Sand, ja!
Warum sperrtst du deine großen Augen auf.
– Hier. Was wir lieben, gnädger Herr! Stoßt an!
WALTER.
– Was recht und gut und treu ist, Richter Adam!
Sie trinken.
ADAM. Nun denn, zum Schluß jetzt, wenns gefällig ist.
Er schenkt ein.
WALTER. Ihr seid zuweilen bei Frau Marthe wohl,
Herr Richter Adam. Sagt mir doch,
1560 Wer, außer Ruprecht, geht dort aus und ein.
ADAM. Nicht allzuoft, gestrenger Herr, verzeiht.
Wer aus und ein geht, kann ich Euch nicht sagen.
WALTER. Wie? Solltet Ihr die Witwe nicht zuweilen
Von Eurem sel'gen Freund besuchen?
ADAM. Nein, in der Tat, sehr selten nur.
WALTER.   Frau Marthe!
Habt Ihrs mit Richter Adam hier verdorben?
Er sagt, er spräche nicht mehr bei Euch ein?
FRAU MARTHE.
Hm! Gnädger Herr, verdorben? Das just nicht.
Ich denk er nennt mein guter Freund sich noch.
1570 Doch daß ich oft in meinem Haus ihn sähe,
Das vom Herrn Vetter kann ich just nicht rühmen.
Neun Wochen sinds, daß ers zuletzt betrat,
Und auch nur da noch im Vorübergehn.
WALTER. Wie sagt Ihr?
FRAU MARTHE.   Was?
WALTER.   Neun Wochen wärens –?
FRAU MARTHE.   Neun,
Ja – Donnerstag sinds zehn. Er bat sich Samen

Bei mir, von Nelken und Aurikeln aus.

WALTER.
Und – Sonntags – wenn er auf das Vorwerk geht –?

FRAU MARTHE.
Ja, da – da guckt er mir ins Fenster wohl,
Und saget guten Tag zu mir und meiner Tochter;
Doch dann so geht er wieder seiner Wege.   1580

WALTER *für sich*.
Hm! Sollt ich auch dem Manne wohl –
Er trinkt.
                                        Ich glaubte,
Weil Ihr die Jungfer Muhme dort zuweilen
In Eurer Wirtschaft braucht, so würdet Ihr
Zum Dank die Mutter dann und wann besuchen.

ADAM. Wieso, gestrenger Herr?

WALTER.   Wieso? Ihr sagtet,
Die Jungfer helfe Euren Hühnern auf,
Die Euch im Hof erkranken. Hat sie nicht
Noch heut in dieser Sach Euch Rat erteilt?

FRAU MARTHE.
Ja, allerdings, gestrenger Herr, das tut sie.
Vorgestern schickt' er ihr ein krankes Perlhuhn   1590
Ins Haus, das schon den Tod im Leibe hatte.
Vorm Jahr rettete sie ihm eins vom Pips,
Und dies auch wird sie mit der Nudel heilen:
Jedoch zum Dank ist er noch nicht erschienen.

WALTER *verwirrt*.
– Schenkt ein, Herr Richter Adam, seid so gut.
Schenkt gleich mir ein. Wir wollen eins noch trinken.

ADAM.
Zu Eurem Dienst. Ihr macht mich glücklich. Hier.
Er schenkt ein.

WALTER. Auf Euer Wohlergehn! – Der Richter Adam,
Er wird früh oder spät schon kommen.

FRAU MARTHE.   Meint Ihr? Ich zweifle.
Könnt ich Niersteiner, solchen, wie Ihr trinkt,   1600
Und wie mein sel'ger Mann, der Kastellan,
Wohl auch, von Zeit zu Zeit, im Keller hatte,
Vorsetzen dem Herrn Vetter, wärs was anders:
Doch so besitz ich nichts, ich arme Witwe,
In meinem Hause, das ihn lockt.

WALTER. Um so viel besser.

Eilfter Auftritt

Licht, Frau Brigitte mit einer Perücke in der Hand, die Mägde
treten auf. Die Vorigen.

LICHT.   Hier, Frau Brigitt, herein.

WALTER. Ist das die Frau, Herr Schreiber Licht?

LICHT. Das ist die Frau Brigitte, Euer Gnaden.

WALTER.

    Nun denn, so laßt die Sach uns jetzt beschließen.

1610   Nehmt ab, ihr Mägde. Hier.

           Die Mägde mit Gläsern usw. ab.

ADAM *währenddessen.*   Nun, Evchen, höre,

    Dreh du mir deine Pille ordentlich,

    Wie sichs gehört, so sprech ich heute abend

    Auf ein Gericht Karauschen bei euch ein.

    Dem Luder muß sie ganz jetzt durch die Gurgel,

    Ist sie zu groß, so mags den Tod dran fressen.

WALTER *erblickt die Perücke.*

    Was bringt uns Frau Brigitte dort für eine

    Perücke?

LICHT.   Gnädger Herr?

WALTER.   Was jene Frau uns dort für eine

    Perücke bringt?

LICHT.   Hm!

WALTER.   Was?

LICHT.   Verzeiht –

WALTER. Werd ichs erfahren?

LICHT.   Wenn Euer Gnaden gütigst

1620   Die Frau, durch den Herrn Richter, fragen wollen,

    So wird, wem die Perücke angehört,

    Sich, und das Weitere, zweifl' ich nicht, ergeben.

WALTER. – Ich will nicht wissen, wem sie angehört.

    Wie kam die Frau dazu? Wo fand sie sie?

LICHT. Die Frau fand die Perücke im Spalier

    Bei Frau Margrete Rull. Sie hing gespießt,

    Gleich einem Nest, im Kreuzgeflecht des Weinstocks,

    Dicht unterm Fenster, wo die Jungfer schläft.

FRAU MARTHE. Was? Bei mir? Im Spalier?

WALTER *heimlich.*   Herr Richter Adam,

1630   Habt Ihr mir etwas zu vertraun,

    So bitt ich, um die Ehre des Gerichtes,

    Ihr seid so gut, und sagt mirs an.

ADAM. Ich Euch –?
WALTER.   Nicht? Habt Ihr nicht –?
ADAM.   Auf meine Ehre –
              Er ergreift die Perücke.
WALTER. Hier die Perücke ist die Eure nicht?
ADAM.

  Hier die Perück ihr Herren, ist die meine!
  Das ist, Blitz-Element, die nämliche,
  Die ich dem Burschen vor acht Tagen gab,
  Nach Utrecht sie zum Meister Mehl zu bringen.
WALTER.

  Wem? Was?
LICHT.   Dem Ruprecht?
RUPRECHT.   Mir?
ADAM.   Hab ich Ihm Schlingel,
  Als Er nach Utrecht vor acht Tagen ging,   1640
  Nicht die Perück hier anvertraut, sie zum
  Friseur, daß er sie renoviere, hinzutragen?
RUPRECHT. Ob Er –? Nun ja. Er gab mir –
ADAM.   Warum hat Er
  Nicht die Perück, Halunke, abgegeben?
  Warum nicht hat Er sie, wie ich befohlen,
  Beim Meister in der Werkstatt abgegeben?
RUPRECHT.

  Warum ich sie –? Gotts, Himmel-Donner – Schlag!
  Ich hab sie in der Werkstatt abgegeben.
  Der Meister Mehl nahm sie –
ADAM.   Sie abgegeben?
  Und jetzt hängt sie im Weinspalier bei Marthens?   1650
  O wart, Kanaille! So entkommst du nicht.
  Dahinter steckt mir von Verkappung was,
  Und Meuterei, was weiß ich? – Wollt Ihr erlauben,
  Daß ich sogleich die Frau nur inquiriere?
WALTER. Ihr hättet die Perücke –?
ADAM.   Gnädger Herr,
  Als jener Bursche dort vergangnen Dienstag
  Nach Utrecht fuhr mit seines Vaters Ochsen,
  Kam er ins Amt und sprach, Herr Richter Adam,
  Habt Ihr im Städtlein etwas zu bestellen?
  Mein Sohn, sag ich, wenn du so gut willt sein,   1660
  So laß mir die Perück hier auftoupieren –
  Nicht aber sagt ich ihm, geh und bewahre

Sie bei dir auf, verkappe dich darin,
Und laß sie im Spalier bei Marthens hängen.

FRAU BRIGITTE.
Ihr Herrn, der Ruprecht, mein ich, halt zu Gnaden,
Der wars wohl nicht. Denn da ich gestern nacht
Hinaus aufs Vorwerk geh, zu meiner Muhme,
Die schwer im Kindbett liegt, hört ich die Jungfer
Gedämpft, im Garten hinten jemand schelten:
1670   Wut scheint und Furcht die Stimme ihr zu rauben.
Pfui, schäm Er sich, Er Niederträchtiger,
Was macht Er? Fort. Ich werd die Mutter rufen;
Als ob die Spanier im Lande wären.
Drauf: Eve! durch den Zaun hin, Eve! ruf ich.
Was hast du? Was auch gibts? – Und still wird es:
Nun? Wirst du antworten? – Was wollt Ihr, Muhme? –
Was hast du vor, frag ich? – Was werd ich haben. –
Ist es der Ruprecht? – Ei so ja, der Ruprecht.
Geht Euren Weg doch nur. – So koch dir Tee.
1680   Das liebt sich, denk ich, wie sich andre zanken.

FRAU MARTHE.
Mithin –?

RUPRECHT. Mithin –?

WALTER.   Schweigt! Laßt die Frau vollenden.

FRAU BRIGITTE.
Da ich vom Vorwerk nun zurückekehre,
Zur Zeit der Mitternacht etwa, und just,
Im Lindengang, bei Marthens Garten bin,
Huscht euch ein Kerl bei mir vorbei, kahlköpfig,
Mit einem Pferdefuß, und hinter ihm
Erstinkts wie Dampf von Pech und Haar und Schwe-
Ich sprech ein Gottseibeiuns aus, und drehe   [fel.
Entsetzensvoll mich um, und seh, mein Seel,
1690   Die Glatz, ihr Herren, im Verschwinden noch,
Wie faules Holz, den Lindengang durchleuchten.

RUPRECHT.
Was! Himmel – Tausend –!

FRAU MARTHE.   Ist Sie toll, Frau Briggy?

RUPRECHT.
Der Teufel, meint Sie, wärs –?

LICHT.   Still! Still!

FRAU BRIGITTE.   Mein Seel!
Ich weiß, was ich gesehen und gerochen.

WALTER *ungeduldig.*
　　Frau, obs der Teufel war, will ich nicht untersuchen,
　　Ihn aber, ihn denunziiert man nicht.
　　Kann Sie von einem andern melden, gut:
　　Doch mit dem Sünder da verschont Sie uns.
LICHT. Wollen Euer Gnaden sie vollenden lassen.
WALTER. Blödsinnig Volk, das!
FRAU BRIGITTE.　　　　　　　Gut, wie Ihr befehlt.　　1700
　　Doch der Herr Schreiber Licht sind mir ein Zeuge.
WALTER. Wie? Ihr ein Zeuge?
LICHT.　　　　　　　　Gewissermaßen, ja.
WALTER. Fürwahr, ich weiß nicht –
LICHT.　　　　　　　　　　Bitte ganz submiß,
　　Die Frau in dem Berichte nicht zu stören.
　　Daß es der Teufel war, behaupt ich nicht;
　　Jedoch mit Pferdefuß, und kahler Glatze
　　Und hinten Dampf, wenn ich nicht sehr mich irre,
　　Hats seine völlge Richtigkeit! – Fahrt fort!
FRAU BRIGITTE.
　　Da ich nun mit Erstaunen heut vernehme,
　　Was bei Frau Marthe Rull geschehn, und ich　　1710
　　Den Krugzertrümmrer auszuspionieren,
　　Der mir zu Nacht begegnet am Spalier,
　　Den Platz, wo er gesprungen, untersuche,
　　Find ich im Schnee, ihr Herrn, euch eine Spur –
　　Was find ich euch für eine Spur im Schnee?
　　Rechts fein und scharf und nett gekantet immer,
　　Ein ordentlicher Menschenfuß,
　　Und links unförmig grobhin eingetölpelt
　　Ein ungeheurer klotzger Pferdefuß.
WALTER *ärgerlich.*
　　Geschwätz, wahnsinniges, verdammenswürdges –!　　1720
VEIT. Es ist nicht möglich, Frau!
FRAU BRIGITTE.　　　　　　　Bei meiner Treu!
　　Erst am Spalier, da, wo der Sprung geschehen,
　　Seht, einen weiten, schneezerwühlten Kreis,
　　Als ob sich eine Sau darin gewälzt;
　　Und Menschenfuß und Pferdefuß von hier,
　　Und Menschenfuß und Pferdefuß, und Menschenfuß
　　　　　　　　　　　　　　　und Pferdefuß,
　　Quer durch den Garten, bis in alle Welt.

ADAM. Verflucht! – Hat sich der Schelm vielleicht erlaubt,
    Verkappt des Teufels Art –?
RUPRECHT.   Was! Ich!
LICHT.   Schweigt! Schweigt!
1730 FRAU BRIGITTE.
    Wer einen Dachs sucht, und die Fährt entdeckt,
    Der Weidmann, triumphiert nicht so, als ich.
    Herr Schreiber Licht, sag ich, denn eben seh ich
    Von euch geschickt, den Würdgen zu mir treten,
    Herr Schreiber Licht, spart eure Session,
    Den Krugzertrümmrer judiziert ihr nicht,
    Der sitzt nicht schlechter euch, als in der Hölle:
    Hier ist die Spur die er gegangen ist.
WALTER. So habt Ihr selbst Euch überzeugt?
LICHT.   Euer Gnaden,
    Mit dieser Spur hats völlge Richtigkeit.
1740 WALTER. Ein Pferdefuß?
LICHT.   Fuß eines Menschen, bitte,
    Doch praeter propter wie ein Pferdehuf.
ADAM.
    Mein Seel, ihr Herrn, die Sache scheint mir ernsthaft.
    Man hat viel beißend abgefaßte Schriften,
    Die, daß ein Gott sei, nicht gestehen wollen;
    Jedoch den Teufel hat, soviel ich weiß,
    Kein Atheist noch bündig wegbewiesen.
    Der Fall, der vorliegt, scheint besonderer
    Erörtrung wert. Ich trage darauf an,
    Bevor wir ein Konklusum fassen,
1750   Im Haag bei der Synode anzufragen
    Ob das Gericht befugt sei, anzunehmen,
    Daß Beelzebub den Krug zerbrochen hat.
WALTER. Ein Antrag, wie ich ihn von Euch erwartet.
    Was wohl meint *Ihr*, Herr Schreiber?
LICHT.   Euer Gnaden werden
    Nicht die Synode brauchen, um zu urteln.
    Vollendet – mit Erlaubnis! – den Bericht,
    Ihr Frau Brigitte, dort; so wird der Fall
    Aus der Verbindung, hoff ich, klar konstieren.
FRAU BRIGITTE.
    Hierauf: Herr Schreiber Licht, sag ich, laßt uns
1760   Die Spur ein wenig doch verfolgen, sehn,
    Wohin der Teufel wohl entwischt mag sein.

Gut, sagt er, Frau Brigitt, ein guter Einfall;
Vielleicht gehn wir uns nicht weit um,
Wenn wir zum Herrn Dorfrichter Adam gehn.

WALTER. Nun? Und jetzt fand sich –?

FRAU BRIGITTE.   Zuerst jetzt finden wir
Jenseits des Gartens, in dem Lindengange,
Den Platz, wo Schwefeldämpfe von sich lassend,
Der Teufel bei mir angeprellt: ein Kreis,
Wie scheu ein Hund etwa zur Seite weicht,
Wenn sich die Katze prustend vor ihm setzt.

WALTER.   Drauf weiter? 1770

FRAU BRIGITTE.
Nicht weit davon jetzt steht ein Denkmal seiner,
An einem Baum, daß ich davor erschrecke.

WALTER. Ein Denkmal? Wie?

FRAU BRIGITTE.   Wie? Ja, da werdet Ihr –

ADAM *für sich*. Verflucht mein Unterleib.

LICHT.   Vorüber, bitte,
Vorüber, hier, ich bitte, Frau Brigitte.

WALTER. Wohin die Spur Euch führte, will ich wissen!

FRAU BRIGITTE.
Wohin? Mein Treu, den nächsten Weg zu euch,
Just wie Herr Schreiber Licht gesagt.

WALTER. Zu uns? Hierher?

FRAU BRIGITTE.   Vom Lindengange, ja,
Aufs Schulzenfeld, den Karpfenteich entlang,   1780
Den Steg, quer übern Gottesacker dann,
Hier, sag ich, her, zum Herrn Dorfrichter Adam.

WALTER. Zum Herrn Dorfrichter Adam?

ADAM.   Hier zu mir?

FRAU BRIGITTE. Zu Euch, ja.

RUPRECHT.   Wird doch der Teufel nicht
In dem Gerichtshof wohnen?

FRAU BRIGITTE.   Mein Treu, ich weiß nicht,
Ob er in diesem Hause wohnt; doch hier,
Ich bin nicht ehrlich, ist er abgestiegen:
Die Spur geht hinten ein bis an die Schwelle.

ADAM. Sollt er vielleicht hier durchpassiert –?

FRAU BRIGITTE.
Ja, oder durchpassiert. Kann sein. Auch das.   1790
Die Spur vornaus –

WALTER.   War eine Spur vornaus?

LICHT. Vornaus, verzeihn Euer Gnaden, keine Spur.

FRAU BRIGITTE. Ja, vornaus war der Weg zertreten.

ADAM. Zertreten. Durchpassiert. Ich bin ein Schuft.
Der Kerl, paßt auf, hat den Gesetzen hier
Was angehängt. Ich will nicht ehrlich sein,
Wenn es nicht stinkt in der Registratur.
Wenn meine Rechnungen, wie ich nicht zweifle,
Verwirrt befunden werden sollten,
1800 Auf meine Ehr, ich stehe für nichts ein.

WALTER.
Ich auch nicht. *Für sich.*
           Hm! Ich weiß nicht, wars der linke,
War es der rechte? Seiner Füße einer –
Herr Richter! Eure Dose! – Seid so gefällig.

ADAM.
Die Dose?

WALTER.   Die Dose. Gebt! Hier!

ADAM *zu Licht.*   Bringt dem Herrn Gerichtsrat.

WALTER. Wozu die Umständ? Einen Schritt gebrauchts.

ADAM. Es ist schon abgemacht. Gebt Seiner Gnaden.

WALTER. Ich hätt Euch was ins Ohr gesagt.

ADAM. Vielleicht, daß wir nachher Gelegenheit –

WALTER.   Auch gut.
      Nachdem sich Licht wieder gesetzt.
Sagt doch, ihr Herrn, ist jemand hier im Orte,
1810 Der mißgeschaffne Füße hat?

LICHT. Hm! Allerdings ist jemand hier in Huisum –

WALTER.
So? Wer?

LICHT.   Wollen Euer Gnaden den Herrn Richter

WALTER. Den Herrn Richter Adam?   [fragen –

ADAM.   Ich weiß von nichts.
Zehn Jahre bin ich hier im Amt zu Huisum,
Soviel ich weiß, ist alles grad gewachsen.

WALTER *zu Licht.*
Nun? Wen hier meint Ihr?

FRAU MARTHE.   Laß Er doch seine Füße draußen!
Was steckt Er untern Tisch verstört sie hin,
Daß man fast meint, Er wär die Spur gegangen.

WALTER. Wer? Der Herr Richter Adam?

ADAM.   Ich? die Spur?

Bin ich der Teufel? Ist das ein Pferdefuß?   1820
Er zeigt seinen linken Fuß.
WALTER. Auf meine Ehr. Der Fuß ist gut.
Heimlich.
Macht jetzt mit der Session sogleich ein Ende.
ADAM. Ein Fuß, wenn den der Teufel hätt,
So könnt er auf die Bälle gehn und tanzen.
FRAU MARTHE.
Das sag ich auch. Wo wird der Herr Dorfrichter –
ADAM. Ach, was! Ich!
WALTER.   Macht, sag ich, gleich ein Ende.
FRAU BRIGITTE.
Den einzgen Skrupel nur, ihr würdgen Herrn,
Macht, dünkt mich, dieser feierliche Schmuck!
ADAM. Was für ein feierlicher –?
FRAU BRIGITTE.   Hier, die Perücke!
Wer sah den Teufel je in solcher Tracht?   1830
Ein Bau, getürmter, strotzender von Talg,
Als eines Domdechanten auf der Kanzel!
ADAM. Wir wissen hierzuland nur unvollkommen,
Was in der Hölle Mod ist, Frau Brigitte!
Man sagt, gewöhnlich trägt er eignes Haar.
Doch auf der Erde, bin ich überzeugt,
Wirft er in die Perücke sich, um sich
Den Honoratioren beizumischen.
WALTER. Nichtswürdger! Wert, vor allem Volk ihn
                                        schmachvoll
Vom Tribunal zu jagen! Was Euch schützt,   1840
Ist einzig nur die Ehre des Gerichts.
Schließt Eure Session!
ADAM.   Ich will nicht hoffen –
WALTER.
Ihr hofft jetzt nichts. Ihr zieht Euch aus der Sache.
ADAM. Glaubt Ihr, ich hätte, ich, der Richter, gestern,
Im Weinstock die Perücke eingebüßt?
WALTER. Behüte Gott! Die Eur' ist ja im Feuer,
Wie Sodom und Gomorrha, aufgegangen.
LICHT. Vielmehr – vergebt mir, gnädger Herr! die Katze
Hat gestern in die seinige gejungt.
ADAM. Ihr Herrn, wenn hier der Anschein mich ver-   1850
Ihr übereilt euch nicht, bitt ich. Es gilt   [dammt:
Mir Ehre oder Prostitution.

Solang die Jungfer schweigt, begreif ich nicht,
Mit welchem Recht ihr mich beschuldiget.
Hier auf dem Richterstuhl von Huisum sitz ich,
Und lege die Perücke auf den Tisch:
Den, der behauptet, daß sie mein gehört,
Fordr' ich vors Oberlandgericht in Utrecht.

LICHT. Hm! Die Perücke paßt Euch doch, mein Seel,
1860 Als wär auf Euren Scheiteln sie gewachsen.
Er setzt sie ihm auf.

ADAM. Verleumdung!

LICHT.   Nicht?

ADAM.   Als Mantel um die Schultern
Mir noch zu weit, wie viel mehr um den Kopf.
Er besieht sich im Spiegel.

RUPRECHT. Ei, solch ein Donnerwetter-Kerl!

WALTER.   Still, Er!

FRAU MARTHE. Ei, solch ein blitz-verfluchter Richter, das!

WALTER.
Noch einmal, wollt *Ihr* gleich, soll *ich* die Sache enden?

ADAM. Ja, was befehlt Ihr?

RUPRECHT *zu Eve.*   Eve, sprich, ist ers?

WALTER. Was untersteht der Unverschämte sich?

VEIT. Schweig du, sag ich.

ADAM.   Wart, Bestie! Dich faß ich.

RUPRECHT. Ei, du Blitz-Pferdefuß!

WALTER.   Heda! der Büttel!

1870 VEIT. Halts Maul, sag ich.

RUPRECHT.   Wart! Heute reich ich dich.
Heut streust du keinen Sand mir in die Augen.

WALTER.
Habt Ihr nicht so viel Witz, Herr Richter –?

ADAM.   Ja, wenn Euer Gnaden
Erlauben, fäll ich jetzo die Sentenz.

WALTER. Gut. Tut das. Fällt sie.

ADAM.   Die Sache jetzt konstiert,
Und Ruprecht dort, der Racker, ist der Täter.

WALTER. Auch gut das. Weiter.

ADAM.   Den Hals erkenn ich
Ins Eisen ihm, und weil er ungebührlich
Sich gegen seinen Richter hat betragen,
Schmeiß ich ihn ins vergitterte Gefängnis.
1880 Wie lange, werd ich noch bestimmen.

EVE. Den Ruprecht –?

RUPRECHT.   Ins Gefängnis mich?

EVE.   Ins Eisen?

WALTER. Spart eure Sorgen, Kinder. – Seid Ihr fertig?

ADAM. Den Krug meinthalb mag er ersetzen, oder nicht.

WALTER. Gut denn. Geschlossen ist die Session.
    Und Ruprecht appelliert an die Instanz zu Utrecht.

EVE. Er soll, er, erst nach Utrecht appellieren?

RUPRECHT. Was? Ich –?

WALTER.   Zum Henker, ja! Und bis dahin –

EVE. Und bis dahin –?

RUPRECHT.   In das Gefängnis gehn?

EVE. Den Hals ins Eisen stecken? Seid Ihr auch Richter?   1890
    Er dort, der Unverschämte, der dort sitzt,
    Er selber wars –

WALTER.   Du hörsts, zum Teufel! Schweig!
    Ihm bis dahin krümmt sich kein Haar –

EVE.   Auf, Ruprecht!
    Der Richter Adam hat den Krug zerbrochen!

RUPRECHT. Ei, wart, du!

FRAU MARTHE.   Er?

FRAU BRIGITTE.   Der dort?

EVE.   Er, ja! Auf, Ruprecht!
    Er war bei deiner Eve gestern!
    Auf! Faß ihn! Schmeiß ihn jetzo, wie du willst.

WALTER steht auf.
    Halt dort! Wer hier Unordnungen –

EVE.   Gleichviel!
    Das Eisen ist verdient, geh, Ruprecht!
    Geh, schmeiß ihn von dem Tribunal herunter.

ADAM. Verzeiht, ihr Herrn. Läuft weg.

EVE.   Hier! Auf!

RUPRECHT.   Halt ihn!

EVE.   Geschwind!

ADAM.   Was?   1900

RUPRECHT.
    Blitz-Hinketeufel!

EVE.   Hast du ihn?

RUPRECHT.   Gotts Schlag und Wetter!
    Es ist sein Mantel bloß!

WALTER.   Fort! Ruft den Büttel!

RUPRECHT *schlägt den Mantel.*
Ratz! Das ist eins. Und Ratz! Und Ratz! Noch eins.
Und noch eins! In Ermangelung des Buckels.
WALTER. Er ungezogner Mensch – Schafft hier mir Ord-
– An Ihm, wenn Er sogleich nicht ruhig ist,   [nung!
Ihm wird der Spruch vom Eisen heut noch wahr.
VEIT. Sei ruhig, du vertrackter Schlingel!

Zwölfter Auftritt

Die Vorigen ohne Adam.
Sie begeben sich alle in den Vordergrund der Bühne.

RUPRECHT.   Ei, Evchen!
Wie hab ich heute schändlich dich beleidigt!
1910   Ei Gotts Blitz, alle Wetter; und wie gestern!
Ei, du mein goldnes Mädchen, Herzens-Braut!
Wirst du dein Lebtag mir vergeben können?
EVE *wirft sich dem Gerichtsrat zu Füßen.*
Herr! Wenn Ihr jetzt nicht helft, sind wir verloren!
WALTER. Verloren? Warum das?
RUPRECHT.   Herr Gott! Was gibts?
EVE. Errettet Ruprecht von der Konskription!
Denn diese Konskription – der Richter Adam
Hat mirs als ein Geheimnis anvertraut,
Geht nach Ostindien; und von dort, Ihr wißt,
Kehrt von drei Männern einer nur zurück!
1920   WALTER. Was! Nach Ostindien! Bist du bei Sinnen?
EVE. Nach Bantam, gnädger Herr; verleugnets nicht!
Hier ist der Brief, die stille heimliche
Instruktion, die Landmiliz betreffend,
Die die Regierung jüngst deshalb erließ:
Ihr seht, ich bin von allem unterrichtet.
WALTER *nimmt den Brief und liest ihn.*
O unerhört, arglistiger Betrug! –
Der Brief ist falsch!
EVE.   Falsch?
WALTER.   Falsch, so wahr ich lebe!
Herr Schreiber Licht, sagt selbst, ist das die Order,
Die man aus Utrecht jüngst an euch erließ?
1930   LICHT. Die Order! Was! Der Sünder, der! Ein Wisch,
Den er mit eignen Händen aufgesetzt! –

Die Truppen, die man anwarb, sind bestimmt
Zum Dienst im Landesinneren; kein Mensch
Denkt dran, sie nach Ostindien zu schicken!

EVE. Nein, nimmermehr, ihr Herrn?

WALTER.   Bei meiner Ehre!
Und zum Beweise meines Worts: den Ruprecht,
Wärs so, wie du mir sagst: ich kauf ihn frei!

EVE *steht auf.* O Himmel! Wie belog der Böswicht mich!
Denn mit der schrecklichen Besorgnis eben,
Quält' er mein Herz, und kam, zur Zeit der Nacht,   1940
Mir ein Attest für Ruprecht aufzudringen;
Bewies, wie ein erlognes Krankheitszeugnis,
Von allem Kriegsdienst ihn befreien könnte;
Erklärte und versicherte und schlich,
Um es mir auszufertgen, in mein Zimmer:
So Schändliches, ihr Herren, von mir fordernd,
Daß es kein Mädchenmund wagt auszusprechen!

FRAU BRIGITTE.
Ei, der nichtswürdig-schändliche Betrüger!

RUPRECHT. Laß, laß den Pferdehuf, mein süßes Kind!
Sieh, hätt ein Pferd bei dir den Krug zertrümmert,   1950
Ich wär so eifersüchtig just, als jetzt!

                     Sie küssen sich.

VEIT.
Das sag ich auch! Küßt und versöhnt und liebt euch;
Und Pfingsten, wenn ihr wollt, mag Hochzeit sein!

LICHT *am Fenster.* Seht, wie der Richter Adam, bitt ich
Berg auf, Berg ab, als flöh er Rad und Galgen, [euch,
Das aufgepflügte Winterfeld durchstampft!

WALTER. Was? Ist das Richter Adam?

LICHT.   Allerdings!

MEHRERE. Jetzt kommt er auf die Straße. Seht! seht!
Wie die Perücke ihm den Rücken peitscht!

WALTER. Geschwind, Herr Schreiber, fort! Holt ihn zu-   1960
Daß er nicht Übel rettend ärger mache.   [rück!
Von seinem Amt zwar ist er suspendiert,
Und Euch bestell ich, bis auf weitere
Verfügung, hier im Ort es zu verwalten;
Doch sind die Kassen richtig, wie ich hoffe,
Zur Desertion ihn zwingen will ich nicht.
Fort! Tut mir den Gefallen, holt ihn wieder!

                     Licht ab.

Letzter Auftritt

Die Vorigen ohne Licht.

FRAU MARTHE.
   Sagt doch, gestrenger Herr, wo find ich auch
   Den Sitz in Utrecht der Regierung?

WALTER.

1970   Weshalb, Frau Marthe?

FRAU MARTHE *empfindlich.*

                              Hm! Weshalb? Ich weiß nicht -
   Soll hier dem Kruge nicht sein Recht geschehn?

WALTER. Verzeiht mir! Allerdings. Am großen Markt,
   Und Dienstag ist und Freitag Session.

FRAU MARTHE.
   Gut! Auf die Woche stell ich dort mich ein.
                    Alle ab.

                    Ende.

DER ZERBROCHNE KRUG

[Phöbus-Fassung]

Wir waren nach dem ersten Plane unsrer Zeitschrift willens, hier das Fragment eines größeren Werkes einzurücken (Robert Guiskard, Herzog der Normänner, ein Trauerspiel von dem Verf. der Penthesilea); doch da dieses kleine, vor mehrern Jahren zusammengesetzte, Lustspiel eben jetzt auf der Bühne von Weimar verunglückt ist: so wird es unsere Leser vielleicht interessieren, einigermaßen prüfen zu können, worin dies seinen Grund habe. Und so mag es, als eine Art von Neuigkeit des Tages, hier seinen Platz finden.

Szene: Gerichtsstube in einem niederländischen Dorf

A. Erster Auftritt

Adam sitzt und verbindet sich ein Bein. Licht tritt auf.

LICHT. Ei, was zum Henker, sagt, Gevatter Adam!
  Was ist mit Euch geschehn? Wie seht Ihr aus!
ADAM. Ja, seht. Zum Straucheln brauchts doch nichts als Füße.
  Auf diesem glatten Boden, ist ein Strauch hier?
  Gestrauchelt bin ich hier, und jeder trägt
  Den leidgen Stein zum Anstoß in sich selbst.
LICHT. Wie meint Ihr das? Wie Teufel, meint Ihr das?
  Den Stein, behauptet Ihr, trüg jeglicher –?
ADAM. Zum Fallen, ja, in sich.
LICHT *ihn scharf ins Auge fassend.* Verflucht das!
ADAM.   Was?
LICHT. Ihr stammt von einem lockern Ältervater,
  Der so beim Anbeginn der Dinge fiel,
  Und wegen seines Falls berühmt geworden;
  Jetzt wärt Ihr –?
ADAM.   Was?
LICHT.   Gleichfalls –?
ADAM.   Ob ich –? Ich glaube –
  Hier bin ich hingefallen, sag ich Euch.
LICHT. Unbildlich hingeschlagen?

ADAM.   Ja, unbildlich.
Es mag ein schlechtes Bild gewesen sein.
LICHT. Bei meiner Treu! und keiner malts Euch nach.
– Wann trug der Vorfall sich denn zu?
ADAM.   Jetzt, jetzt,
Im Augenblick, da ich dem Bett entsteig.
Ich hatte noch das Morgenlied im Munde,
Da stolpr' ich häuptlings in den Morgen schon,
Und eh ich noch den Lauf des Tags beginne,
Renkt mir der Kuckuck hier den Fuß schon aus.
LICHT. Und wohl den Linken obenein noch?
ADAM.   Was?
LICHT. Hier, den gesetzten Fuß, den würdigen,
Der ohnhin schwer den Weg der Sünde wandelt?
ADAM. Ach! Schwer! Warum?
LICHT.   Der Klumpfuß?
ADAM.   Klumpfuß! Was?
Ein Fuß ist, wie der andere, ein Klumpen.
LICHT. Verzeiht! Da tut Ihr Eurem Rechten Unrecht.
Der Rechte kann sich dieser – Wucht nicht rühmen,
Und wagt sich eh'r aufs schlüpfrige.
ADAM.   Ach! Possen!
Wo sich der eine hinwagt, folgt der andre. –
LICHT. Und was hat das Gesicht Euch so verrenkt?
ADAM. Mir das Gesicht?
LICHT.   Wie? Davon wißt Ihr nichts?
ADAM. Ich müßt ein Lügner sein – wie siehts denn aus?
LICHT. Wies aussieht?
ADAM.   Ja, Gevatterchen.
LICHT.   Abscheulich!
ADAM. Erklärt Euch deutlicher.
LICHT.   Geschunden ists,
Ein Greul zu sehn. Ein Stück fehlt von der Wange,
Wie groß? Nicht ohne Waage kann ichs schätzen.
ADAM. Den Teufel auch.
LICHT *holt einen Spiegel*.   Hier. Überzeugt Euch selbst.
Ein Schaf, das, eingehetzt von Hunden, sich
Durch Dornen drängt, läßt nicht mehr Wolle sitzen,
Als Ihr, Gott weiß wo? Fleisch habt sitzen lassen.
ADAM. Hm! Ja: 's ist wahr. Unlieblich sieht es aus.
Die Nas hat auch gelitten.
LICHT.   Und das Auge.

ADAM. Das Auge nicht, Gevatter.

LICHT.   Ei, hier liegt
  Querfeld ein Schlag, im Angesicht, blutrünstig,
  Geballt, wie eine Faust groß, hols der Henker,
  Kein Großknecht trifft im ganzen Dorfe besser.

ADAM. Das ist der Augenknochen. – Ja, nun seht,
  Das alles hatt ich nicht einmal gespürt.

LICHT. Ja, ja. So gehts im Feuer des Gefechtes.

ADAM. Im Feuer des Gefechts – schamlose Reden!
  Mit dem verfluchten Bockgesicht focht ich,
  Der an der Ofenkante eingefugt.
  Jetzt weiß ich es. Da ich, beim Auferstehn,
  Das Gleichgewicht verlier und gleichsam wie
  Ertrunken in den Lüften um mich greife,
  Faß ich – zuerst die Hosen, die ich gestern
  Durchnäßt an das Gestell des Ofens hing.
  Nun faß ich sie, versteht Ihr, denke mich,
  Ich Tor, daran zu halten, und nun reißt
  Der Bund, es stürzt die Hos und das Gestell,
  Ich stürz – und mit dem Stirnblatt schmettr' ich wütend
  Just auf dem Ofen, wo ein Ziegenbock
  Die Nase an der Ecke vorgestreckt.

LICHT *lacht.* Gut, gut.

ADAM.   Verdammt, sag ich!

LICHT.   Laßts gut sein, Vetter.

ADAM. Ich muß es wohl. – Doch was ich sagen wollte,
  Was gibt es Neues!

LICHT.   Ja, sieh da! hätt ichs
  Doch bald vergessen.

ADAM.   Nun?

LICHT.   Macht Euch gefaßt,
  Auf unerwarteten Besuch aus Utrecht.

ADAM. Nun? Und von wem?

LICHT.   Rat Walter kömmt.

ADAM *erschrocken.*   Wer kömmt?

LICHT. Der Herr Gerichtsrat Walter kömmt aus Utrecht.

ADAM. Was sagt Ihr!

                    Usw.

B. Vierter Auftritt

[= 6. Auftritt. Vers 414–456]

(Zur Erklärung: Ehe sich der Richter noch von seinem Schrek-
ken erholt hat, erscheint der Gerichtsrat Walter schon, um die
Rechtspflege zu kontrollieren, und läßt die Parteien, die er auf
dem Vorsaal fand, eintreten. Der Richter, der nicht ahndet, was
dies für Leute sind, geht, sich in den Ornat zu werfen; während
der Gerichtsrat sich, mit seiner Schreibtafel beschäftigt, an
einem Tisch, im Hintergrunde der Bühne, niederläßt.)

Frau Marthe, Eve, Veit, Ruprecht treten auf.

FRAU MARTHE. Ihr krugzertrümmerndes Gesindel, ihr!
  Ihr loses Pack, das an die Schranken mir,
  Und jeden Pfeiler guter Ordnung rüttelt!
  Ihr sollt mir büßen, ihr!
          [usw. bis Vers 456]

C. Fünfter Auftritt

[= 7. Auftritt. Vers 498–650, 730–845]
          [Vers 646 ff:]

FRAU MARTHE.
  Nichts seht ihr, mit Verlaub, die Scherben seht ihr,
  Der Krüge schönster ist entzwei geschlagen.
  Hier grade auf dem Loch, wo jetzo nichts,
  Sind die gesamten – – – – Provinzen
  – – – – übergeben worden.
          Usw.
      Hier folgt die Beschreibung des Kruges.
WALTER. Nun gut, nun kennen wir den Krug.
          [usw. bis Vers 845]

VARIANT

[Ursprüngliche Fassung der letzten Auftritte. Als »Variant« bis Vers 2381 in der Buchausgabe von 1811]

Zwölfter Auftritt

Die Vorigen ohne Adam.
Sie bewegen sich alle in den Vordergrund der Bühne.

RUPRECHT.   Ei, Evchen!
Wie hab ich heute schändlich dich beleidigt!
Ei, Gotts Blitz, alle Wetter, und wie gestern!   1910
Ei, du mein goldnes Mädchen, Herzens-Braut!
Wirst du dein Lebtag mir vergeben können?
EVE. Geh, laß mich sein.
RUPRECHT.   Ei, ich verfluchter Schlingel!
Könnt ich die Hände brauchen, mich zu prügeln.
Nimm, weißt du was? hör: tu mir den Gefallen,
Dein Pätschchen, hols der Henker, nimms und balls,
Und schlage tüchtig eins mir hinters Ohr.
Willst dus mir tun? Mein Seel, ich bin nicht ruhig.
EVE. Du hörst. Ich will nichts von dir wissen.
RUPRECHT.   Ei, solch ein Tölpel!
Der Lebrecht denk ich, Schafsgesicht, und geh,   1920
Mich beim Dorfrichter ehrlich zu beklagen,
Und er, vor dem ich klage, ist es selbst:
Den Hals noch judiziert er mir ins Eisen.
WALTER.
Wenn sich die Jungfer gestern gleich der Mutter
Eröffnet hätte züchtiglich, so hätte
Sie dem Gerichte Schand erspart, und sich
Zweideutge Meinungen von ihrer Ehre.
RUPRECHT. Sie schämte sich. Verzeiht ihr, gnädger Herr!
Es war ihr Richter doch, sie mußt ihn schonen. –
Komm nur jetzt fort zu Haus. Es wird sich finden.   1930
EVE. Ja, schämen!
RUPRECHT.   Gut. So wars was anderes.
Behalts für dich, was brauchen wirs zu wissen.
Du wirsts schon auf der Fliederbank mir eins,
Wenn von dem Turm die Vesper geht, erzählen.
Komm, sei nur gut.
WALTER.   Was wirs zu wissen brauchen?

So denk ich nicht. Wenn Jungfer Eve will,
Daß wir an ihre Unschuld glauben sollen:
So wird sie, wie der Krug zerbrochen worden,
Umständlich nach dem Hergang uns berichten.
1940   Ein Wort keck hingeworfen, macht den Richter
In meinem Aug der Sünd noch gar nicht schuldig.
RUPRECHT. Nun denn, so faß ein Herz! Du bist ja schuld-
Sags, was er dir gewollt, der Pferdefuß.   [los.
Sieh, hätt ein Pferd bei dir den Krug zertrümmert,
Ich wär so eifersüchtig just, als jetzt.
EVE. Was hilfts, daß ich jetzt schuldlos mich erzähle?
Unglücklich sind wir beid auf immerdar.
RUPRECHT. Unglücklich, wir?
WALTER.   Warum ihr unglücklich?
RUPRECHT. Was gilts, da ist die Konskription im Spiele.
EVE *wirft sich Waltern zu Füßen.*
1950   Herr, wenn Ihr jetzt nicht helft, sind wir verloren!
WALTER. Wenn ich nicht –?
RUPRECHT.   Ewiger Gott!
WALTER.   Steh auf, mein Kind.
EVE. Nicht eher, Herr, als bis Ihr Eure Züge,
Die menschlichen, die Euch vom Antlitz strahlen,
Wahr macht durch eine Tat der Menschlichkeit.
WALTER. Mein liebenswertes Kind! Wenn du mir deine
Unschuldigen bewährst, wie ich nicht zweifle,
Bewähr ich auch dir meine menschlichen.
Steh auf!
EVE.   Ja, Herr, das werd ich.
WALTER.   Gut. So sprich.
EVE. Ihr wißt, daß ein Edikt jüngst ist erschienen,
1960   Das von je hundert Söhnen jeden Orts
Zehn für dies Frühjahr zu den Waffen ruft,
Der rüstigsten. Denn der Hispanier
Versöhnt sich mit dem Niederländer nicht,
Und die Tyrannenrute will er wieder
Sich, die zerbrochene, zusammenbinden.
Kriegshaufen sieht man ziehn auf allen Wegen,
Die Flotten rings, die er uns zugesendet,
Von unsrer Staaten Küsten abzuhalten,
Und die Miliz steht auf, die Tor' inzwischen
1970   In den verlaßnen Städten zu besetzen.
WALTER. So ist es.

EVE.   Ja, so heißts, ich weiß.
WALTER.   Nun? Weiter?
EVE. Wir eben sitzen, Mutter, Vater, Ruprecht
   Und ich, an dem Kamin, und halten Rat,
   Ob Pfingsten sich, ob Pfingsten übers Jahr,
   Die Hochzeit feiern soll: als plötzlich jetzt
   Die Kommission, die die Rekruten aushebt,
   Ins Zimmer tritt, und Ruprecht aufnotiert,
   Und unsern frohen Streit mit schneidendem
   Machtspruch, just da er sich zu Pfingsten neigte,
   Für, Gott weiß, welches Pfingstfest nun? – entschei-   1980
WALTER. Mein Kind –   [det.
EVE.   Gut, gut.
WALTER.   Das allgemeine Los.
EVE. Ich weiß.
WALTER.   Dem kann sich Ruprecht gar nicht weigern.
RUPRECHT. Ich denk auch nicht daran.
EVE.   Er denkt nicht dran,
   Gestrenger Herr, und Gott behüte mich,
   Daß ich in seiner Sinnesart ihn störte.
   Wohl uns, daß wir was Heilges, jeglicher,
   Wir freien Niederländer, in der Brust,
   Des Streites wert bewahren: so gebe jeder denn
   Die Brust auch her, es zu verteidigen.
   Müßt er dem Feind im Treffen selbst begegnen,   1990
   Ich spräche noch, zieh hin, und Gott mit dir:
   Was werd ich jetzt ihn weigern, da er nur
   Die Wälle, die geebneten, in Utrecht,
   Vor Knaben soll, und ihren Spielen schützen.
   Inzwischen, lieber Herr, Ihr zürnt mir nicht –
   Wenn ich die Mai'n in unserm Garten rings
   Dem Pfingstfest rötlich seh entgegen knospen,
   So kann ich mich der Tränen nicht enthalten:
   Denk ich doch sonst, und tue, wie ich soll.
WALTER. Verhüt auch Gott, daß ich darum dir zürne.   2000
   Sprich weiter.
EVE.   Nun schickt die Mutter gestern
   Mich in gleichgültigem Geschäft ins Amt,
   Zum Richter Adam. Und da ich in das Zimmer trete,
   »Gott grüß dich, Evchen! Ei, warum so traurig?«
   Spricht er. »Das Köpfchen hängt dir ja wie'n Maien-
                                         glöckchen!

Ich glaubte fast, du weißt, daß es dir steht.
Der Ruprecht! Gelt? Der Ruprecht!« – Je nun freilich,
Der Ruprecht, sag ich; wenn der Mensch was liebt,
Muß er schon auch auf Erden etwas leiden.
2010 Drauf er: »Du armes Ding! Hm! Was wohl gäbst du,
Wenn ich den Ruprecht dir von der Miliz befreite?«
Und ich: wenn Ihr den Ruprecht mir befreitet?
Ei nun, dafür möcht ich Euch schon was geben.
Wie fingt Ihr das wohl an? – »Du Närrchen«, sagt er,
»Der Physikus, der kann, und ich kann schreiben,
Verborgne Leibesschäden sieht man nicht,
Und bringt der Ruprecht ein Attest darüber
Zur Kommission, so gibt die ihm den Abschied:
Das ist ein Handel, wie um eine Semmel.« –
2020 So, sag ich. – »Ja« – So, so! Nun, laßts nur sein,
Herr Dorfrichter, sprech ich. Daß Gott der Herr
Gerad den Ruprecht mir zur Lust erschaffen,
Mag ich nicht vor der Kommission verleugnen.
Des Herzens innerliche Schäden sieht er,
Und ihn irrt kein Attest vom Physikus.

WALTER.
Recht! Brav!

EVE.   »Gut«, spricht er. »Wie du willst. So mag
Er seiner Wege gehn. Doch was ich sagen wollte –
Die hundert Gulden, die er kürzlich erbte,
Läßt du dir doch, bevor er geht, verschreiben?« –
2030 Die hundert Gulden, frag ich? Ei, warum?
Was hats mir für Gefahr auch mit den Gulden?
Wird er denn weiter, als nach Utrecht gehn? –
»Ob er dir weiter als nach Utrecht geht?
Ja, du gerechter Gott, spricht er, was weiß ich,
Wohin der jetzo geht. Folgt er einmal der Trommel,
Die Trommel folgt dem Fähndrich, der dem Haupt-
Der Hauptmann folgt dem Obersten, der folgt [mann,
Dem General, und der folgt den vereinten Staaten wie-
Und die vereinten Staaten, hols der Henker,   [der,
2040 Die ziehen in Gedanken weit herum.
Die lassen trommeln, daß die Felle platzen.«

WALTER. Der Schändliche.

EVE.   Bewahr mich Gott, sprech ich,
Ihr habt, als ihr den Ruprecht aufnotiert,
Ja die Bestimmung deutlich ihm verkündigt.

»Ja! Die Bestimmung!« spricht er: »Speck für Mäuse!
Wenn sie die Landmiliz in Utrecht haben,
So klappt die Falle hinten schnappend zu.
Laß du die hundert Gulden dir verschreiben.« –
Ist das gewiß, frag ich, Herr Richter Adam?
Will man zum Kriegsdienst förmlich sie gebrauchen? 2050
»Ob man zum Kriegsdienst sie gebrauchen will?« –
»Willst du Geheimnis, unverbrüchliches,
Mir angeloben gegen jedermann?«
Ei, Herr Gott, sprech ich, was auch gibts, Herr Rich-
Was sieht Er so bedenklich? Sag Ers heraus.   [ter!

WALTER.
   Nun? Nun? Was wird das werden?

EVE.   Was das wird werden?
Herr, jetzo sagt er mir, was Ihr wohl wißt,
Daß die Miliz sich einschifft nach Batavia,
Den eingebornen Kön'gen dort, von Bantam,
Von Java, Jakatra, was weiß ich? Raub   2060
Zum Heil der Haager Krämer abzujagen.

WALTER. Was? nach Batavia?

RUPRECHT.   Ich, nach Asien?

WALTER. Davon weiß ich kein Wort.

EVE.   Gestrenger Herr,
Ich weiß, Ihr seid verbunden, so zu reden.

WALTER. Auf meine Pflicht!

EVE.   Gut, gut. Auf Eure Pflicht.
Und die ist, uns, was wahr ist, zu verbergen.

WALTER.
   Du hörsts. Wenn ich –

EVE.   Ich sah den Brief, verzeiht, den Ihr
Aus Utrecht an die Ämter habt erlassen.

WALTER. Welch einen Brief?

EVE.   Den Brief, Herr, die geheime
Instruktion, die Landmiliz betreffend,   2070
Und ihre Stellung aus den Dörfern rings.

WALTER. Den hast du?

EVE.   Herr, den sah ich.

WALTER.   Und darin?

EVE. Stand, daß die Landmiliz, im Wahn, sie sei
Zum innern Friedensdienste nur bestimmt,
Soll hingehalten werden bis zum März:
Im März dann schiffe sie nach Asien ein.

WALTER. Das in dem Brief selbst hättest du gelesen?
EVE. Ich nicht. Ich las es nicht. Ich kann nicht lesen.
   Doch er, der Richter, las den Brief mir vor.
2080 WALTER. So. Er, der Richter.
   EVE.   Ja. Und Wort vor Wort.
   WALTER. Gut, gut. Nun weiter.
   EVE.   Gott im Himmel, ruf ich,
   Das junge Volk, das blühnde, nach Batavia!
   Das Eiland, das entsetzliche, wo von
   Jedweden Schiffes Mannschaft, das ihm naht,
   Die eine Hälfte stets die andere begräbt.
   Das ist ja keine offen ehrliche
   Konskription, das ist Betrug, Herr Richter,
   Gestohlen ist dem Land die schöne Jugend,
   Um Pfeffer und Muskaten einzuhandeln.
2090   List gegen List jetzt, schaff Er das Attest
   Für Ruprecht mir, und alles geb ich Ihm
   Zum Dank, was Er nur redlich fordern kann.
   WALTER. Das machtest du nicht gut.
   EVE.   List gegen List.
   WALTER.
   Drauf er?
   EVE.   »Das wird sich finden«, spricht er, »Evchen,
   Vom Dank nachher, jetzt gilt es das Attest.
   Wann soll der Ruprecht gehn?« – In diesen Tagen.
   »Gut«, spricht er, »gut. Es trifft sich eben günstig.
   Denn heut noch kommt der Physikus ins Amt;
   Da kann ich gleich mein Heil mit ihm versuchen.
2100   Wie lange bleibt der Garten bei dir offen?«
   Bei mir der Garten, frag ich? – »Ja, der Garten.«
   Bis gegen zehn, sag ich. Warum, Herr Richter?
   »Vielleicht kann ich den Schein dir heut noch brin-
   Er mir den Schein! Ei, wohin denkt Er auch? [gen.«–
   Ich werd den Schein mir morgen früh schon holen. –
   »Auch gut«, spricht er. »Gleichviel. So holst du ihn.
   Glock halb auf neun früh morgens bin ich auf.«
   WALTER. Nun?
   EVE.   Nun – geh ich zur Mutter heim, und harre,
   Den Kummer, den verschwiegnen, in der Brust,
2110   In meiner Klause, durch den Tag, und harre,
   Bis zehn zu Nacht auf Ruprecht, der nicht kömmt.
   Und geh verstimmt Glock zehn die Trepp hinab,

Die Gartentür zu schließen, und erblicke,
Da ich sie öffn', im Dunkel fernhin wen,
Der schleichend von den Linden her mir naht.
Und sage: Ruprecht! – »Evchen«, heisert es. –
Wer ist da? frag ich. – »St! Wer wird es sein?« –
Ist Ers, Herr Richter? – »Ja, der alte Adam« –
RUPRECHT. Gotts Blitz!
EVE.   Er selbst –
RUPRECHT.   Gotts Donnerwetter!
EVE.   Ists,
Und kommt, und scherzt, und kneipt mir in die Bak-   2120
Und fragt, ob Mutter schon zu Bette sei.   [ken,
RUPRECHT.
Seht den Halunken!
EVE.   Drauf ich: Ei, was Herr Richter,
Was will er auch so spät zu Nacht bei mir?
»Je, Närrchen«, spricht er – Dreist heraus, sag ich;
Was hat Er hier Glock zehn bei mir zu suchen?
»Was ich Glock zehn bei dir zu suchen habe?« –
Ich sag, laß Er die Hand mir weg! Was will Er? –
»Ich glaube wohl, du bist verrückt«, spricht er.
»Warst du nicht heut Glock eilf im Amt bei mir,
Und wolltest ein Attest für Ruprecht haben?«   2130
Ob ich? – Nun ja. – »Nun gut. Das bring ich dir.«
Ich sagts Ihm ja, daß ichs mir holen wollte. –
»Bei meiner Treu! Die ist nicht recht gescheut.
Ich muß Glock fünf Uhr morgen früh verreisen,
Und ungewiß, wann ich zurücke kehre,
Liefr' ich den Schein noch heut ihr in die Hände;
Und sie, nichts fehlt, sie zeigt die Türe mir;
Sie will den Schein sich morgen bei mir holen.« –
Wenn Er verreisen will Glock fünf Uhr morgen –
Davon ja wußt Er heut noch nichts Glock eilf?   2140
»Ich sags«, spricht er, »die ist nicht recht bei Troste.
Glock zwölf bekam ich heut die Order erst.« –
Das ist was anderes, das wußt ich nicht.
»Du hörst es ja«, spricht er. – Gut, gut, Herr Richter.
So dank ich herzlich Ihm für seine Mühe.
Verzeih Er mir. Wo hat Er das Attest?
WALTER. Wißt Ihr was von der Order?
LICHT.   Nicht ein Wort.
Vielmehr bekam er kürzlich noch die Order,

Sich nicht von seinem Amte zu entfernen.
2150   Auch habt Ihr heut zu Haus ihn angetroffen.
WALTER. Nun?
EVE.   Wenn er log, ihr Herrn, konnt ichs nicht
    Ich mußte seinem Wort vertraun.   [prüfen.
WALTER.   Ganz recht.
    Du konntest es nicht prüfen. Weiter nur.
    Wo ist der Schein, sprachst du?
EVE.   »Hier«, sagt er, »Evchen«;
    Und zieht ihn vor. »Doch höre«, fährt er fort,
    »Du mußt, so wahr ich lebe, mir vorher
    Noch sagen, wie der Ruprecht zubenamst?
    Heißt er nicht Ruprecht Gimpel?« – Wer? Der Ru-
    »Ja. Oder Simpel? Simpel oder Gimpel.«   [precht?
2160   Ach, Gimpel! Simpel! Tümpel heißt der Ruprecht.
    »Gotts Blitz, ja«, spricht er; »Tümpel! Ruprecht Tüm-
    Hab ich, Gott töt mich, mit dem Wetternamen   [pel!
    Auf meiner Zunge nicht Versteck gespielt!« –
    Ich sag, Herr Richter Adam, weiß Er nicht –?
    »Der Teufel soll mich holen, nein!« spricht er. –
    Steht denn der Nam hier im Attest noch nicht?
    »Ob er in dem Attest –?« – Ja, hier im Scheine.
    »Ich weiß nicht, wie du heute bist«, spricht er.
    »Du hörsts, ich sucht und fand ihn nicht, als ich
2170   Heut nachmittag bei mir den Schein hier mit
    Dem Physikus zusammen fabrizierte.«
    Das ist ja aber dann kein Schein, sprech ich.
    Das ist, nehm Ers mir übel nicht, ein Wisch, das!
    Ich brauch ein ordentlich Attest, Herr Richter. –
    »Die ist, mein Seel, heut«, spricht er, »ganz von Sin-
    Der Schein ist fertig, ge- und unterschrieben,   [nen.
    Datiert, besiegelt auch, und in der Mitte
    Ein Platz, so groß just, wie ein Tümpel, offen;
    Den füll ich jetzt mit Dinte aus, so ists
2180   Ein Schein, nach allen Regeln, wie du brauchst.« –
    Doch ich: wo will Er in der Nacht, Herr Richter,
    Hier unterm Birnbaum auch den Platz erfüllen? –
    »Gotts Menschenkind auch, unvernünftiges!«
    Spricht er; »du hast ja in der Kammer Licht,
    Und Dint und Feder führ ich in der Tasche.
    Fort! Zwei Minuten brauchts, so ists geschehn.«
RUPRECHT. Ei, solch ein blitz-verfluchter Kerl!

WALTER. Und darauf gingst du mit ihm in die Kammer?
EVE. Ich sag: Herr Dorfrichter, was das auch für
    Anstalten sind! Ich werde jetzt mit Ihm,   2190
    Da Mutter schläft, in meine Kammer gehn!
    Daraus wird nichts, das konnt Er sich wohl denken.
    »Gut«, spricht er, »wie du willst. Ich bins zufrieden.
    So bleibt die Sach bis auf ein andermal.
    In Tagner drei bis acht bin ich zurück.« –
    Herr Gott, sag ich, Er in acht Tagen erst!
    Und in drei Tagen geht der Ruprecht schon –
WALTER. Nun, Evchen, kurz –
EVE.   Kurz, gnädger Herr –
WALTER.   Du gingst –
EVE. Ich ging. Ich führt ihn in die Kammer ein.
FRAU MARTHE. Ei, Eve! Eve!
EVE.   Zürnt nicht!
WALTER.   Nun jetzt – weiter? 2200
EVE. Da wir jetzt in der Stube sind – zehnmal
    Verwünscht ichs schon, eh wir sie noch erreicht –
    Und ich die Tür behutsam zugedrückt,
    Legt er Attest und Dint und Feder auf den Tisch,
    Und rückt den Stuhl herbei sich, wie zum Schreiben.
    Ich denke, setzen wird er sich: doch er,
    Er geht und schiebt den Riegel vor die Türe,
    Und räuspert sich, und lüftet sich die Weste,
    Und nimmt sich die Perücke förmlich ab,
    Und hängt, weil der Perückenstock ihm fehlt,   2210
    Sie auf den Krug dort, den zum Scheuern ich
    Bei mir aufs Wandgesimse hingestellt.
    Und da ich frag, was dies auch mir bedeute?
    Läßt er am Tisch jetzt auf den Stuhl sich nieder,
    Und faßt mich so, bei beiden Händen, seht,
    Und sieht mich an.
FRAU MARTHE.   Und sieht –?
RUPRECHT.   Und sieht dich an –?
EVE. Zwei abgemessene Minuten starr mich an.
FRAU MARTHE.
    Und spricht –?
RUPRECHT. Spricht nichts –?
EVE.   Er, Niederträchtger, sag ich,
    Da er jetzt spricht; was denkt Er auch von mir?
    Und stoß ihm vor die Brust, daß er euch taumelt – 2220

Und: Jesus Christus! ruf ich: Ruprecht kömmt!
– Denn an der Tür ihn draußen hör ich donnern.
RUPRECHT. Ei, sieh! da kam ich recht.
EVE.   »Verflucht!« spricht er,
»Ich bin verraten!« – und springt, den Schein ergrei-
Und Dint und Feder, zu dem Fenster hin.   [fend,
»Du!« sagt er jetzt, »sei klug!« – und öffnet es.
»Den Schein holst du dir morgen bei mir ab.
Sagst du ein Wort, so nehm ich ihn, und reiß ihn,
Und mit ihm deines Lebens Glück, entzwei.«
2230 RUPRECHT. Die Bestie!
EVE.   Und tappt sich auf die Hütsche,
Und auf den Stuhl, und steigt aufs Fensterbrett,
Und untersucht, ob er wohl springen mag.
Und wendet sich, und beugt sich zum Gesimse,
Wo die Perück hängt, die er noch vergaß.
Und greift und reißt vom Kruge sie, und reißt
Von dem Gesims den Krug herab:
Der stürzt; er springt; und Ruprecht kracht ins Zim-
RUPRECHT.   [mer.
Gotts Schlag und Wetter!
EVE.   Jetzt will, ich jetzt will reden,
Gott der Allwissende bezeugt es mir!
2240 Doch dieser – schnaubend fliegt er euch durchs Zim-
Und stößt –   [mer,
RUPRECHT. Verflucht!
EVE.   Mir vor die Brust –
RUPRECHT.   Mein Evchen!
EVE. Ich taumle sinnlos nach dem Bette hin.
VEIT. Verdammter Hitzkopf, du!
EVE.   Jetzt steh ich noch,
Goldgrün, wie Flammen rings, umspielt es mich,
Und wank, und halt am Bette mich; da stürzt
Der von dem Fenster schmetternd schon herab;
Ich denk, er steht im Leben nicht mehr auf.
Ich ruf: Heiland der Welt! und spring und neige
Mich über ihn, und nehm ihn in die Arme,
2250 Und sage: Ruprecht! Lieber Mensch! Was fehlt dir?
Doch er –
RUPRECHT. Fluch mir!
EVE.   Er wütet –
RUPRECHT.   Traf ich dich?

EVE. Ich weiche mit Entsetzen aus.
FRAU MARTHE. Der Grobian!
RUPRECHT.   Daß mir der Fuß erlahmte!
FRAU MARTHE. Nach ihr zu stoßen!
EVE.   Jetzt erscheint die Mutter,
    Und stutzt, und hebt die Lamp und fällt ergrimmt,
    Da sie den Krug in Scherben sieht, den Ruprecht
    Als den unzweifelhaften Täter an.
    Er, wutvoll steht er, sprachlos da, will sich
    Verteidigen: doch Nachbar Ralf fällt ihn,
    Vom Schein getäuscht, und Nachbar Hinz ihn an,   2260
    Und Muhme Sus' und Lies und Frau Brigitte,
    Die das Geräusch zusamt herbeigezogen,
    Sie alle, taub, sie schmähen ihn und schimpfen,
    Und sehen großen Auges auf mich ein,
    Da er mit Flüchen, schäumenden, beteuert,
    Daß nicht er, daß ein andrer das Geschirr,
    Der eben nur entwichen sei, zerschlagen.
RUPRECHT.
    Verwünscht! Daß ich nicht schwieg! Ein anderer!
    Mein liebes Evchen!
EVE.   Die Mutter stellt sich vor mich,
    Blaß, ihre Lippe zuckt, sie stemmt die Arme.   2270
    »Ists«, fragt sie, »ists ein anderer gewesen?«
    Und: Joseph, sag ich, und Maria, Mutter;
    Was denkt Ihr auch? – »Und was noch fragt Ihr sie«,
    Schreit Muhme Sus' und Liese: »Ruprecht wars!«
    Und alle schrein: »Der Schändliche! Der Lügner!«
    Und ich – ich schwieg, ihr Herrn; ich log, ich weiß,
    Doch log ich anders nicht, ich schwörs, als schwei-
RUPRECHT.   [gend.
    Mein Seel, sie sprach kein Wort, das muß ich sagen.
FRAU MARTHE.
    Sie sprach nicht, nein, sie nickte mit dem Kopf bloß,
    Wenn man sie, obs der Ruprecht war, befragte.   2280
RUPRECHT. Ja, nicken. Gut.
EVE.   Ich nickte? Mutter!
RUPRECHT. Auch gut.   Nicht?
EVE.   Wann hätt ich –?
FRAU MARTHE.   Nun? Du hättest nicht,
    Als Muhme Suse vor dir stand, und fragte:
    Nicht, Evchen, Ruprecht war es? ja genickt?

EVE. Wie? Mutter? Wirklich? Nickt ich? Seht –

RUPRECHT.   Beim Schnauben,
    Beim Schnauben, Evchen! Laß die Sache gut sein.
    Du hieltst das Tuch, und schneuztest heftig drein;
    Mein Seel, es schien, als ob du 'n bissel nicktest.

EVE *verwirrt.* Es muß unmerklich nur gewesen sein.

2290 FRAU MARTHE. Es war zum Merken just genug.

WALTER.   Zum Schluß jetzt –?

EVE. Nun war auch heut am Morgen noch mein erster
    Gedanke, Ruprecht alles zu vertraun.
    Denn weiß er nur der Lüge wahren Grund,
    Was gilts, denk ich, so lügt er selbst noch mit,
    Und sagt, nun ja, den irdnen Krug zerschlug ich:
    Und dann so kriegt ich auch wohl noch den Schein –
    Doch Mutter, da ich in das Zimmer trete,
    Die hält den Krug schon wieder, und befiehlt,
    Sogleich zum Vater Tümpel ihr zu folgen.

2300   Dort fordert sie den Ruprecht vor Gericht,
    Vergebens, daß ich um Gehör ihn bitte,
    Wenn ich ihm nah, so schmäht und schimpft er mich,
    Und wendet sich, und will nichts von mir wissen.

RUPRECHT. Vergib mir.

WALTER.   Nun laß dir sagen, liebes Kind,
    Wie zu so viel, stets tadelnswerten, Schritten –
    – Ich sage tadelnswert, wenn sie auch gleich
    Verzeihlich sind – dich ein gemeiner, grober
    Betrug verführt.

EVE.   So? Wirklich?

WALTER.   Die Miliz
    Wird nach Batavia nicht eingeschifft:

2310   Sie bleibt, bleibt in der Tat bei uns, in Holland.

EVE. Gut, gut, gut. Denn der Richter log, nicht wahr?
    So oft: und *also* log er gestern mir.
    Der Brief, den ich gesehen, war verfälscht;
    Er las mirs aus dem Stegreif nur so vor.

WALTER. Ja, ich versichr' es dich.

EVE.   O gnädger Herr! –
    O Gott! Wie könnt Ihr mir das tun? O sagt –

WALTER. Herr Schreiber Licht! Wie lautete der Brief?
    Ihr müßt ihn kennen.

LICHT.   Ganz unverfänglich.
    Wies überall bekannt ist. Die Miliz

Bleibt in dem Land, 's ist eine *Land*miliz.   2320
EVE. O Ruprecht! O mein Leben! Nun ists aus.
RUPRECHT. Evchen! Hast du dich wohl auch überzeugt?
   Besinne dich!
EVE.   Ob ich –? Du wirsts erfahren.
RUPRECHT. Stands wirklich so –?
EVE.   Du hörst es, alles, alles,
   Auch dies, daß sie uns täuschen sollen, Freund.
WALTER. Wenn ich mein Wort dir gebe –
EVE.   O gnädger Herr!
RUPRECHT. Wahr ists, es wär das erstemal wohl nicht –
EVE. Schweig! 's ist umsonst –
WALTER.   Das erstemal wärs nicht?
RUPRECHT. Vor sieben Jahren soll was Ähnliches
   Im Land geschehen sein –
WALTER.   Wenn die Regierung   2330
   Ihn hinterginge, wärs das erstemal.
   So oft sie Truppen noch nach Asien schickte,
   Hat sies den Truppen noch gewagt, zu sagen.
   Er geht –
EVE.   Du gehst. Komm.
WALTER.   Wo er hinbeordert.
   In Utrecht wird er merken, daß er bleibt.
EVE.
   Du gehst nach Utrecht. Komm. Da wirst dus merken.
   Komm, folg. Es sind die letzten Abschiedsstunden,
   Die die Regierung uns zum Weinen läßt;
   Die wird der Herr uns nicht verbittern wollen.
WALTER Sieh da! So arm dein Busen an Vertrauen?   2340
EVE. O Gott! Gott! Daß ich jetzt nicht schwieg.
WALTER. Dir glaubt ich Wort vor Wort, was du mir
   Ich fürchte fast, daß ich mich übereilt.   [sagtest.
EVE. Ich glaub Euch ja, Ihr hörts, so wie Ihrs meint.
   Komm fort.
WALTER.   Bleib. Mein Versprechen will ich lösen.
   Du hast mir deines Angesichtes Züge
   Bewährt, ich will die meinen dir bewähren,
   Müßt ich auf andre Art dir den Beweis
   Auch führen, als du mir. Nimm diesen Beutel.
EVE. Ich soll –
WALTER.   Den Beutel hier, mit zwanzig Gulden!   2350
   Mit so viel Geld kaufst du den Ruprecht los.

EVE. Wie? Damit –?

WALTER.   Ja, befreist du ganz vom Dienst ihn.
  Doch so. Schifft die Miliz nach Asien ein,
  So ist der Beutel ein Geschenk, ist dein.
  Bleibt sie im Land, wie ichs vorher dir sagte,
  So trägst du deines bösen Mißtrauns Strafe,
  Und zahlst, wie billig, Beutel, samt Intressen,
  Vom Hundert vier, terminlich mir zurück.

EVE. Wie, gnädger Herr? Wenn die –

WALTER.   Die Sach ist klar.

2360 EVE. Wenn die Miliz nach Asien sich einschifft,
  So ist der Beutel ein Geschenk, ist mein.
  Bleibt sie im Land, wie Ihrs vorher mir sagtet,
  So soll ich bösen Mißtrauns Straf erdulden,
  Und Beutel, samt, wie billig, Interessen –
        Sie sieht Ruprecht an.

RUPRECHT.
  Pfui! 's ist nicht wahr! Es ist kein wahres Wort!

WALTER.
  Was ist nicht wahr?

EVE.   Da nehmt ihn! Nehmt ihn! Nehmt ihn!

WALTER. Wie?

EVE.   Nehmt, ich bitt Euch, gnädger Herr, nehmt,

WALTER. Den Beutel?   [nehmt ihn!

EVE.   O Herr Gott!

WALTER.   Das Geld? Warum das?
  Vollwichtig, neugeprägte Gulden sinds,

2370 Sieh her, das Antlitz hier des Spanierkönigs:
  Meinst du, daß dich der König wird betrügen?

EVE. O lieber, guter, edler Herr, verzeiht mir.
  – O der verwünschte Richter!

RUPRECHT.   Ei, der Schurke!

WALTER. So glaubst du jetzt, daß ich dir Wahrheit gab?

EVE. Ob Ihr mir Wahrheit gabt? O scharfgeprägte,
  Und Gottes leuchtend Antlitz drauf. O Jesus!
  Daß ich nicht solche Münze mehr erkenne!

WALTER. Hör, jetzt geb ich dir einen Kuß. Darf ich?

RUPRECHT. Und einen tüchtigen. So. Das ist brav.

2380 WALTER. Du also gehst nach Utrecht?

RUPRECHT.   Ich geh nach Utrecht,
  Und stehe tapfer auf den Wällen Schildwach.

EVE. Und ich geh einen Sonntag um den andern,

Und such ihn auf den Wällen auf, und bring ihm
Im kühlen Topf von frischgekernter Butter:
Bis ich ihn einst mit mir zurückenehme.
WALTER. Und ich empfehle meinem Bruder ihn,
Dem Hauptmann von der Landmiliz, der ihn
Aufnimmt, wollt ihr, in seine Kompanie?
EVE. Das wollt Ihr tun?
WALTER.   Das werd ich gleich besorgen.
EVE. O guter Herr! O wie beglückt ihr uns.   2390
WALTER. Und ist sein kurzes Dienstjahr nun verflossen,
So komm ich Pfingsten, die nächstfolgenden,
Und melde mich als Hochzeitsgast: ihr werdet
Das Pfingstfest übers Jahr doch nicht versäumen?
EVE. Nein, mit den nächsten Mai'n blüht unser Glück.
WALTER. Ihr seid damit zufrieden doch, Frau Marthe?
RUPRECHT.
Ihr zürnt mir jetzo nicht mehr, Mutter – nicht?
FRAU MARTHE.
Warum soll ich dir zürnen, dummer Jung? Hast du
Den Krug herunter vom Gesims geschmissen?
WALTER. Nun also. – Er auch, Vater.
VEIT.   Von Herzen gern.   2400
WALTER. – Nun möcht ich wissen, wo der Richter blieb?
LICHT. Der Richter? Hm! Ich weiß nicht, Euer Gnaden –
Ich steh hier schon geraume Zeit am Fenster,
Und einen Flüchtling seh ich, schwarz orniert,
Das aufgepflügte Winterfeld durchstampfen,
Als ob er Rad und Galgen flöhe.
WALTER.   Wo?
LICHT. Wollt Ihr gefälligst Euch hierher bemühen –
            Sie treten alle ans Fenster.
WALTER. Ist das der Richter?
LICHT.   Ja, wer scharfe Augen hätte –
RUPRECHT. Der Henker hols.
LICHT.   Ist ers?
RUPRECHT.   So wahr ich lebe!
Sieh, Ev, ich bitte dich –
EVE.   Er ists.
RUPRECHT.   Er ists!   2410
Ich sehs an seinem hinkenden Galopp.
VEIT. Der dort den Fichtengrund heruntertrabt,
Der Richter?

FRAU MARTHE.   So wahr ich ehrlich bin. Seht nur,
 Wie die Perücke ihm den Rücken peitscht.

WALTER.
 Geschwind, Herr Schreiber, fort! Holt ihn zurück!
 Daß er nicht Übel rettend ärger mache.
 Von seinem Amt zwar ist er suspendiert,
 Und Euch bestell ich, bis auf weitere
 Verfügung, hier im Ort es zu verwalten;
2420 Doch sind die Kassen richtig, wie ich hoffe,
 So wird er wohl auf irgend einem Platze
 Noch zu erhalten sein. Fort, holt ihn wieder.

     Licht ab.

[Letzter Auftritt]

FRAU MARTHE.
 Sagt doch, gestrenger Herr, wo find ich auch
 Den Sitz in Utrecht der Regierung?
WALTER. Weshalb, Frau Marthe?
FRAU MARTHE.   Hm! Weshalb? ich weiß nicht –
 Soll hier dem Kruge nicht sein Recht geschehn?
WALTER. Verzeiht mir. Allerdings. Am großen Markt.
 Und Dienstag ist, und Freitag, Session.
FRAU MARTHE. Gut, auf die Woche stell ich dort mich ein.

     Ende.

AMPHITRYON

EIN LUSTSPIEL NACH MOLIÈRE

PERSONEN

JUPITER, in der Gestalt des Amphitryon
MERKUR, in der Gestalt des Sosias
AMPHITRYON, Feldherr der Thebaner
SOSIAS, sein Diener
ALKMENE, Gemahlin des Amphitryon
CHARIS, Gemahlin des Sosias
FELDHERREN

(Die Szene ist in Theben vor dem Schlosse des Amphitryon)

ERSTER AKT

Es ist Nacht

Erste Szene

SOSIAS *tritt mit einer Laterne auf.*
Heda! Wer schleicht da? Holla! – Wenn der Tag
Anbräche, wär mirs lieb; die Nacht ist – Was?
Gut Freund, ihr Herrn! Wir gehen eine Straße –
Ihr habt den ehrlichsten Gesell'n getroffen,
Bei meiner Treu, auf den die Sonne scheint –
Vielmehr der Mond jetzt, wollt ich sagen –
Spitzbuben sinds entweder, feige Schufte,
Die nicht das Herz, mich anzugreifen, haben:
Oder der Wind hat durch das Laub gerasselt.
10 Jedweder Schall hier heult in dem Gebirge. –
Vorsichtig! Langsam! – Aber wenn ich jetzt
Nicht bald mit meinem Hut an Theben stoße,
So will ich in den finstern Orkus fahren.
Ei, hols der Henker! ob ich mutig bin,
Ein Mann von Herz; das hätte mein Gebieter
Auf anderm Wege auch erproben können.

Ruhm krönt ihn, spricht die ganze Welt, und Ehre,
Doch in der Mitternacht mich fortzuschicken,
Ist nicht viel besser, als ein schlechter Streich.
Ein wenig Rücksicht wär, und Nächstenliebe,   20
So lieb mir, als der Keil von Tugenden,
Mit welchem er des Feindes Reihen sprengt.
Sosias, sprach er, rüste dich mein Diener,
Du sollst in Theben meinen Sieg verkünden
Und meine zärtliche Gebieterin
Von meiner nahen Ankunft unterrichten.
Doch hätte das nicht Zeit gehabt bis morgen,
Will ich ein Pferd sein, ein gesatteltes!
Doch sieh! Da zeigt sich, denk ich, unser Haus!
Triumph, du bist nunmehr am Ziel, Sosias,   30
Und allen Feinden soll vergeben sein.
Jetzt, Freund, mußt du an deinen Auftrag denken;
Man wird dich feierlich zur Fürstin führen,
Alkmen', und den Bericht bist du ihr dann,
Vollständig und mit Rednerkunst gesetzt
Des Treffens schuldig, das Amphitryon
Siegreich fürs Vaterland geschlagen hat.
– Doch wie zum Teufel mach ich das, da ich
Dabei nicht war? Verwünscht. Ich wollt: ich hätte
Zuweilen aus dem Zelt geguckt,   40
Als beide Heer im Handgemenge waren.
Ei was! Vom Hauen sprech ich dreist und Schießen,
Und werde schlechter nicht bestehn, als andre,
Die auch den Pfeil noch pfeifen nicht gehört. –
Doch wär es gut, wenn du die Rolle übtest?
Gut! Gut bemerkt, Sosias! Prüfe dich.
Hier soll der Audienzsaal sein, und diese
Latern Alkmene, die mich auf dem Thron erwartet.
            Er setzt die Laterne auf den Boden.
Durchlauchtigste! mich schickt Amphitryon,
Mein hoher Herr und Euer edler Gatte,   50
Von seinem Siege über die Athener
Die frohe Zeitung Euch zu überbringen.
– Ein guter Anfang! – »Ach, wahrhaftig, liebster
Sosias, meine Freude mäßg' ich nicht,
Da ich dich wiedersehe.« – Diese Güte,
Vortreffliche, beschämt mich, wenn sie stolz gleich
Gewiß jedweden andern machen würde.

– Sieh! das ist auch nicht übel! – »Und dem teuren
Geliebten meiner Seel Amphitryon,
60 Wie gehts ihm?« – Gnädge Frau, das faß ich kurz:
Wie einem Mann von Herzen auf dem Feld des Ruhms!
– Ein Blitzkerl! Seht die Suade! – »Wann denn kommt
Gewiß nicht später, als sein Amt verstattet,   [er?«
Wenn gleich vielleicht so früh nicht, als er wünscht.
– Potz, alle Welt! – »Und hat er sonst dir nichts
Für mich gesagt, Sosias?« – Er sagt wenig,
Tut viel, und es erbebt die Welt vor seinem Namen.
– Daß mich die Pest! Wo kömmt der Witz mir her?
»Sie weichen also, sagst du, die Athener?«
70 – Sie weichen, tot ist Labdakus, ihr Führer,
Erstürmt Pharissa, und wo Berge sind,
Da hallen sie von unserm Siegsgeschrei. –
»O teuerster Sosias! Sieh, das mußt du
Umständlich mir, auf jeden Zug, erzählen.«
– Ich bin zu Euern Diensten, gnädge Frau.
Denn in der Tat kann ich von diesem Siege
Vollständge Auskunft, schmeichl' ich mir, erteilen:
Stellt Euch, wenn Ihr die Güte haben wollt,
Auf dieser Seite hier – *Er bezeichnet die Örter auf seiner Hand.*
                  Pharissa vor
80 – Was eine Stadt ist, wie Ihr wissen werdet,
So groß im Umfang, praeter propter,
Um nicht zu übertreiben, wenn nicht größer,
Als Theben. Hier geht der Fluß. Die Unsrigen
In Schlachtordnung auf einem Hügel hier;
Und dort im Tale haufenweis der Feind.
Nachdem er ein Gelübd zum Himmel jetzt gesendet,
Daß Euch der Wolkenkreis erzitterte,
Stürzt, die Befehle treffend rings gegeben,
Er gleich den Strömen brausend auf uns ein.
90 Wir aber, minder tapfer nicht, wir zeigten
Den Rückweg ihm, – und Ihr sollt gleich sehn, wie?
Zuerst begegnet' er dem Vortrab hier;
Der wich. Dann stieß er auf die Bogenschützen dort;
Die zogen sich zurück. Jetzt dreist gemacht, rückt er
Den Schleudrern auf den Leib; die räumten ihm das Feld
Und als verwegen jetzt dem Hauptkorps er sich nahte,
Stürzt dies – halt! Mit dem Hauptkorps ists nicht richtig.
Ich höre ein Geräusch dort, wie mir deucht.

Zweite Szene

Merkur tritt in der Gestalt des Sosias aus Amphitryons Haus. Sosias.

MERKUR *für sich.*

Wenn ich den ungerufnen Schlingel dort
Beizeiten nicht von diesem Haus entferne,   100
So steht, beim Styx, das Glück mir auf dem Spiel,
Das in Alkmenens Armen zu genießen,
Heut in der Truggestalt Amphitryons
Zeus der Olympische, zur Erde stieg.

SOSIAS *ohne den Merkur zu sehn.*

Es ist zwar nichts und meine Furcht verschwindet,
Doch um den Abenteuern auszuweichen,
Will ich mich vollends jetzt zu Hause machen,
Und meines Auftrags mich entledigen.

MERKUR *für sich.*

Du überwindest den Merkur, Freund, oder
Dich werd ich davon abzuhalten wissen.   110

SOSIAS. Doch diese Nacht ist von endloser Länge.

Wenn ich fünf Stunden unterwegs nicht bin,
Fünf Stunden nach der Sonnenuhr von Theben,
Will ich stückweise sie vom Turme schießen.
Entweder hat in Trunkenheit des Siegs
Mein Herr den Abend für den Morgen angesehn,
Oder der lockre Phöbus schlummert noch,
Weil er zu tief ins Fläschchen gestern guckte.

MERKUR.

Mit welcher Unehrbietigkeit der Schuft
Dort von den Göttern spricht. Geduld ein wenig;   120
Hier dieser Arm bald wird Respekt ihm lehren.

SOSIAS *erblickt den Merkur.*

Ach bei den Göttern der Nacht! Ich bin verloren.
Da schleicht ein Strauchdieb um das Haus, den ich
Früh oder spät am Galgen sehen werde.
– Dreist muß ich tun, und keck und zuversichtlich.

Er pfeift.

MERKUR *laut.*

Wer denn ist jener Tölpel dort, der sich
Die Freiheit nimmt, als wär er hier zu Hause,
Mit Pfeifen mir die Ohren vollzuleiern?
Soll hier mein Stock vielleicht ihm dazu tanzen?

SOSIAS. – Ein Freund nicht scheint er der Musik zu sein.   130

MERKUR. Seit der vergangnen Woche fand ich keinen,
 Dem ich die Knochen hätte brechen können.
 Mein Arm wird steif, empfind ich, in der Ruhe,
 Und einen Buckel von des deinen Breite,
 Ihn such ich just, mich wieder einzuüben.

SOSIAS.
 Wer, Teufel, hat den Kerl mir dort geboren?
 Von Todesschrecken fühl ich mich ergriffen,
 Die mir den Atem stocken machen.
 Hätt ihn die Hölle ausgeworfen,
140 Es könnt entgeisternder mir nicht sein Anblick sein.
 – Jedoch vielleicht gehts dem Hanswurst wie mir,
 Und er versucht den Eisenfresser bloß,
 Um mich ins Bockshorn schüchternd einzujagen.
 Halt, Kauz, das kann ich auch. Und überdies,
 Ich bin allein, er auch; zwei Fäuste hab ich,
 Doch er nicht mehr; und will das Glück nicht wohl mir,
 Bleibt mir ein sichrer Rückzug dort – Marsch also!

MERKUR *vertritt ihm den Weg.*
 Halt dort! Wer geht dort?

SOSIAS.   Ich.

MERKUR.   Was für ein Ich?

SOSIAS. Meins mit Verlaub. Und meines, denk ich, geht
150 Hier unverzollt gleich andern. Mut Sosias!

MERKUR. Halt! mit so leichter Zech entkommst du nicht.
 Von welchem Stand bist du?

SOSIAS.   Von welchem Stande?
 Von einem auf zwei Füßen, wie Ihr seht.

MERKUR. Ob Herr du bist, ob Diener, will ich wissen?

SOSIAS. Nachdem Ihr so mich, oder so betrachtet,
 Bin ich ein Herr, bin ich ein Dienersmann.

MERKUR. Gut. Du mißfällst mir.

SOSIAS.   Ei das tut mir leid.

MERKUR. Mit einem Wort, Verräter, will ich wissen,
 Nichtswürdger Gassentreter, Eckenwächter,
160 Wer du magst sein, woher du gehst, wohin,
 Und was du hier herum zu zaudern hast?

SOSIAS. Darauf kann ich Euch nichts zur Antwort geben
 Als dies: ich bin ein Mensch, dort komm ich her,
 Da geh ich hin, und habe jetzt was vor,
 Das anfängt, Langeweile mir zu machen.

MERKUR.
  Ich seh dich witzig, und du bist im Zuge,
  Mich kurzhin abzufertigen. Mir aber kommt
  Die Lust an, die Bekanntschaft fortzusetzen,
  Und die Verwicklung einzuleiten, werd ich
  Mit dieser Hand hier hinters Ohr dir schlagen.   170
SOSIAS. Mir?
MERKUR.   Dir, und hier bist dessen du gewiß.
  Was wirst du nun darauf beschließen.
SOSIAS.   Wetter!
  Ihr schlagt mir eine gute Faust, Gevatter.
MERKUR. Ein Hieb von mittlern Schrot. Zuweilen treff ich
  Noch besser.
SOSIAS.   Wär ich auch so aufgelegt,
  Wir würden schön uns in die Haare kommen.
MERKUR. Das wär mir recht. Ich liebe solchen Umgang.
SOSIAS. Ich muß, jedoch, Geschäfts halb, mich empfehlen.
Er will gehn.
MERKUR *tritt ihm in den Weg.*
  Wohin?
SOSIAS. Was gehts dich an, zum Teufel?
MERKUR.   Ich will wissen,
  Sag ich dir, wo du hingehst?
SOSIAS.   Jene Pforte   180
  Will ich mir öffnen lassen. Laß mich gehn.
MERKUR. Wenn du die Unverschämtheit hast, dich jener
  Schloßpforte dort zu nähern, sieh, so rasselt
  Ein Ungewitter auf dich ein von Schlägen.
SOSIAS. Was? soll ich nicht nach Hause gehen dürfen?
MERKUR. Nach Hause? sag das noch einmal.
SOSIAS.   Nun ja.
  Nach Haus.
MERKUR.   Du sagst von diesem Hause dich?
SOSIAS. Warum nicht? Ist es nicht Amphitryons Haus?
MERKUR. Ob dies Amphitryons Haus ist? Allerdings,
  Halunk, ist dies das Haus Amphitryons,   190
  Das Schloß des ersten Feldherrn der Thebaner.
  Doch welch ein Schluß erfolgt? –
SOSIAS.   Was für ein Schluß?
  Daß ich hinein gehn werd. Ich bin sein Diener.
MERKUR.
  Sein Die–?

SOSIAS.   Sein Diener.
MERKUR.   Du?
SOSIAS.   Ich, ja.
MERKUR.   Amphitryons Diener?
SOSIAS. Amphitryons Diener, des Thebanerfeldherrn.
MERKUR. – Dein Name ist?
SOSIAS.   Sosias.
MERKUR.   So –?
SOSIAS.   *Sosias.*
MERKUR. Hör, dir zerschlag ich alle Knochen.
SOSIAS.   Bist du
　Bei Sinnen?
MERKUR.   Wer gibt das Recht dir, Unverschämter,
　Den Namen des Sosias anzunehmen?
200 SOSIAS. Gegeben wird er mir, ich nehm ihn nicht.
　Mag es mein Vater dir verantworten.
MERKUR. Hat man von solcher Frechheit je gehört?
　Du wagst mir schamlos ins Gesicht zu sagen,
　Daß du Sosias bist?
SOSIAS.   Ja, allerdings.
　Und das aus dem gerechten Grunde, weil es
　Die großen Götter wollen; weil es nicht
　In meiner Macht steht, gegen sie zu kämpfen,
　Ein andrer sein zu wollen als ich bin;
　Weil ich muß Ich, Amphitryons Diener sein,
210 Wenn ich auch zehenmal Amphitryon,
　Sein Vetter lieber, oder Schwager wäre.
MERKUR. Nun, wart! Ich will dich zu verwandeln suchen.
SOSIAS. Ihr Bürger! Ihr Thebaner! Mörder! Diebe!
MERKUR. Wie du Nichtswürdiger, du schreist noch?
SOSIAS.   Was?
　Ihr schlagt mich, und nicht schreien soll ich dürfen?
MERKUR. Weißt du nicht, daß es Nacht ist, Schlafenszeit
　Und daß in diesem Schloß Alkmene hier,
　Amphitryons Gemahlin, schläft?
SOSIAS.   Hol Euch der Henker!
　Ich muß den kürzern ziehen, weil Ihr seht,
220 Daß mir zur Hand kein Prügel ist, wie Euch.
　Doch Schläg erteilen, ohne zu bekommen,
　Das ist kein Heldenstück. Das sag ich Euch:
　Schlecht ist es, wenn man Mut zeigt gegen Leute,
　Die das Geschick zwingt, ihren zu verbergen.

MERKUR.
  Zur Sach also. Wer bist du?
SOSIAS *für sich*.   Wenn ich dem
  Entkomme, will ich eine Flasche Wein
  Zur Hälfte opfernd auf die Erde schütten.
MERKUR. Bist du Sosias noch?
SOSIAS.   Ach laß mich gehn.
  Dein Stock kann machen, daß ich nicht mehr bin;
  Doch nicht, daß ich nicht *Ich* bin, weil ich bin.   230
  Der einzge Unterschied ist, daß ich mich
  Sosias jetzo der geschlagne, fühle.
MERKUR. Hund, sieh, so mach ich kalt dich. *Er droht.*
SOSIAS.   Laß! Laß!
  Hör auf, mir zuzusetzen.
MERKUR.   Eher nicht,
  Als bis du aufhörst –
SOSIAS.   Gut, ich höre auf.
  Kein Wort entgegn' ich mehr, recht sollst du haben,
  Und allem, was du aufstellst, sag ich ja.
MERKUR. Bist du Sosias noch, Verräter?
SOSIAS.   Ach!
  Ich bin jetzt, was du willst. Befiehl, was ich
  Soll sein, dein Stock macht dich zum Herren meines
                                        Lebens.   240
MERKUR. Du sprachst, du hättest dich Sosias sonst genannt?
SOSIAS. Wahr ists, daß ich bis diesen Augenblick gewähnt,
  Die Sache hätte ihre Richtigkeit.
  Doch das Gewicht hat deiner Gründe mich
  Belehrt: ich sehe jetzt, daß ich mich irrte.
MERKUR. Ich bins, der sich Sosias nennt.
SOSIAS.   Sosias –?
  Du –?
MERKUR. Ja Sosias. Und wer Glossen macht,
  Hat sich vor diesem Stock in acht zu nehmen.
SOSIAS *für sich*.
  Ihr ewgen Götter dort! So muß ich auf
  Mich selbst Verzicht jetzt leisten, mir von einem
  Betrüger meinen Namen stehlen lassen?   250
MERKUR. Du murmelst in die Zähne, wie ich höre?
SOSIAS. Nichts, was dir in der Tat zu nahe träte,
  Doch bei den Göttern allen Griechenlands
  Beschwör ich dich, die dich und mich regieren,

Vergönne mir, auf einen Augenblick,
Daß ich dir offenherzge Sprache führe.
MERKUR. Sprich.
SOSIAS.   Doch dein Stock wird stumme Rolle spielen?
Nicht von der Unterhaltung sein? Versprich mir,
260   Wir schließen Waffenstillstand.
MERKUR.   Gut, es sei.
Den Punkt bewillg' ich.
SOSIAS.   Nun so sage mir,
Wie kommt der unerhörte Einfall dir,
Mir meinen Namen schamlos wegzugaunern?
Wär es mein Mantel, wärs mein Abendessen;
Jedoch ein Nam! Kannst du dich darin kleiden?
Ihn essen? trinken? oder ihn versetzen?
Was also nützet dieser Diebstahl dir?
MERKUR. Wie? Du – du unterstehst dich?
SOSIAS.   Halt! halt! sag ich.
Wir schlossen Waffenstillstand.
MERKUR.   Unverschämter!
270   Nichtswürdiger!
SOSIAS.   Dawider hab ich nichts.
Schimpfwörter mag ich leiden, dabei kann ein
Gespräch bestehen.
MERKUR.   Du nennst dich Sosias?
SOSIAS. Ja, ich gestehs, ein unverbürgtes
Gerücht hat mir –
MERKUR.   Genug. Den Waffenstillstand
Brech ich, und dieses Wort hier nehm ich wieder.
SOSIAS. Fahr in die Höll! Ich kann mich nicht vernichten,
Verwandeln nicht, aus meiner Haut nicht fahren,
Und meine Haut dir um die Schultern hängen.
Ward, seit die Welt steht, so etwas erlebt?
280   Träum ich etwa? Hab ich zur Morgenstärkung
Heut mehr, als ich gewöhnlich pfleg, genossen?
Bin ich mich meiner völlig nicht bewußt?
Hat nicht Amphitryon mich hergeschickt,
Der Fürstin seine Rückkehr anzumelden?
Soll ich ihr nicht den Sieg, den er erfochten,
Und wie Pharissa überging, beschreiben?
Bin ich soeben nicht hier angelangt?
Halt ich nicht die Laterne? Fand ich dich
Vor dieses Hauses Tür herum nicht lungern,

Und als ich mich der Pforte nähern wollte,   290
Nahmst du den Stock zur Hand nicht, und zerbläutest
Auf das unmenschlichste den Rücken mir,
Mir ins Gesicht behauptend, daß nicht ich,
Wohl aber du Amphitryons Diener seist.
Das alles, fühl ich, leider, ist zu wahr nur;
Gefiels den Göttern doch, daß ich besessen wäre!
MERKUR. Halunke, sieh, mein Zorn wird augenblicklich,
Wie Hagel wieder auf dich niederregnen!
Was du gesagt hast, alles, Zug vor Zug,
Es gilt von mir: die Prügel ausgenommen.   300
SOSIAS. Von dir? – Hier die Laterne, bei den Göttern,
Ist Zeuge mir –
MERKUR.   Du lügst, sag ich, Verräter.
Mich hat Amphitryon hieher geschickt.
Mir gab der Feldherr der Thebaner gestern,
Da er vom Staub der Mordschlacht noch bedeckt,
Dem Temp'l enttrat, wo er dem Mars geopfert,
Gemeßnen Auftrag, seinen Sieg in Theben,
Und daß der Feinde Führer Labdakus
Von seiner Hand gefallen, anzukündgen;
Denn ich bin, sag ich dir, Sosias,   310
Sein Diener, Sohn des Davus, wackern Schäfers
Aus dieser Gegend, Bruder Harpagons,
Der in der Fremde starb, Gemahl der Charis,
Die mich mit ihren Launen wütend macht;
Sosias, der im Türmchen saß, und dem man
Noch kürzlich funfzig auf den Hintern zählte,
Weil er zu weit die Redlichkeit getrieben.
SOSIAS *für sich.* Da hat er recht! Und ohne daß man selbst
Sosias ist, kann man von dem, was er
Zu wissen scheint, nicht unterrichtet sein.   320
Man muß, mein Seel, ein bißchen an ihn glauben.
Zu dem, da ich ihn jetzt ins Auge fasse,
Hat er Gestalt von mir und Wuchs und Wesen
Und die spitzbübsche Miene, die mir eigen.
– Ich muß ihm ein paar Fragen tun, die mich
Aufs Reine bringen. *Laut.*
                    Von der Beute,
Die in des Feindes Lager ward gefunden,
Sagst du mir wohl, wie sich Amphitryon
Dabei bedacht, und was sein Anteil war?

330 MERKUR. Das Diadem ward ihm des Labdakus,
Das man im Zelt desselben aufgefunden.

SOSIAS. Was nahm mit diesem Diadem man vor?

MERKUR. Man grub den Namenszug Amphitryons
Auf seine goldne Stirne leuchtend ein.

SOSIAS. Vermutlich trägt ers selber jetzt –?

MERKUR.   Alkmenen
Ist es bestimmt. Sie wird zum Angedenken
Des Siegs den Schmuck um ihren Busen tragen.

SOSIAS. Und zugefertigt aus dem Lager wird
Ihr das Geschenk –?

MERKUR.   In einem goldnen Kästchen,
340 Auf das Amphitryon sein Wappen drückte.

SOSIAS *für sich*. Er weiß um alles. – Alle Teufel jetzt!
Ich fang im Ernst an mir zu zweifeln an.
Durch seine Unverschämtheit ward er schon
Und seinen Stock, Sosias, und jetzt wird er,
Das fehlte nur, es auch aus Gründen noch.
Zwar wenn ich mich betaste, wollt ich schwören,
Daß dieser Leib Sosias ist.
– Wie find ich nun aus diesem Labyrinth? –
Was ich getan, da ich ganz einsam war,
350 Was niemand hat gesehn, kann niemand wissen,
Falls er nicht wirklich Ich ist, so wie ich.
– Gut, diese Frage wird mir Licht verschaffen.
Was gilts? Dies fängt ihn – nun wir werden sehn.
             Laut.
Als beide Heer im Handgemenge waren,
Was machtest du, sag an, in den Gezelten,
Wo du gewußt, geschickt dich hinzudrücken?

MERKUR. Von einem Schinken –

SOSIAS *für sich*.   Hat den Kerl der Teufel –?

MERKUR. Den ich im Winkel des Gezeltes fand,
Schnitt ich ein Kernstück mir, ein saftiges,
360 Und öffnete geschickt ein Flaschenfutter,
Um für die Schlacht, die draußen ward gefochten,
Ein wenig Munterkeit mir zu verschaffen.

SOSIAS *für sich*.
Nun ist es gut. Nun wärs gleich viel, wenn mich
Die Erde gleich von diesem Platz verschlänge,
Denn aus dem Flaschenfutter trinkt man nicht,

Wenn man, wie ich, zufällig nicht im Sacke
Den Schlüssel, der gepaßt, gefunden hätte.

Laut.

Ich sehe, alter Freund, nunmehr, daß du
Die ganze Portion Sosias bist,
Die man auf dieser Erde brauchen kann.   370
Ein mehreres scheint überflüssig mir.
Fern sei mir, den Zudringlichen zu spielen,
Und gern tret ich vor dir zurück. Nur habe die
Gefälligkeit für mich, und sage mir,
Da ich Sosias nicht bin, *wer* ich bin?
Denn *etwas*, gibst du zu, muß ich doch sein.

MERKUR. Wenn ich nicht mehr Sosias werde sein,
Sei dus, es ist mir recht, ich willge drein.
Jedoch so lang ichs bin, wagst du den Hals,
Wenn dir der unverschämte Einfall kommt.   380

SOSIAS. Gut, gut. Mir fängt der Kopf zu schwirren an,
Ich sehe jetzt, mein Seel, wie sichs verhält,
Wenn ichs auch gleich noch völlig nicht begreife.
Jedoch – die Sache muß ein Ende nehmen;
Und das Gescheideste, zum Schluß zu kommen,
Ist, daß ich meiner Wege geh. – Leb wohl.

Er geht dem Hause zu.

MERKUR *stößt ihn zurück.*

Wie, Galgenstrick! So muß ich alle Knochen
Dir lähmen? *Er schlägt ihn.*

SOSIAS.   Ihr gerechten Götter!
Wo bleibt mir euer Schutz? Mein Rücken heilt
In Wochen nicht, wenn auch Amphitryon   390
Den Stock nicht rührt. Wohlan! Ich meide denn
Den Teufelskerl, und geh zurück ins Lager,
So finster diese Höllennacht auch glotzt. –
Das war mir eine rühmliche Gesandtschaft!
Wie wird dein Herr, Sosias, dich empfangen?

Ab.

Dritte Szene

MERKUR. Nun, endlich! Warum trolltest du nicht früher?
Du hättst dir böse Risse sparen können. –
Denn daß ihn eines Gottes Arm getroffen,
Die Ehre kümmert den Halunken nicht:

400 Ich traf ihn wie der beste Büttel auch.
Nun, mag es sein. Gesündigt hat er gnug,
Verdient, wenn auch nicht eben heut, die Prügel;
Er mag auf Abschlag sie empfangen haben. –
Wenn mir der Schuft mit seinem Zeterschrei,
Als ob man ihn zum Braten spießen wollte,
Nur nicht die Liebenden geweckt! – So wahr ich lebe,
Zeus bricht schon auf. Er kommt, der Göttervater,
Und zärtlich gibt Alkmen', als wärs ihr teurer
Gemahl Amphitryon, ihm das Geleit.

Vierte Szene

*Jupiter in der Gestalt Amphitryons. Alkmene. Charis. Merkur.
Fackeln.*

410 JUPITER. Laß, meine teuerste Alkmene, dort
Die Fackeln sich entfernen. Zwar sie leuchten
Dem schönsten Reiz, der auf der Erde blüht,
Und keiner der Olympier sah ihn schöner;
Jedoch – wie sag ich? Sie verraten den,
Den dieser Reiz hieher gelockt, Geliebte,
Und besser wird es ein Geheimnis bleiben,
Daß dein Amphitryon in Theben war,
Sie sind dem Krieg geraubt, die Augenblicke,
Die ich der Liebe opfernd dargebracht;
420 Die Welt könnt ihn mißdeuten, diesen Raub;
Und gern entbehr ich andre Zeugen seiner,
Als nur die eine, die ihn mir verdankt.
ALKMENE. Amphitryon! So willst du gehn? Ach, wie
So lästig ist so vieler Ruhm, Geliebter!
Wie gern gäb ich das Diadem, das du
Erkämpft, für einen Strauß von Veilchen hin,
Um eine niedre Hütte eingesammelt.
Was brauchen wir, als nur uns selbst? Warum
Wird so viel Fremdes noch dir aufgedrungen,
430 Dir eine Krone und der Feldherrnstab?
Zwar wenn das Volk dir jauchzt, und sein Entzücken
In jedem großen Namen sich verschwendet,
Ist der Gedanke süß, daß du mir angehörst;
Doch dieser flüchtge Reiz, kann er vergelten,
Was ich empfinde, wenn im wilden Treffen

Der Pfeil auf diesen teuern Busen zielt?
Wie öd ist, ohne dich, dies Haus! Wie träge,
Bist du mir fern, der muntre Reihn der Stunden,
Wenn sie den Tag herauf mir führen sollen!
Ach was das Vaterland mir alles raubt,   440
Das fühl ich, mein Amphitryon, erst seit heute,
Da ich zwei kurze Stunden dich besaß.

JUPITER.

Geliebte! Wie du mich entzückst! Doch eine
Besorgnis auch erregst du mir, die ich,
So scherzhaft sie auch klingt, dir nennen muß.
Du weißt, daß ein Gesetz der Ehe ist,
Und eine Pflicht, und daß, wer Liebe nicht erwirbt,
Noch Liebe vor dem Richter fordern kann.
Sieh dies Gesetz, es stört mein schönstes Glück.
Dir möcht ich, deinem Herzen, Teuerste,   450
Jedwede Gunst verdanken, möchte gern
Nicht, daß du einer Förmlichkeit dich fügtest,
Zu der du dich vielleicht verbunden wähnst.
Wie leicht verscheuchst du diese kleinen Zweifel?
So öffne mir dein Innres denn, und sprich,
Ob den Gemahl du heut, dem du verlobt bist,
Ob den Geliebten du empfangen hast?

ALKMENE.

Geliebter und Gemahl! Was sprichst du da?
Ist es dies heilige Verhältnis nicht,
Das mich allein, dich zu empfahn, berechtigt?   460
Wie kann dich ein Gesetz der Welt nur quälen,
Das weit entfernt, beschränkend hier zu sein,
Vielmehr den kühnsten Wünschen, die sich regen,
Jedwede Schranke glücklich niederreißt?

JUPITER.

Was ich dir fühle, teuerste Alkmene,
Das überflügelt, sieh, um Sonnenferne,
Was ein Gemahl dir schuldig ist. Entwöhne,
Geliebte, von dem Gatten dich,
Und unterscheide zwischen mir und ihm.
Sie schmerzt mich, diese schmähliche Verwechslung,   470
Und der Gedanke ist mir unerträglich,
Daß du den Laffen bloß empfangen hast,
Der kalt ein Recht auf dich zu haben wähnt.
Ich möchte dir, mein süßes Licht,

Dies Wesen eigner Art erschienen sein,
Besieger dein, weil über dich zu siegen,
Die Kunst, die großen Götter mich gelehrt.
Wozu den eitlen Feldherrn der Thebaner
Einmischen hier, der für ein großes Haus
480   Jüngst eine reiche Fürstentochter freite?
Was sagst du? Sieh, ich möchte deine Tugend
Ihm, jenem öffentlichen Gecken, lassen,
Und mir, mir deine Liebe vorbehalten.

ALKMENE.
Amphitryon! Du scherzest. Wenn das Volk hier
Auf den Amphitryon dich schmähen hörte,
Es müßte doch dich einen andern wähnen,
Ich weiß nicht wen? Nicht, daß es mir entschlüpft
In dieser heitern Nacht, wie, vor dem Gatten,
Oft der Geliebte aus sich zeichnen kann;
490   Doch da die Götter eines und das andre
In dir mir einigten, verzeih ich diesem
Von Herzen gern, was der vielleicht verbrach.

JUPITER.
Versprich mir denn, daß dieses heitre Fest,
Das wir jetzt frohem Wiedersehn gefeiert,
Dir nicht aus dem Gedächtnis weichen soll;
Daß du den Göttertag, den wir durchlebt,
Geliebteste, mit deiner weitern Ehe
Gemeinen Tag'lauf nicht verwechseln willst.
Versprich, sag ich, daß du an mich willst denken,
500   Wenn einst Amphitryon zurückekehrt –?

ALKMENE. Nun ja. Was soll man dazu sagen?

JUPITER.   Dank dir!
Es hat mehr Sinn und Deutung, als du glaubst.
Leb wohl, mich ruft die Pflicht.

ALKMENE.   So willst du fort?
Nicht diese kurze Nacht bei mir, Geliebter,
Die mit zehntausend Schwingen fleucht, vollenden?

JUPITER. Schien diese Nacht dir kürzer als die andern?

ALKMENE. Ach!

JUPITER.   Süßes Kind! Es konnte doch Aurora
Für unser Glück nicht mehr tun, als sie tat.
Leb wohl. Ich sorge, daß die anderen
510   Nicht länger dauern, als die Erde braucht.

ALKMENE. Er ist berauscht, glaub ich. Ich bin es auch. *Ab.*

Fünfte Szene

Merkur. Charis.

CHARIS *für sich*. Das nenn ich Zärtlichkeit mir! Das mir
    Das mir ein artig Fest, wenn Eheleute   [Treue!
    Nach langer Trennung jetzt sich wiedersehn!
    Doch jener Bauer dort, der mir verbunden,
    Ein Klotz ist just so zärtlich auch, wie er.

MERKUR *für sich*.
    Jetzt muß ich eilen und die Nacht erinnern,
    Daß uns der Weltkreis nicht aus aller Ordnung kommt.
    Die gute Göttin Kupplerin verweilte
    Uns siebzehn Stunden über Theben heut;   520
    Jetzt mag sie weiter ziehn, und ihren Schleier
    Auch über andre Abenteuer werfen.

CHARIS *laut*. Jetzt seht den Unempfindlichen! da geht er.

MERKUR. Nun, soll ich dem Amphitryon nicht folgen?
    Ich werde doch, wenn er ins Lager geht,
    Nicht auf die Bärenhaut mich legen sollen?

CHARIS. Man sagt doch was.

MERKUR.   Ei was! Dazu ist Zeit. –
    Was du gefragt, das weißt du, damit basta.
    In diesem Stücke bin ich ein Lakoner.

CHARIS. Ein Tölpel bist du. Gutes Weib, sagt man,   530
    Behalt mich lieb, und tröst dich, und was weiß ich?

MERKUR. Was, Teufel, kommt dir in den Sinn? Soll ich
    Mit dir zum Zeitvertreib hier Fratzen schneiden?
    Eilf Ehstandsjahr erschöpfen das Gespräch,
    Und schon seit Olims Zeit sagt ich dir alles.

CHARIS. Verräter, sieh Amphitryon, wie er,
    Den schlechtsten Leuten gleich, sich zärtlich zeigt,
    Und schäme dich, daß in Ergebenheit
    Zu seiner Frau, und ehelicher Liebe
    Ein Herr der großen Welt dich übertrifft.   540

MERKUR. Er ist noch in den Flitterwochen, Kind.
    Es gibt ein Alter, wo sich alles schickt.
    Was diesem jungen Paare steht, das möcht ich
    Von weitem sehn, wenn wirs verüben wollten.
    Es würd uns lassen, wenn wir alten Esel
    Mit süßen Brocken um uns werfen wollten.

CHARIS. Der Grobian! Was das für Reden sind.
    Bin ich nicht mehr im Stand? –

MERKUR.   Das sag ich nicht,
    Dein offner Schaden läßt sich übersehen,
550   Wenns finster ist, so bist du grau; doch hier
    Auf offnem Markt würds einen Auflauf geben,
    Wenn mich der Teufel plagte, zu scharwenzeln.
CHARIS. Ging ich nicht gleich, so wie du kamst, Verräter,
    Zur Plumpe? Kämmt ich dieses Haar mir nicht?
    Legt ich dies reingewaschne Kleid nicht an?
    Und das, um ausgehunzt von dir zu werden.
MERKUR. Ei was ein reines Kleid! Wenn du das Kleid
    Ausziehen könntest, das dir von Natur ward,
    Ließ ich die schmutzge Schürze mir gefallen.
560 CHARIS. Als du mich freitest, da gefiel dirs doch.
    Da hätt es not getan, es in der Küche
    Beim Waschen und beim Heuen anzutun.
    Kann ich dafür, wenn es die Zeit genutzt?
MERKUR.
    Nein, liebstes Weib. Doch ich kanns auch nicht flicken.
CHARIS. Halunke, du verdienst es nicht, daß eine
    Frau dir von Ehr und Reputation geworden.
MERKUR. Wärst du ein wenig minder Frau von Ehre,
    Und rissest mir dafür die Ohren nicht
    Mit deinen ewgen Zänkereien ab.
570 CHARIS. Was? so mißfällts dir wohl, daß ich in Ehren
    Mich stets erhielt, mir guten Ruf erwarb?
MERKUR. Behüt der Himmel mich. Pfleg deiner Tugend,
    Nur führe sie nicht, wie ein Schlittenpferd,
    Stets durch die Straße läutend, und den Markt.
CHARIS. Dir wär ein Weib gut, wie man sie in Theben
    Verschmitzt und voller Ränke finden kann,
    Ein Weib, das dich in süße Wort' ertränkte,
    Damit du ihr den Hahnrei niederschluckst.
MERKUR. Was das betrifft, mein Seel, da sag ich dir:
580   Gedankenübel quälen nur die Narren,
    Den Mann vielmehr beneid ich, dem ein Freund
    Den Sold der Ehe vorschießt; alt wird er,
    Und lebt das Leben aller seiner Kinder.
CHARIS. Du wärst so schamlos, mich zu reizen? Wärst
    So frech, mich förmlich aufzufordern, dir
    Den freundlichen Thebaner, welcher abends
    Mir auf der Fährte schleicht, zu adjungieren?
MERKUR. Hol mich der Teufel, ja. Wenn du mir nur

Ersparst, Bericht darüber anzuhören.
Bequeme Sünd ist, find ich, so viel wert,   590
Als lästge Tugend; und mein Wahlspruch ist,
Nicht so viel Ehr in Theben, und mehr Ruhe –
Fahr wohl jetzt, Charis, Schatzkind! Fort muß ich.
Amphitryon wird schon im Lager sein. *Ab.*
CHARIS. Warum, um diesen Niederträchtigen
Mit einer offenbaren Tat zu strafen,
Fehlts an Entschlossenheit mir? O ihr Götter!
Wie ich es jetzt bereue, daß die Welt
Für eine ordentliche Frau mich hält!

ZWEITER AKT

Es ist Tag

Erste Szene

Amphitryon. Sosias.

AMPHITRYON. Steh, Gaudieb, sag ich, mir, vermaledeiter   600
Halunke! Weißt du, Taugenichts, daß dein
Geschwätz dich an den Galgen bringen wird?
Und daß, mit dir nach Würden zu verfahren,
Nur meinem Zorn ein tüchtges Rohr gebricht?
SOSIAS. Wenn Ihrs aus diesem Ton nehmt, sag ich nichts.
Befehlt, so träum ich, oder bin betrunken.
AMPHITRYON. Mir solche Märchen schamlos aufzubürden!
Erzählungen, wie unsre Ammen sie
Den Kindern abends in die Ohren lullen. –
Meinst du, ich werde dir die Possen glauben?   610
SOSIAS. Behüt! Ihr seid der Herr und ich der Diener,
Ihr werdet tun und lassen, was Ihr wollt.
AMPHITRYON. Es sei. Ich unterdrücke meinen Zorn,
Gewinne die Geduld mir ab, noch einmal
Vom Ei den ganzen Hergang anzuhören.
– Ich muß dies Teufelsrätsel mir entwirren,
Und nicht den Fuß ehr setz ich dort ins Haus.
– Nimm alle deine Sinne wohl zusammen,
Und steh mir Rede, pünktlich, Wort für Wort.

620 SOSIAS. Doch, Herr, aus Furcht, vergebt mir, anzustoßen,
    Ersuch ich Euch, eh wir zur Sache schreiten,
    Den Ton mir der Verhandlung anzugeben.
    Soll ich nach meiner Überzeugung reden,
    Ein ehrlicher Kerl, versteht mich, oder so,
    Wie es bei Hofe üblich, mit Euch sprechen?
    Sag ich Euch dreist die Wahrheit, oder soll ich
    Mich wie ein wohlgezogner Mensch betragen?
    AMPHITRYON. Nichts von den Fratzen. Ich verpflichte dich,
    Bericht mir unverhohlen abzustatten.
630 SOSIAS. Gut. Laßt mich machen jetzt. Ihr sollt bedient sein.
    Ihr habt bloß mir die Fragen auszuwerfen.
    AMPHITRYON. Auf den Befehl, den ich dir gab –?
    SOSIAS.   Ging ich
    Durch eine Höllenfinsternis, als wäre
    Der Tag zehntausend Klaftern tief versunken,
    Euch allen Teufeln, und den Auftrag gebend,
    Den Weg nach Theben, und die Königsburg.
    AMPHITRYON. Was, Schurke, sagst du?
    SOSIAS.   Herr, es ist die Wahrheit.
    AMPHITRYON.
    Gut. Weiter. Während du den Weg verfolgtest –?
    SOSIAS. Setzt ich den Fuß stets einen vor den andern,
640   Und ließ die Spuren hinter mir zurück.
    AMPHITRYON. Was! Ob dir was begegnet, will ich wissen!
    SOSIAS. Nichts, Herr, als daß ich salva venia
    Die Seele voll von Furcht und Schrecken hatte.
    AMPHITRYON. Drauf eingetroffen hier –?
    SOSIAS.   Übt ich ein wenig
    Mich auf den Vortrag, den ich halten sollte,
    Und stellte witzig die Laterne mir,
    Als Eure Gattin, die Prinzessin, vor.
    AMPHITRYON.
    Dies abgemacht –?
    SOSIAS.   Ward ich gestört. Jetzt kömmts.
    AMPHITRYON. Gestört? Wodurch? Wer störte dich?
    SOSIAS.   Sosias.
650 AMPHITRYON. Wie soll ich das verstehn?
    SOSIAS.   Wie Ihrs verstehn sollt?
    Mein Seel! Da fragt Ihr mich zu viel.
    Sosias störte mich, da ich mich übte.
    AMPHITRYON. Sosias! Welch ein Sosias! Was für

Ein Galgenstrick, Halunke, von Sosias,
Der außer dir den Namen führt in Theben,
Hat dich gestört, da du dich eingeübt?

SOSIAS. Sosias! Der bei Euch in Diensten steht,
Den Ihr vom Lager gestern abgeschickt,
Im Schlosse Eure Ankunft anzumelden.

AMPHITRYON. Du? Was?

SOSIAS.   Ich, ja. Ein Ich, das Wissenschaft 660
Von allen unsern Heimlichkeiten hat,
Das Kästchen und die Diamanten kennt,
Dem Ich vollkommen gleich, das mit Euch spricht.

AMPHITRYON. Was für Erzählungen?

SOSIAS.   Wahrhaftige.
Ich will nicht leben, Herr, belüg ich Euch.
Dies Ich war früher angelangt, als ich,
Und ich war hier, in diesem Fall, mein Seel,
Noch eh ich angekommen war.

AMPHITRYON.
Woher entspringt dies Irrgeschwätz? Der Wischwasch?
Ists Träumerei? Ist es Betrunkenheit?   670
Gehirnverrückung? Oder solls ein Scherz sein?

SOSIAS. Es ist mein völlger Ernst, Herr, und Ihr werdet,
Auf Ehrenwort, mir Euren Glauben schenken,
Wenn Ihr so gut sein wollt. Ich schwörs Euch zu,
Daß ich, der einfach aus dem Lager ging,
Ein Doppelter in Theben eingetroffen;
Daß ich mir glotzend hier begegnet bin;
Daß hier dies eine Ich, das vor Euch steht,
Vor Müdigkeit und Hunger ganz erschöpft,
Das andere, das aus dem Hause trat,   680
Frisch, einen Teufelskerl, gefunden hat;
Daß diese beiden Schufte, eifersüchtig
Jedweder, Euern Auftrag auszurichten,
Sofort in Streit gerieten, und daß ich
Mich wieder ab ins Lager trollen mußte,
Weil ich ein unvernünftger Schlingel war.

AMPHITRYON.
Man muß von meiner Sanftmut sein, von meiner
Friedfertigkeit, von meiner Selbstverleugnung,
Um einem Diener solche Sprache zu gestatten.

SOSIAS. Herr, wenn Ihr Euch ereifert, schweig ich still.   690
Wir wollen von was andern sprechen.

AMPHITRYON. Gut. Weiter denn. Du siehst, ich mäßge
  Ich will geduldig bis ans End dich hören.   [mich.
  Doch sage mir auf dein Gewissen jetzt,
  Ob das, was du für wahr mir geben willst,
  Wahrscheinlich auch nur auf den Schatten ist.
  Kann mans begreifen? reimen? Kann mans fassen?
SOSIAS. Behüte! Wer verlangt denn das von Euch?
  Ins Tollhaus weis ich den, der sagen kann,
700 Daß er von dieser Sache was begreift.
  Es ist gehauen nicht und nicht gestochen,
  Ein Vorfall, koboldartig, wie ein Märchen,
  Und dennoch *ist* es, wie das Sonnenlicht.
AMPHITRYON.
  Falls man demnach fünf Sinne hat, wie glaubt mans.
SOSIAS. Mein Seel! Es kostete die größte Pein mir,
  So gut, wie Euch, eh ich es glauben lernte.
  Ich hielt mich für besessen, als ich mich
  Hier aufgepflanzt fand lärmend auf dem Platze,
  Und einen Gauner schalt ich lange mich.
710 Jedoch zuletzt erkannt ich, mußt ich mich,
  Ein Ich, so wie das andre, anerkennen.
  Hier stands, als wär die Luft ein Spiegel vor mir,
  Ein Wesen völlig wie das meinige,
  Von diesem Anstand, seht, und diesem Wuchse,
  Zwei Tropfen Wasser sind nicht ähnlicher.
  Ja, wär es nur geselliger gewesen,
  Kein solcher mürrscher Grobian, ich könnte,
  Auf Ehre, sehr damit zufrieden sein.
AMPHITRYON. Zu welcher Überwindung ich verdammt bin!
720 – Doch endlich, bist du nicht ins Haus gegangen?
SOSIAS. Ins Haus! Was! Ihr seid gut! Auf welche Weise?
  Litt ichs? Hört ich Vernunft an? Untersagt ich
  Nicht eigensinnig stets die Pforte mir?
AMPHITRYON. Wie? Was? Zum Teufel!
SOSIAS.   Wie? Mit einem Stocke,
  Von dem mein Rücken noch die Spuren trägt.
AMPHITRYON.
  So schlug man dich?
SOSIAS.   Und tüchtig.
AMPHITRYON.   Wer – wer schlug dich?
  Wer unterstand sich das?
SOSIAS.   Ich.

AMPHITRYON.   Du? Dich schlagen?

SOSIAS. Mein Seel, ja, ich! Nicht dieses Ich von hier,
  Doch das vermaledeite Ich vom Hause,
  Das wie fünf Ruderknechte schlägt.   730

AMPHITRYON.
  Unglück verfolge dich, mit mir also zu reden!

SOSIAS. Ich kanns Euch dartun, Herr, wenn Ihrs begehrt.
  Mein Zeuge, mein glaubwürdiger, ist der
  Gefährte meines Mißgeschicks, mein Rücken.
  – Das Ich, das mich von hier verjagte, stand
  Im Vorteil gegen mich; es hatte Mut
  Und zwei geübte Arme, wie ein Fechter.

AMPHITRYON. Zum Schlusse. Hast du meine Frau gespro-
SOSIAS. Nein.   [chen?

AMPHITRYON. Nicht! Warum nicht?

SOSIAS.   Ei! Aus guten Gründen.

AMPHITRYON. Und wer hat dich, Verräter, deine Pflicht   740
  Verfehlen lassen? Hund, Nichtswürdiger!

SOSIAS. Muß ich es zehn und zehnmal wiederholen?
  Ich, hab ich Euch gesagt, dies Teufels-Ich,
  Das sich der Türe dort bemächtigt hatte;
  Das Ich, das das alleinge Ich will sein;
  Das Ich vom Hause dort, das Ich vom Stocke,
  Das Ich, das mich halb tot geprügelt hat.

AMPHITRYON. Es muß die Bestie getrunken haben,
  Sich vollends um das bißchen Hirn gebracht.

SOSIAS. Ich will des Teufels sein, wenn ich heut mehr   750
  Als meine Portion getrunken habe.
  Auf meinen Schwur, mein Seel, könnt Ihr mir glauben.

AMPHITRYON. – So hast du dich unmäßgem Schlaf vielleicht
  Ergeben? – Vielleicht daß dir ein böser Traum
  Den aberwitzgen Vorfall vorgespiegelt,
  Den du mir hier für Wirklichkeit erzählst –?

SOSIAS.
  Nichts, nichts von dem. Ich schlief seit gestern nicht
  Und hatt im Wald auch gar nicht Lust zu schlafen,
  Ich war erwacht vollkommen, als ich eintraf,
  Und sehr erwacht und munter war der andre   760
  Sosias, als er mich so tüchtig walkte.

AMPHITRYON. Schweig. Was ermüd ich mein Gehirn? Ich
  Verrückt selbst, solchen Wischwasch anzuhören. [bin
  Unnützes, marklos-albernes Gewäsch,

In dem kein Menschensinn ist, und Verstand.
Folg mir.

SOSIAS *für sich.* So ists. Weil es aus meinem Munde kommt,
Ists albern Zeug, nicht wert, daß man es höre.
Doch hätte sich ein Großer selbst zerwalkt,
So würde man Mirakel schrein.

770 AMPHITRYON.
Laß mir die Pforte öffnen. – Doch was seh ich?
Alkmene kommt. Es wird sie überraschen,
Denn freilich jetzt erwartet sie mich nicht.

Zweite Szene

Alkmene. Charis. Die Vorigen.

ALKMENE. Komm, meine Charis. Laß den Göttern uns
Ein Opfer dankbar auf den Altar legen.
Laß ihren großen, heilgen Schutz noch ferner
Mich auf den besten Gatten niederflehn.
                    Da sie den Amphitryon erblickt.
O Gott! Amphitryon!

AMPHITRYON.   Der Himmel gebe,
Daß meine Gattin nicht vor mir erschrickt,
Nicht fürcht ich, daß nach dieser flüchtgen Trennung
780 Alkmene minder zärtlich mich empfängt,
Als ihr Amphitryon zurückekehrt.

ALKMENE. So früh zurück –?

AMPHITRYON.   Was! dieser Ausruf,
Fürwahr, scheint ein zweideutig Zeichen mir,
Ob auch die Götter jenen Wunsch erhört.
Dies: »Schon so früh zurück!« ist der Empfang,
Beim Himmel, nein! der heißen Liebe nicht.
Ich Törichter! Ich stand im Wahn, daß mich
Der Krieg zu lange schon von hier entfernt;
Zu spät, war meine Rechnung, kehrt ich wieder.
790 Doch du belehrst mich, daß ich mich geirrt,
Und mit Befremden nehm ich wahr, daß ich
Ein Überlästger aus den Wolken falle.

ALKMENE. Ich weiß nicht –

AMPHITRYON.   Nein, Alkmene,
Verzeih. Mit diesem Worte hast du Wasser
Zu meiner Liebe Flammen hingetragen.

Du hast, seit ich dir fern, die Sonnenuhr
Nicht eines flüchtgen Blicks gewürdigt.
Hier ward kein Flügelschlag der Zeit vernommen,
Und unter rauschenden Vergnügen sind
In diesem Schloß fünf abgezählte Monden   800
Wie so viel Augenblicke hingeflohn.

ALKMENE. Ich habe Müh, mein teurer Freund, zu fassen,
Worauf du diesen Vorwurf gründen magst.
Beklagst du über meine Kälte dich,
So siehst du mich verlegen, wie ich dich
Befriedgen soll. Ich denke gestern, als
Du um die Abenddämmrung mir erschienst,
Trug ich die Schuld, an welche du mich mahnst,
Aus meinem warmen Busen reichlich ab.
Kannst du noch mehr dir wünschen, mehr begehren,   810
So muß ich meine Dürftigkeit gestehn:
Ich gab dir wirklich alles, was ich hatte.

AMPHITRYON. Wie?

ALKMENE.   Und du fragst noch! Flog ich gestern nicht,
Als du mich heimlich auf den Nacken küßtest,
Ich spann, ins Zimmer warst du eingeschlichen,
Wie aus der Welt entrückt, dir an die Brust?
Kann man sich inn'ger des Geliebten freun?

AMPHITRYON. Was sagst du mir?

ALKMENE.   Was das für Fragen sind!
Du selber warst unmäßger Freude voll,
Dich so geliebt zu sehn; und als ich lachte,   820
Inzwischen mir die Träne floß, schwurst du
Mit seltsam schauerlichen Schwur mir zu,
Daß nie die Here so den Jupiter beglückt.

AMPHITRYON. Ihr ewgen Götter!

ALKMENE.   Drauf als der Tag erglühte,
Hielt länger dich kein Flehn bei mir zurück.
Auch nicht die Sonne wolltest du erwarten.
Du gehst, ich werfe mich aufs Lager nieder,
Heiß ist der Morgen, schlummern kann ich nicht,
Ich bin bewegt, den Göttern will ich opfern,
Und auf des Hauses Vorplatz treff ich dich!   830
Ich denke, Auskunft, traun, bist du mir schuldig,
Wenn deine Wiederkehr mich überrascht,
Bestürzt auch, wenn du willst; nicht aber ist
Ein Grund hier, mich zu schelten, mir zu zürnen.

AMPHITRYON. Hat mich etwan ein Traum bei dir ver-
    Alkmene? Hast du mich vielleicht im Schlaf [kündet,
    Empfangen, daß du wähnst, du habest mir
    Die Forderung der Liebe schon entrichtet?
ALKMENE. Hat dir ein böser Dämon das Gedächtnis
840   Geraubt, Amphitryon? hat dir vielleicht
    Ein Gott den heitern Sinn verwirrt, daß du
    Die keusche Liebe deiner Gattin, höhnend,
    Von allem Sittlichen entkleiden willst?
AMPHITRYON.
    Was? Mir wagst du zu sagen, daß ich gestern
    Hier um die Dämmrung eingeschlichen bin?
    Daß ich dir scherzend auf den Nacken – Teufel!
ALKMENE. Was? Mir wagst du zu leugnen, daß du gestern
    Hier um die Dämmrung eingeschlichen bist?
    Daß du dir jede Freiheit hast erlaubt,
850   Die dem Gemahl mag zustehn über mich?
AMPHITRYON.
    – Du scherzest. Laß zum Ernst uns wiederkehren,
    Denn nicht an seinem Platz ist dieser Scherz.
ALKMENE. *Du* scherzest. Laß zum Ernst uns wiederkehren,
    Denn roh ist und empfindlich dieser Scherz.
AMPHITRYON. – Ich hätte jede Freiheit mir erlaubt,
    Die dem Gemahl mag zustehn über dich? –
    Wars nicht so? –
ALKMENE.   Geh, Unedelmütiger!
AMPHITRYON.
    O Himmel! Welch ein Schlag trifft mich! Sosias!
    Mein Freund!
SOSIAS.   Sie braucht fünf Grane Niesewurz;
860   In ihrem Oberstübchen ists nicht richtig.
AMPHITRYON.
    Alkmene! Bei den Göttern! du bedenkst nicht,
    Was dies Gespräch für Folgen haben kann.
    Besinne dich. Versammle deine Geister.
    Fortan werd ich dir glauben, was du sagst.
ALKMENE. Was auch daraus erfolgt, Amphitryon,
    Ich wills, daß du mir glaubst, du sollst mich nicht
    So unanständgen Scherzes fähig wähnen.
    Sehr ruhig siehst du um den Ausgang mich.
    Kannst du im Ernst ins Angesicht mir leugnen,
870   Daß du im Schlosse gestern dich gezeigt,

Falls nicht die Götter fürchterlich dich straften,
Gilt jeder andre schnöde Grund mir gleich.
Den innern Frieden kannst du mir nicht stören,
Und auch die Meinung, hoff ich, nicht der Welt:
Den Riß bloß werd ich in der Brust empfinden,
Daß mich der Liebste grausam kränken will.

AMPHITRYON.
Unglückliche! Welch eine Sprach! – Und auch
Schon die Beweise hast du dir gefunden?

ALKMENE. Ist es erhört? die ganze Dienerschaft
Ist, dieses Schlosses, Zeuge mir; es würden   880
Die Steine mir, die du betratst, die Bäume,
Die Hunde, die deine Knie umwedelten,
Von dir mir Zeugnis reden, wenn sie könnten.

AMPHITRYON.
Die ganze Dienerschaft? Es ist nicht möglich!

ALKMENE. Soll ich, du Unbegreiflicher, dir den
Beweis jetzt geben, den entscheidenden?
Von wem empfing ich diesen Gürtel hier?

AMPHITRYON. Was, einen Gürtel? du? Bereits? Von mir?

ALKMENE. Das Diadem, sprachst du, des Labdakus,
Den du gefällt hast in der letzten Schlacht.   890

AMPHITRYON. Verräter dort! Was soll ich davon denken?

SOSIAS. Laßt mich gewähren. Das sind schlechte Kniffe,
Das Diadem halt ich mit meinen Händen.

AMPHITRYON. Wo?

SOSIAS.   Hier. *Er zieht ein Kästchen aus der Tasche.*

AMPHITRYON.   Das Siegel ist noch unverletzt!
                    Er betrachtet den Gürtel an Alkmenes Brust.
Und gleichwohl – – trügen mich nicht alle Sinne –
                    Zu Sosias.
Schnell öffne mir das Schloß.

SOSIAS.   Mein Seel, der Platz ist leer.
Der Teufel hat es wegstipitzt, es ist
Kein Diadem des Labdakus zu finden.

AMPHITRYON. O ihr allmächtgen Götter, die die Welt
Regieren! Was habt ihr über mich verhängt?   900

SOSIAS. Was über Euch verhängt ist? Ihr seid doppelt,
Amphitryon vom Stock ist hier gewesen,
Und glücklich schätz ich Euch, bei Gott –

AMPHITRYON.   Schweig Schlingel!

ALKMENE *zu Charis*. Was kann in aller Welt ihn so bewegen?
    Warum ergreift Bestürzung ihn, Entgeisterung,
    Bei dieses Steines Anblick, den er kennt?
AMPHITRYON. Ich habe sonst von Wundern schon gehört,
    Von unnatürlichen Erscheinungen, die sich
    Aus einer andern Welt hieher verlieren;
910   Doch heute knüpft der Faden sich von jenseits
    An meine Ehre und erdrosselt sie.
ALKMENE *zu Amphitryon*.
    Nach diesem Zeugnis, sonderbarer Freund,
    Wirst du noch leugnen, daß du mir erschienst
    Und daß ich meine Schuld schon abgetragen?
AMPHITRYON.
    Nein; doch du wirst den Hergang mir erzählen.
ALKMENE. Amphitryon!
AMPHITRYON.   Du hörst, ich zweifle nicht.
    Man kann dem Diadem nicht widersprechen.
    Gewisse Gründe lassen bloß mich wünschen,
    Daß du umständlich die Geschichte mir
920   Von meinem Aufenthalt im Schloß erzählst.
ALKMENE. Mein Freund, du bist doch krank nicht?
AMPHITRYON.   Krank – krank nicht.
ALKMENE. Vielleicht daß eine Sorge dir des Krieges
    Den Kopf beschwert, dir, die zudringliche,
    Des Geistes heitre Tätigkeit befangen? –
AMPHITRYON.
    Wahr ists. Ich fühle mir den Kopf benommen.
ALKMENE. Komm, ruhe dich ein wenig aus.
AMPHITRYON.   Laß mich.
    Es drängt nicht. Wie gesagt, es ist mein Wunsch,
    Eh ich das Haus betrete, den Bericht
    Von dieser Ankunft gestern – anzuhören.
930 ALKMENE. Die Sach ist kurz. Der Abend dämmerte,
    Ich saß in meiner Klaus und spann, und träumte
    Bei dem Geräusch der Spindel mich ins Feld,
    Mich unter Krieger, Waffen hin, als ich
    Ein Jauchzen an der fernen Pforte hörte.
AMPHITRYON. Wer jauchzte?
ALKMENE.   Unsre Leute.
AMPHITRYON.   Nun?
ALKMENE.   Es fiel
    Mir wieder aus dem Sinn, auch nicht im Traume

Gedacht ich noch, welch eine Freude mir
Die guten Götter aufgespart, und eben
Nahm ich den Faden wieder auf, als es
Jetzt zuckend mir durch alle Glieder fuhr.   94~

AMPHITRYON. Ich weiß.

ALKMENE.   Du weißt es schon.

AMPHITRYON.   Darauf?

ALKMENE.   Darauf
Ward viel geplaudert, viel gescherzt, und stets
Verfolgten sich und kreuzten sich die Fragen.
Wir setzten uns – und jetzt erzähltest du
Mit kriegerischer Rede mir, was bei
Pharissa jüngst geschehn, mir von dem Labdakus,
Und wie er in die ewge Nacht gesunken
– Und jeden blutgen Auftritt des Gefechts.
Drauf – ward das prächtge Diadem mir zum
Geschenk, das einen Kuß mich kostete;   950
Viel bei dem Schein der Kerze wards betrachtet
– Und einem Gürtel gleich verband ich es,
Den deine Hand mir um den Busen schlang.

AMPHITRYON *für sich.*
Kann man, frag ich, den Dolch lebhafter fühlen?

ALKMENE. Jetzt ward das Abendessen aufgetragen,
Doch weder du noch ich beschäftigten
Uns mit dem Ortolan, der vor uns stand,
Noch mit der Flasche viel, du sagtest scherzend,
Daß du von meiner Liebe Nektar lebtest,
Du seist ein Gott, und was die Lust dir sonst,   960
Die ausgelaßne, in den Mund dir legte.

AMPHITRYON. – Die ausgelaßne in den Mund mir legte!

ALKMENE. – Ja, in den Mund dir legte. Nun – hierauf –
Warum so finster, Freund?

AMPHITRYON.   Hierauf jetzt –?

ALKMENE.   Standen
Wir von der Tafel auf; und nun –

AMPHITRYON.   Und nun?

ALKMENE. Nachdem wir von der Tafel aufgestanden –

AMPHITRYON. Nachdem ihr von der Tafel aufgestanden –

ALKMENE. So gingen –

AMPHITRYON.   Ginget –

ALKMENE.   Gingen wir – – – nun ja!
Warum steigt solche Röt ins Antlitz dir?

970 AMPHITRYON. O dieser Dolch, er trifft das Leben mir!
       Nein, nein, Verräterin, ich war es nicht!
       Und wer sich gestern um die Dämmerung
       Hier eingeschlichen als Amphitryon,
       War der nichtswürdigste der Lotterbuben!
    ALKMENE. Abscheulicher!
    AMPHITRYON.   Treulose! Undankbare! –
       Fahr hin jetzt Mäßigung, und du, die mir
       Bisher der Ehre Fordrung lähmtest, Liebe,
       Erinnrung fahrt, und Glück und Hoffnung hin,
       Fortan in Wut und Rache will ich schwelgen.
980 ALKMENE. Fahr hin auch du, unedelmütger Gatte,
       Es reißt das Herz sich blutend von dir los.
       Abscheulich ist der Kunstgriff, er empört mich.
       Wenn du dich einer andern zugewendet,
       Bezwungen durch der Liebe Pfeil, es hätte
       Dein Wunsch, mir würdig selbst vertraut, so schnell
       Als diese feige List zum Ziel geführt.   [dich
       Du siehst entschlossen mich das Band zu lösen,
       Das deine wankelmütge Seele drückt;
       Und ehe noch der Abend sich verkündet,
990   Bist du befreit von allem, was dich bindet.
    AMPHITRYON.
       Schmachvoll, wie die Beleidgung ist, die sich
       Mir zugefügt, ist dies das Mindeste,
       Was meine Ehre blutend fordern kann.
       Daß ein Betrug vorhanden ist, ist klar,
       Wenn meine Sinn auch das fluchwürdige
       Gewebe noch nicht fassen. Zeugen doch
       Jetzt ruf ich, die es mir zerreißen sollen.
       Ich rufe deinen Bruder mir, die Feldherrn,
       Das ganze Heer mir der Thebaner auf,
1000   Aus deren Mitt ich eher nicht gewichen,
       Als mit des heutgen Morgens Dämmerstrahl.
       Dann werd ich auf des Rätsels Grund gelangen,
       Und Wehe! ruf ich, wer mich hintergangen!
    SOSIAS. Herr, soll ich etwa –?
    AMPHITRYON.   Schweig, ich will nichts wissen,
       Du bleibst, und harrst auf diesem Platze mein. *Ab.*
    CHARIS. Befehlt Ihr Fürstin?
    ALKMENE.   Schweig, ich will nichts wissen,
       Verfolg mich nicht, ich will ganz einsam sein. *Ab.*

Dritte Szene

Charis. Sosias.

CHARIS. Was das mir für ein Auftritt war! Er ist
  Verrückt, wenn er behaupten kann, daß er
  Im Lager die verfloßne Nacht geschlafen. –   1010
  Nun wenn der Bruder kommt, so wird sichs zeigen.
SOSIAS. Dies ist ein harter Schlag für meinen Herrn.
  – Ob mir wohl etwas Ähnliches beschert ist?
  Ich muß ein wenig auf den Strauch ihr klopfen.
CHARIS *für sich.* Was gibts? Er hat die Unverschämtheit
  Mir maulend noch den Rücken zuzukehren.   [dort,
SOSIAS. Es läuft, mein Seel, mir übern Rücken, da ich
  Den Punkt, den kitzlichen, berühren soll.
  Ich möchte fast den Vorwitz bleiben lassen,
  Zuletzt ists doch so lang wie breit,   1020
  Wenn mans nur mit dem Licht nicht untersucht. –
  Frisch auf, der Wurf soll gelten, wissen muß ichs!
  – Helf dir der Himmel, Charis!
CHARIS.   Was? du nahst mir noch,
  Verräter? Was? du hast die Unverschämtheit,
  Da ich dir zürne, keck mich anzureden?
SOSIAS. Nun, ihr gerechten Götter, sag, was hast denn du?
  Man grüßt sich doch, wenn man sich wieder sieht.
  Wie du gleich über nichts die Fletten sträubst.
CHARIS. Was nennst du über nichts? Was nennst du nichts?
  Was nennst du über nichts? Unwürdger! Was?   1030
SOSIAS. Ich nenne nichts, die Wahrheit dir zu sagen,
  Was nichts in Prosa wie in Versen heißt,
  Und nichts, du weißt, ist ohngefähr so viel,
  Wie nichts, versteh mich, oder nur sehr wenig. –
CHARIS. Wenn ich nur wüßte, was die Hände mir
  Gebunden hält. Es kribbelt mir, daß ichs
  Kaum mäßge, dir die Augen auszukratzen,
  Und was ein wütend Weib ist, dir zu zeigen.
SOSIAS. Ei, so bewahr der Himmel mich, was für ein Anfall!
CHARIS. Nichts also nennst du, nichts mir das Verfahren, 1040
  Das du dir schamlos gegen mich erlaubt?
SOSIAS. Was denn erlaubt ich mir? Was ist geschehn?
CHARIS. Was mir geschehn? Ei seht! Den Unbefangenen!
  Er wird mir jetzo, wie sein Herr, behaupten,
  Daß er noch gar in Theben nicht gewesen.

SOSIAS. Was das betrifft, mein Seel! Da sag ich dir,
 Daß ich nicht den Geheimnisvollen spiele.
 Wir haben einen Teufelswein getrunken,
 Der die Gedanken rein uns weggespült.
1050 CHARIS. Meinst du, mit diesem Pfiff mir zu entkommen?
SOSIAS.
 Nein Charis. Auf mein Wort. Ich will ein Schuft sein,
 Wenn ich nicht gestern schon hier angekommen.
 Doch weiß ich nichts von allem, was geschehn,
 Die ganze Welt war mir ein Dudelsack.
CHARIS. Du wüßtest nicht mehr, wie du mich behandelt,
 Da gestern abend du ins Haus getreten?
SOSIAS. Der Henker hol es! Nicht viel mehr, als nichts.
 Erzähls, ich bin ein gutes Haus, du weißt,
 Ich werd mich selbst verdammen, wenn ich fehlte.
1060 CHARIS. Unwürdiger! Es war schon Mitternacht,
 Und längst das junge Fürstenpaar zur Ruhe,
 Als du noch immer in Amphitryons
 Gemächern weiltest, deine Wohnung noch
 Mit keinem Blick gesehn. Es muß zuletzt
 Dein Weib sich selber auf die Strümpfe machen,
 Dich aufzusuchen, und was find ich jetzt?
 Wo find ich jetzt dich, Pflichtvergessener?
 Hin auf ein Kissen find ich dich gestreckt,
 Als ob du, wie zu Haus, hier hingehörtest.
1070 Auf meine zartbekümmerte Beschwerde,
 Hat dies dein Herr, Amphitryon, befohlen,
 Du sollst die Reisestunde nicht verschlafen,
 Er denke früh von Theben aufzubrechen,
 Und was dergleichen faule Fische mehr.
 Kein Wort, kein freundliches, von deinen Lippen.
 Und da ich jetzt mich niederbeuge, liebend,
 Zu einem Kusse, wendest du, Halunke,
 Der Wand dich zu, ich soll dich schlafen lassen.
SOSIAS. Brav, alter, ehrlicher Sosias!
CHARIS.   Was?
1080 Ich glaube gar du lobst dich noch? Du lobst dich?
SOSIAS. Mein Seel, du mußt es mir zugute halten.
 Ich hatte Meerrettich gegessen, Charis,
 Und hatte recht, den Atem abzuwenden.
CHARIS. Ei was! Ich hätte nichts davon gespürt,
 Wir hatten auch zu Mittag Meerrettich.

SOSIAS.

    Mein Seel. Das wußt ich nicht. Man merkts dann nicht.

CHARIS.

    Du kömmst mit diesen Schlichen mir nicht durch.
    Früh oder spät wird die Verachtung sich,
    Mit der ich mich behandelt sehe, rächen.
    Es wurmt mich, ich verwind es nicht, was ich   1090
    Beim Anbruch hier des Tages hören mußte,
    Und ich benutze dir die Freiheit noch,
    Die du mir gabst, so wahr ich ehrlich bin.

SOSIAS. Welch eine Freiheit hab ich dir gegeben?

CHARIS. Du sagtest mir und warst sehr wohl bei Sinnen,
    Daß dich ein Hörnerschmuck nicht kümmern würde,
    Ja daß du sehr zufrieden wärst, wenn ich
    Mit dem Thebaner mir die Zeit vertriebe,
    Der hier, du weißts, mir auf der Fährte schleicht.
    Wohlan, mein Freund, dein Wille soll geschehn.   1100

SOSIAS. Das hat ein Esel dir gesagt, nicht ich.
    Spaß hier beiseit. Davon sag ich mich los.
    Du wirst in diesem Stück vernünftig sein.

CHARIS. Kann ich es gleichwohl über mich gewinnen?

SOSIAS. Still jetzt, Alkmene kommt, die Fürstin.

Vierte Szene

Alkmene. Die Vorigen.

ALKMENE.   Charis!

    Was ist mir, Unglücksel'gen, widerfahren?
    Was ist geschehn mir, sprich? Sieh dieses Kleinod.

CHARIS. Was ist dies für ein Kleinod, meine Fürstin?

ALKMENE. Das Diadem ist es, des Labdakus,
    Das teure Prachtgeschenk Amphitryons,   1110
    Worauf sein Namenszug gegraben ist.

CHARIS. Dies? Dies das Diadem des Labdakus?
    Hier ist kein Namenszug Amphitryons.

ALKMENE. Unselige, so bist du sinnberaubt?
    Hier stünde nicht, daß mans mit Fingern läse,
    Mit großem, goldgegrabnen Zug ein A?

CHARIS. Gewiß nicht, beste Fürstin. Welch ein Wahn?
    Hier steht ein andres fremdes Anfangszeichen.
    Hier steht ein J.

ALKMENE.   Ein J?
CHARIS.   Ein J. Man irrt nicht.
1120 ALKMENE. Weh mir sodann! Weh mir! Ich bin verloren.
CHARIS. Was ists, erklärt mir, das Euch so bewegt?
ALKMENE. Wie soll ich Worte finden, meine Charis,
    Das Unerklärliche dir zu erklären?
    Da ich bestürzt mein Zimmer wieder finde,
    Nicht wissend, ob ich wache, ob ich träume,
    Wenn sich die rasende Behauptung wagt,
    Daß mir ein anderer erschienen sei;
    Da ich gleichwohl den heißen Schmerz erwäg
    Amphitryons, und dies sein letztes Wort,
1130 Er geh den eignen Bruder, denke dir!
    Den Bruder wider mich zum Zeugnis aufzurufen;
    Da ich jetzt frage, hast du wohl geirrt?
    Denn einen äfft der Irrtum doch von beiden,
    Nicht ich, nicht er, sind einer Tücke fähig;
    Und jener doppelsinnge Scherz mir jetzt
    Durch das Gedächtnis zuckt, da der Geliebte,
    Amphitryon, ich weiß nicht, ob dus hörtest,
    Mir auf Amphitryon den Gatten schmähte,
    Wie Schaudern jetzt, Entsetzen mich ergreift
1140 Und alle Sinne treulos von mir weichen, –
    Faß ich, o du Geliebte, diesen Stein,
    Das einzig, unschätzbare, teure Pfand,
    Das ganz untrüglich mir zum Zeugnis dient.
    Jetzt faß ichs, will den werten Namenszug,
    Des lieben Lügners eignen Widersacher,
    Bewegt an die entzückten Lippen drücken:
    Und einen andern fremden Zug erblick ich,
    Und wie vom Blitz steh ich gerührt – ein J!
CHARIS. Entsetzlich! solltet Ihr getäuscht Euch haben?
1150 ALKMENE. Ich mich getäuscht!
CHARIS.   Hier in dem Zuge, mein ich.
ALKMENE. Ja in dem Zug meinst du – so scheint es fast.
CHARIS. Und also –?
ALKMENE.   Was und also –?
CHARIS.   Beruhigt Euch.
    Es wird noch alles sich zum Guten wenden.
ALKMENE. O Charis! – Eh will ich irren in mir selbst!
    Eh will ich dieses innerste Gefühl,

Das ich am Mutterbusen eingesogen,
Und das mir sagt, daß ich Alkmene bin,
Für einen Parther oder Perser halten.
Ist diese Hand mein? Diese Brust hier mein?
Gehört das Bild mir, das der Spiegel strahlt?   1160
Er wäre fremder mir, als ich! Nimm mir
Das Aug, so hör ich ihn; das Ohr, ich fühl ihn;
Mir das Gefühl hinweg, ich atm' ihn noch;
Nimm Aug und Ohr, Gefühl mir und Geruch,
Mir alle Sinn und gönne mir das Herz:
So läßt du mir die Glocke, die ich brauche,
Aus einer Welt noch find ich ihn heraus.

CHARIS.
Gewiß! Wie konnt ich auch nur zweifeln, Fürstin?
Wie könnt ein Weib in solchem Falle irren?
Man nimmt ein falsches Kleid, ein Hausgerät,   1170
Doch einen Mann greift man im Finstern.
Zudem, ist er uns allen nicht erschienen?
Empfing ihn freudig an der Pforte nicht
Das ganze Hofgesind, als er erschien?
Tag war es noch, hier müßten tausend Augen
Mit Mitternacht bedeckt gewesen sein.

ALKMENE. Und gleichwohl dieser wunderliche Zug!
Warum fiel solch ein fremdes Zeichen mir,
Das kein verletzter Sinn verwechseln kann,
Warum nicht auf den ersten Blick mir auf?   1180
Wenn ich zwei solche Namen, liebste Charis,
Nicht unterscheiden kann, sprich, können sie
Zwei Führern, ist es möglich, eigen sein,
Die leichter nicht zu unterscheiden wären?

CHARIS. Ihr seid doch sicher, hoff ich, beste Fürstin? –

ALKMENE. Wie meiner reinen Seele! Meiner Unschuld!
Du müßtest denn die Regung mir mißdeuten,
Daß ich ihn schöner niemals fand, als heut.
Ich hätte für sein Bild ihn halten können,
Für sein Gemälde, sieh, von Künstlershand,   1190
Dem Leben treu, ins Göttliche verzeichnet.
Er stand, ich weiß nicht, vor mir, wie im Traum,
Und ein unsägliches Gefühl ergriff
Mich meines Glücks, wie ich es nie empfunden,
Als er mir strahlend, wie in Glorie, gestern
Der hohe Sieger von Pharissa nahte.

Er wars, Amphitryon, der Göttersohn!
Nur schien er selber einer schon mir der
Verherrlichten, ich hätt ihn fragen mögen,
1200   Ob er mir aus den Sternen niederstiege.
CHARIS. Einbildung, Fürstin, das Gesicht der Liebe.
ALKMENE. Ach, und der doppeldeutge Scherz, o Charis,
Der immer wiederkehrend zwischen ihm
Und dem Amphitryon mir unterschied.
War ers, dem ich zu eigen mich gegeben,
Warum stets den Geliebten nannt er sich,
Den Dieb nur, welcher bei mir nascht? Fluch mir,
Die ich leichtsinnig diesem Scherz gelächelt,
Kam er mir aus des Gatten Munde nicht.
1210   CHARIS. Quält Euch mit übereiltem Zweifel nicht.
Hat nicht Amphitryon den Zug selbst anerkannt,
Als Ihr ihm heut das Diadem gezeigt?
Gewiß, hier ist ein Irrtum, beste Fürstin.
Wenn dieses fremde Zeichen ihn nicht irrte,
So folgt, daß es dem Steine eigen ist,
Und Wahn hat *gestern* uns getäuscht, geblendet;
Doch *heut* ist alles, wie es soll.
ALKMENE. Und wenn ers flüchtig nur betrachtet hätte,
Und jetzt mit allen Feldherrn wiederkehrte,
1220   Und die Behauptung rasend wiederholte,
Daß er die Schwelle noch des Hauses nicht betrat!
Nicht nur entblößt bin ich von *jedem* Zeugnis,
Ein Zeugnis *wider mich* ist dieser Stein.
Was kann ich, ich Verwirrte, dem entgegnen?
Wohin rett ich vor Schmerz mich, vor Vernichtung,
Wenn der Verdacht der Männer ihn geprüft?
Muß ich nicht eingestehn, daß dieser Zug
Der Namenszug nicht des Amphitryon?
Nicht eingestehn, daß ein Geschenk mir nicht
1230   Mit fremden Zeichen von ihm kommen kann?
Ja, schwör ich auf den Altar gleich, daß er
Mir das Gestein selbst gestern überreicht,
Bin ich wohl sicher, sprich, daß ich auch gestern
Das *Zeichen*, das hier steht, von ihm empfing?
CHARIS.
Faßt Euch. Hier ist er selbst. Jetzt wird sichs lösen.

Fünfte Szene

Jupiter. Die Vorigen.

ALKMENE. Mein Herr und mein Gemahl! Vergönne mir,
   Daß ich dir knieend dieses Kleinod reiche.
   Ich lege treu mein Leben dir zu Füßen,
   Hast du mir diesen Stein, betracht ihn wohl,
   Mit eines fremden Namens Zug gegeben,   1240
   So küss ich ihn vor Lust und wein auf ihn;
   Gabst du ihn nicht, und leugnest du ihn mir,
   Verleugnest ihn, so sei der Tod mein Los
   Und ewge Nacht begrabe meine Schmach.

JUPITER.
   Mein schönes Weib! Werd ich den Stein ergreifen,
   Da solch ein Wert vor mir im Staube liegt.
   Erhebe dich. Was willst du? Fasse dich.

ALKMENE. Mein zuversichtlich Wort hat dich beleidigt,
   Ich fühlte damals schuldlos mich und stark.
   Doch seit ich diesen fremden Zug erblickt,   1250
   Will ich dem innersten Gefühl mißtrauen:
   Ich glaubs – daß mir – ein anderer – erschienen,
   Wenn es dein Mund mir noch versichern kann.

JUPITER. Mein großes Weib! Wie sehr beschämst du mich.
   Welch eine Lüg ist deiner Lipp entflohen?
   Wie könnte dir ein anderer erscheinen?
   Wer nahet dir, o du, vor deren Seele
   Nur stets des Ein- und Ein'gen Züge stehn?
   Du bist, du Heilige, vor jedem Zutritt
   Mit diamantnem Gürtel angetan.   1260
   Auch selbst der Glückliche, den du empfängst
   Entläßt dich schuldlos noch und rein, und alles,
   Was sich dir nahet, ist Amphitryon.

ALKMENE. O mein Gemahl! Kannst du mir gütig sagen,
   Warst dus, warst du es nicht? O sprich! du warsts!

JUPITER. Ich wars. Seis wer es wolle. Sei – sei ruhig,
   Was du gesehn, gefühlt, gedacht, empfunden,
   War ich: wer wäre außer mir, Geliebte?
   Wer deine Schwelle auch betreten hat,
   Mich immer hast du, Teuerste, empfangen,   1270
   Und für jedwede Gunst, die du ihm schenktest,
   Bin ich dein Schuldner, und ich danke dir.

ALKMENE. Nein, mein Amphitryon, hier irrst du dich.
   Jetzt lebe wohl auf ewig, du Geliebter,
   Auf diesen Fall war ich gefaßt.
JUPITER.   Alkmene!
ALKMENE. Leb wohl! Leb wohl!
JUPITER.   Was denkst du?
ALKMENE.   Fort, fort, fort –
JUPITER. Mein Augenstern!
ALKMENE.   Geh, sag ich.
JUPITER.   Höre mich.
ALKMENE. Ich will nichts hören, leben will ich nicht,
   Wenn nicht mein Busen mehr unsträflich ist.
1280 JUPITER. Mein angebetet Weib, was sprichst du da?
   Was könntest du, du Heilige, verbrechen?
   Und wär ein Teufel gestern dir erschienen,
   Und hätt er Schlamm der Sünd, durchgeiferten,
   Aus Höllentiefen über dich geworfen,
   Den Glanz von meines Weibes Busen nicht
   Mit einem Makel fleckt er! Welch ein Wahn!
ALKMENE. Ich Schändlich-hintergangene!
JUPITER.   *Er* war
   Der Hintergangene, mein Abgott! *Ihn*
   Hat seine böse Kunst, nicht dich getäuscht,
1290   Nicht dein unfehlbares Gefühl! Wenn er
   In seinem Arm dich wähnte, lagst du an
   Amphitryons geliebter Brust, wenn er
   Von Küssen träumte, drücktest du die Lippe
   Auf des Amphitryon geliebten Mund.
   O einen Stachel trägt er, glaub es mir,
   Den aus dem liebeglühnden Busen ihm
   Die ganze Götterkunst nicht reißen kann.
ALKMENE. Daß ihn Zeus mir zu Füßen niederstürzte!
   O Gott! Wir müssen uns auf ewig trennen.
1300 JUPITER. Mich fester hat der Kuß, den du ihm schenktest,
   Als alle Lieb an dich, die je für mich
   Aus deinem Busen loderte, geknüpft.
   Und könnt ich aus der Tage fliehndem Reigen
   Den gestrigen, sieh, liebste Frau, so leicht
   Wie eine Dohl aus Lüften niederstürzen,
   Nicht um olympsche Seligkeit wollt ich,
   Um Zeus' unsterblich Leben, es nicht tun.
ALKMENE. Und ich, zehn Toden reicht ich meine Brust.

Geh! Nicht in deinem Haus siehst du mich wieder.
Du zeigst mich keiner Frau in Hellas mehr.   1310
JUPITER. Dem ganzen Kreise der Olympischen,
    Alkmene! – Welch ein Wort? Dich in die Schar
    Glanzwerfend aller Götter führ ich ein.
    Und wär ich Zeus, wenn du dem Reigen nahtest,
    Die ewge Here müßte vor dir aufstehn,
    Und Artemis, die strenge, dich begrüßen.
ALKMENE. Geh, deine Güt erdrückt mich. Laß mich
JUPITER. Alkmene!   [fliehn.
ALKMENE.   Laß mich.
JUPITER.   Meiner Seelen Weib!
ALKMENE. Amphitryon, du hörsts! Ich will jetzt fort.
JUPITER. Meinst du, dich diesem Arme zu entwinden?   1320
ALKMENE. Amphitryon, ich wills, du sollst mich lassen.
JUPITER. Und flöhst du über ferne Länder hin,
    Dem scheußlichen Geschlecht der Wüste zu,
    Bis an den Strand des Meeres folgt ich dir,
    Ereilte dich, und küßte dich, und weinte,
    Und höbe dich in Armen auf, und trüge
    Dich im Triumph zu meinem Bett zurück.
ALKMENE. Nun dann, weil dus so willst, so schwör ich dir,
    Und rufe mir der Götter ganze Schar,
    Des Meineids fürchterliche Rächer auf: 1330
    Eh will ich meiner Gruft, als diesen Busen,
    So lang er atmet, deinem Bette nahn.
JUPITER. Den Eid, kraft angeborner Macht, zerbrech ich
    Und seine Stücken werf ich in die Lüfte.
    Es war kein Sterblicher, der dir erschienen,
    Zeus selbst, der Donnergott, hat dich besucht.
ALKMENE. Wer?
JUPITER.   Jupiter.
ALKMENE.   Wer, Rasender, sagst du?
JUPITER. Er, Jupiter, sag ich.
ALKMENE.   Er Jupiter?
    Du wagst, Elender –?
JUPITER.   Jupiter sagt ich,
    Und wiederhols. Kein anderer, als er,   1340
    Ist in verfloßner Nacht erschienen dir.
ALKMENE. Du zeihst, du wagst es, die Olympischen
    Des Frevels, Gottvergeßner, der verübt ward?
JUPITER. Ich zeihe Frevels die Olympischen?

Laß solch ein Wort nicht, Unbesonnene,
Aus deinem Mund mich wieder hören.

ALKMENE.
Ich solch ein Wort nicht mehr –? Nicht Frevel wärs –?

JUPITER. Schweig, sag ich, ich befehls.

ALKMENE.   Verlorner Mensch!

JUPITER. Wenn du empfindlich für den Ruhm nicht bist,
1350   Zu den Unsterblichen die Staffel zu ersteigen,
Bin ichs: und du vergönnst mir, es zu sein.
Wenn du Kallisto nicht, die herrliche,
Europa auch und Leda nicht beneidest,
Wohlan, ich sags, ich neide Tyndarus,
Und wünsche Söhne mir, wie Tyndariden.

ALKMENE. Ob ich Kallisto auch beneid? Europa?
Die Frauen, die verherrlichten, in Hellas?
Die hohen Auserwählten Jupiters?
Bewohnerinnen ewgen Ätherreichs?

1360 JUPITER. Gewiß! Was solltest du sie auch beneiden?
Du, die gesättigt völlig von dem Ruhm,
Den einen Sterblichen zu Füßen dir zu sehn.

ALKMENE. Was das für unerhörte Reden sind!
Darf ich auch den Gedanken nur mir gönnen?
Würd ich vor solchem Glanze nicht versinken?
Würd ich, wär ers gewesen, noch das Leben
In diesem warmen Busen freudig fühlen?
Ich, solcher Gnad Unwürdg'? Ich, Sünderin?

JUPITER. Ob du der Gnade wert, ob nicht, kömmt nicht
1370   Zu prüfen *dir* zu. Du wirst über dich,
Wie er dich würdiget, ergehen lassen.
Du unternimmst, Kurzsichtge, ihn zu meistern,
Ihn, der der Menschen Herzen kennt?

ALKMENE. Gut, gut, Amphitryon. Ich verstehe dich,
Und deine Großmut rührt mich bis zu Tränen,
Du hast dies Wort, ich weiß es, hingeworfen,
Mich zu zerstreun – doch meine Seele kehrt
Zu ihrem Schmerzgedanken wiederum zurück.
Geh du, mein lieber Liebling, geh, mein Alles,
1380   Und find ein andres Weib dir, und sei glücklich,
Und laß des Lebens Tage mich durchweinen,
Daß ich dich nicht beglücken darf.

JUPITER. Mein teures Weib! Wie rührst du mich?
Sieh doch den Stein, den du in Händen hältst.

ALKMENE. Ihr Himmlischen, schützt mich vor Wahn!
JUPITER.
   Ists nicht sein Nam? Und wars nicht gestern meiner?
   Ist hier nicht Wunder alles, was sich zeigt?
   Hielt ich nicht heut dies Diadem noch in
   Versiegeltem Behältnis eingeschlossen?
   Und da ichs öffne, dir den Schmuck zu reichen,   1390
   Find ich die leere Spur nicht in der Wolle?
   Seh ichs nicht glänzend an der Brust dir schon?
ALKMENE. So solls die Seele denken? Jupiter?
   Der Götter ewger, und der Menschen, Vater?
JUPITER. Wer könnte dir die augenblickliche
   Goldwaage der Empfindung so betrügen?
   Wer so die Seele dir, die weibliche,
   Die so vielgliedrig fühlend um sich greift,
   So wie das Glockenspiel der Brust umgehn,
   Das von dem Atem lispelnd schon erklingt?   1400
ALKMENE. Er selber! Er!
JUPITER.   Nur die Allmächtgen mögen
   So dreist, wie dieser Fremdling, dich besuchen,
   Und solcher Nebenbuhler triumphier ich!
   Gern mag ich sehn, wenn die Allwissenden
   Den Weg zu deinem Herzen finden, gern,
   Wenn die Allgegenwärtigen dir nahn:
   Und müssen nicht sie selber noch, Geliebte,
   Amphitryon sein, und seine Züge stehlen,
   Wenn deine Seele sie empfangen soll?
ALKMENE. Nun ja. *Sie küßt ihn.*
JUPITER.   Du Himmlische!
ALKMENE.   Wie glücklich bin ich!   1410
   Und o wie gern, wie gern noch bin ich glücklich!
   Wie gern will ich den Schmerz empfunden haben,
   Den Jupiter mir zugefügt,
   Bleibt mir nur alles freundlich wie es war.
JUPITER. Soll ich dir sagen, was ich denke?
ALKMENE.   Nun?
JUPITER. Und was, wenn Offenbarung uns nicht wird,
   So gar geneigt zu glauben ich mich fühle?
ALKMENE. Nun? Und? du machst mir bang –
JUPITER.   Wie, wenn du seinen
   Unwillen – du erschrickst dich nicht, gereizt?
ALKMENE. Ihn? Ich? gereizt?   1420

JUPITER.   Ist er dir wohl vorhanden?
Nimmst du die Welt, sein großes Werk, wohl wahr?
Siehst du ihn in der Abendröte Schimmer,
Wenn sie durch schweigende Gebüsche fällt?
Hörst du ihn beim Gesäusel der Gewässer,
Und bei dem Schlag der üppgen Nachtigall?
Verkündet nicht umsonst der Berg ihn dir
Getürmt gen Himmel, nicht umsonst ihn dir
Der felszerstiebten Katarakten Fall?
Wenn hoch die Sonn in seinen Tempel strahlt
1430   Und von der Freude Pulsschlag eingeläutet,
Ihn alle Gattungen Erschaffner preisen,
Steigst du nicht in des Herzens Schacht hinab
Und betest deinen Götzen an?
ALKMENE. Entsetzlicher! Was sprichst du da? Kann man
Ihn frömmer auch, und kindlicher, verehren?
Verglüht ein Tag, daß ich an seinem Altar
Nicht für mein Leben dankend, und dies Herz,
Für dich auch du Geliebter, niedersänke?
Warf ich nicht jüngst noch in gestirnter Nacht
1440   Das Antlitz tief, inbrünstig, vor ihm nieder,
Anbetung, glühnd, wie Opferdampf, gen Himmel
Aus dem Gebrodel des Gefühls entsendend?
JUPITER.
Weshalb *warfst* du aufs Antlitz dich? – Wars nicht,
Weil in des Blitzes zuckender Verzeichnung
Du einen wohlbekannten Zug erkannt?
ALKMENE. Mensch! Schauerlicher! Woher weißt du das?
JUPITER. Wer ists, dem du an seinem Altar betest?
Ist ers dir wohl, der über Wolken ist?
Kann dein befangner Sinn ihn wohl erfassen?
1450   Kann dein Gefühl, an seinem Nest gewöhnt,
Zu solchem Fluge wohl die Schwingen wagen?
Ists nicht Amphitryon, der Geliebte stets,
Vor welchem du im Staube liegst?
ALKMENE. Ach, ich Unsel'ge, wie verwirrst du mich.
Kann man auch Unwillkürliches verschulden?
Soll ich zur weißen Wand des Marmors beten?
Ich brauche Züge nun, um ihn zu denken.
JUPITER.
Siehst du? Sagt ich es nicht? Und meinst du nicht, daß
Abgötterei ihn kränkt? Wird er wohl gern   [solche

Dein schönes Herz entbehren? Nicht auch gern 1460
Von dir sich innig angebetet fühlen?

ALKMENE. Ach, freilich wird er das. Wo ist der Sünder,
Deß Huldgung nicht den Göttern angenehm.

JUPITER. Gewiß! Er kam, *wenn* er dir niederstieg,
Dir nur, um dich zu *zwingen* ihn zu denken,
Um sich an dir, Vergessenen, zu *rächen*.

ALKMENE.
Entsetzlich!

JUPITER.   Fürchte nichts. Er straft nicht mehr dich,
Als du verdient. Doch künftig wirst du immer
Nur ihn, versteh, der dir zur Nacht erschien,
An seinem Altar denken, und nicht mich. 1470

ALKMENE. Wohlan! Ich schwörs dir heilig zu! Ich weiß
Auf jede Miene, wie er ausgesehn,
Und werd ihn nicht mit dir verwechseln.

JUPITER. Das tu. Sonst wagst du, daß er wiederkömmt.
So oft du seinen Namenszug erblickst,
Dem Diadem verzeichnet, wirst du seiner
Erscheinung auf das Innigste gedenken;
Dich der Begebenheit auf jeden Zug erinnern;
Erinnern, wie vor dem Unsterblichen
Der Schreck am Rocken dich durchzuckt; wie du 1480
Das Kleinod von ihm eingetauscht; wer dir
Beim Gürten hülfreich war, und was
Beim Ortolan geschehn. Und stört dein Gatte dich,`
So bittest du ihn freundlich, daß er dich
Auf eine Stunde selbst dir überlasse.

ALKMENE. Gut, gut, du sollst mit mir zufrieden sein.
Es soll in jeder ersten Morgenstunde
Auch kein Gedanke fürder an dich denken:
Jedoch nachher vergeß ich Jupiter.

JUPITER. Wenn also jetzt in seinem vollen Glanze, 1490
Gerührt durch so viel Besserung,
Der ewg' Erschütterer der Wolken sich dir zeigte,
Geliebte! sprich, wie würdest du dich fassen?

ALKMENE. Ach, der furchtbare Augenblick! hätt ich
Doch immer ihn gedacht nur beim Altar,
Da er so wenig von dir unterschieden.

JUPITER. Du sahst noch sein unsterblich Antlitz nicht,
Alkmene. Ach, es wird das Herz vor ihm
In tausendfacher Seligkeit dir aufgehn.

1500 Was du ihm fühlen wirst, wird Glut dir dünken,
Und Eis, was du Amphitryon empfindest.
Ja, wenn er deine Seele jetzt berührte,
Und zum Olymp nun scheidend wiederkehrt,
So wirst du das Unglaubliche erfahren,
Und weinen, daß du ihm nicht folgen darfst.
ALKMENE. Nein, nein, das glaube nicht, Amphitryon.
Und könnt ich einen Tag zurücke leben,
Und mich vor allen Göttern und Heroen
In meine Klause riegelfest verschließen,
1510 So willigt ich –
JUPITER.   Wahrhaftig? tätst du das?
ALKMENE. So willigt ich von ganzem Herzen ein.
JUPITER *für sich.*
Verflucht der Wahn, der mich hieher gelockt!
ALKMENE.
Was ist dir? zürnst du? Kränkt ich dich, Geliebter?
JUPITER. Du wolltest ihm, mein frommes Kind,
Sein ungeheures Dasein nicht versüßen?
Ihm deine Brust verweigern, wenn sein Haupt,
Das weltenordnende, sie sucht,
Auf seinen Flaumen auszuruhen? Ach Alkmene!
Auch der Olymp ist öde ohne Liebe.
1520 Was gibt der Erdenvölker Anbetung
Gestürzt in Staub, der Brust, der lechzenden?
Er will geliebt sein, nicht ihr Wahn von ihm.
In ewge Schleier eingehüllt,
Möcht er sich selbst in einer Seele spiegeln,
Sich aus der Träne des Entzückens widerstrahlen.
Geliebte, sieh! So viele Freude schüttet
Er zwischen Erd und Himmel endlos aus;
Wärst du vom Schicksal nun bestimmt
So vieler Millionen Wesen Dank,
1530 Ihm seine ganze Fordrung an die Schöpfung
In einem einzgen Lächeln auszuzahlen,
Würdst du dich ihm wohl – ach! ich kanns nicht den-
Laß michs nicht denken – laß –   [ken,
ALKMENE.   Fern sei von mir,
Der Götter großem Ratschluß mich zu sträuben,
Ward ich so heilgem Amte auserkoren.
Er, der mich schuf, er walte über mich.
Doch –

JUPITER. Nun? –

ALKMENE.   Läßt man die Wahl mir –

JUPITER.   Läßt man dir –?

ALKMENE. Die Wahl, so bliebe meine Ehrfurcht ihm,
  Und meine Liebe dir, Amphitryon.

JUPITER. Wenn ich nun dieser Gott dir wär –?

ALKMENE.   Wenn du   1540
  – Wie ist mir denn? Wenn du mir dieser Gott wärst
  – – Ich weiß nicht, soll ich vor dir niederfallen,
  Soll ich es nicht? Bist dus mir? Bist dus mir?

JUPITER. Entscheide du. Amphitryon bin ich.

ALKMENE. Amphitryon –

JUPITER.   Amphitryon, dir ja.
  Doch wenn ich, frag ich, dieser Gott dir wäre,
  Dir liebend vom Olymp herabgestiegen,
  Wie würdest du dich dann zu fassen wissen?

ALKMENE. Wenn du mir, Liebster, dieser Gott wärst – ja,
  So wüßt ich nicht, wo mir Amphitryon wäre,   1550
  So würd ich folgen dir, wohin du gehst,
  Und wärs auch, wie Euridike, zum Orkus.

JUPITER. Wenn du nicht wüßtest, wo Amphitryon wäre.
  Doch wie, wenn sich Amphitryon jetzt zeigte?

ALKMENE.
  Wenn sich Amphitryon mir – ach, du quälst mich.
  Wie kann sich auch Amphitryon mir zeigen,
  Da ich Amphitryon in Armen halte?

JUPITER.
  Und dennoch könntst du leicht den Gott in Armen
  Im Wahn, es sei Amphitryon.   [halten,
  Warum soll dein Gefühl dich überraschen?   1560
  Wenn ich, der Gott, dich hier umschlungen hielte,
  Und jetzo dein Amphitryon sich zeigte,
  Wie würd dein Herz sich wohl erklären?

ALKMENE. Wenn du, der Gott, mich hier umschlungen
  Und jetzo sich Amphitryon mir zeigte,   [hieltest
  Ja – dann so traurig würd ich sein, und wünschen,
  Daß er der Gott mir wäre, und daß du
  Amphitryon mir bliebst, wie du es bist.

JUPITER. Mein süßes, angebetetes Geschöpf!
  In dem so selig ich mich, selig preise!   1570
  So urgemäß, dem göttlichen Gedanken,

In Form und Maß, und Sait und Klang,
Wie's meiner Hand Äonen nicht entschlüpfte!
ALKMENE. Amphitryon!
JUPITER.   Sei ruhig, ruhig, ruhig!
Es wird sich alles dir zum Siege lösen.
Es drängt den Gott Begier, sich dir zu zeigen,
Und ehe noch des Sternenheeres Reigen
Herauf durchs stille Nachtgefilde zieht,
Weiß deine Brust auch schon, wem sie erglüht –
1580 Sosias!
SOSIAS.   Herr!
JUPITER.   Auf jetzt, mein treuer Diener,
Auf daß sich dieser Tag verherrliche!
Alkmene hat sich liebend mir versöhnt:
Und du, du gehst, und rufst zu einem Feste
Im Lager mir, wo du sie triffst, die Gäste.

Beide ab.

Sechste Szene

Charis. Sosias.

CHARIS *für sich*. Was hast du da gehört, Unselige?
Olympsche Götter wären es gewesen?
Und der sich für Sosias hier mir gibt,
Der wäre einer der Unsterblichen,
Apollon, Hermes, oder Ganymed?
1590 SOSIAS *für sich*. Der Blitzgott! Zeus soll es gewesen sein.
CHARIS *für sich*. Pfui, schäme dich, wie du dich aufgeführt.
SOSIAS *für sich*. Mein Seel, er war nicht schlecht bedient.
Ein Kerl, der seinen Mann stund, und sich
Für seinen Herrn schlug, wie ein Panthertier.
CHARIS *für sich*.
Wer weiß auch, irr ich nicht. Ich muß ihn prüfen.
Laut. Komm, laß uns Frieden machen auch, Sosias.
SOSIAS. Ein andermal. Jetzt ist nicht Zeit dazu.
CHARIS. Wo gehst du hin?
SOSIAS.   Ich soll die Feldherrn rufen.
CHARIS. Vergönne mir ein Wort vorher, mein Gatte.
1600 SOSIAS. Dein Gatte –? O, recht gern.
CHARIS.   Hast du gehört,
Daß in der Dämmerung zu meiner Fürstin gestern,

Und ihrer treuen Dienerin,
Zwei große Götter vom Olymp gestiegen,
Daß Zeus, der Gott der Wolken, hier gewesen,
Und Phöbus ihn, der herrliche, begleitet?

SOSIAS. Ja wenns noch wahr ist. Leider hört ichs, Charis.
Dergleichen Heirat war mir stets zuwider.

CHARIS. Zuwider? Warum das? Ich wüßte nicht –

SOSIAS. Hm! Wenn ich dir die Wahrheit sagen soll,
Es ist wie Pferd und Esel.

CHARIS.   Pferd und Esel!   1610
Ein Gott und eine Fürstin! *Für sich.* Der auch kömmt
Wohl vom Olymp nicht. *Laut.* Du beliebst
Mit deiner schlechten Dienerin zu scherzen.
Solch ein Triumph, wie über uns gekommen,
Ward noch in Theben nicht erhört.

SOSIAS. Mir für mein Teil, schlecht ist er mir bekommen.
Und ein gemeßnes Maß von Schande wär mir
So lieb, als die verteufelten Trophäen,
Die mir auf beiden Schultern prangen. –
Doch ich muß eilen.

CHARIS.   Ja, was ich sagen wollte –   1620
Wer träumte, solche Gäste zu empfangen?
Wer glaubte in der schlechten Menschen Leiber
Zwei der Unsterblichen auch eingehüllt.
Gewiß, wir hätten manche gute Seite,
Die unachtsam zu Innerst blieb, mehr hin
Nach außen wenden können, als geschehn ist.

SOSIAS. Mein Seel, das hätt ich brauchen können, Charis.
Denn du bist zärtlich gegen mich gewesen,
Wie eine wilde Katze. Beßre dich.

CHARIS. Ich wüßte nicht, daß ich dich just beleidigt?   1630
Dir mehr getan als sich –

SOSIAS.   Mich nicht beleidigt?
Ich will ein Schuft sein, wenn du heute morgen
Nicht Prügel, so gesalzene verdient,
Als je herab sind auf ein Weib geregnet.

CHARIS. Nun was – Was ist geschehen denn?

SOSIAS.   Was geschehn ist,
Maulaffe? Hast du nicht gesagt, du würdest
Dir den Thebaner holen, den ich jüngst
Schon, den Halunken, aus dem Hause warf?

          Nicht mir ein Hörnerpaar versprochen? Nicht
1640   Mich einen Hahnrei schamlos tituliert?
CHARIS. Ei, Scherz! Gewiß!
SOSIAS.   Ja, Scherz! Kömmst du
          Mit diesem Scherz mir wieder, prell ich dir,
          Hol mich der Teufel, eins –!
CHARIS.   O Himmel! Wie geschieht mir?
SOSIAS. Der Saupelz!
CHARIS.   Blicke nicht so grimmig her!
          Das Herz in Stücken fühl ich mir zerspalten!
SOSIAS. Pfui, schäme dich, du Gotteslästerliche!
          So deiner heilgen Ehepflicht zu spotten!
          Geh mach dich solcher Sünd nicht mehr teilhaftig,
          Das rat ich dir – und wenn ich wieder komme,
1650   Will ich gebratne Wurst mit Kohlköpf essen.
CHARIS.
          Was du begehrst: Was säum ich auch noch länger?
          Was zaudr' ich noch? Ist ers nicht? Ist ers nicht?
SOSIAS. Ob ich es bin?
CHARIS.   Sieh mich in Staub.
SOSIAS.   Was fehlt dir?
CHARIS. Sieh mich zerknirscht vor dir im Staube liegen.
SOSIAS. Bist du von Sinnen?
CHARIS.   Ach du bists! du bists!
SOSIAS. Wer bin ich?
CHARIS.   Ach was leugnest du dich mir.
SOSIAS. Ist heute alles rasend toll?
CHARIS.   Sah ich
          Aus deines Auges Flammenzorne nicht
          Den fernhintreffenden Apollon strahlen?
1660 SOSIAS. Apollon, ich? bist du des Teufels? – Der eine
          Macht mich zum Hund, der andre mich zum Gott? –
          Ich bin der alte, wohlbekannte Esel
          Sosias! *Ab.*
CHARIS.   Sosias? Was? Der alte,
          Mir wohlbekannte Esel du, Sosias?
          Halunke, gut, daß ich das weiß,
          So wird die Bratwurst heute dir nicht heiß. *Ab.*

Erste Szene

AMPHITRYON. Wie widerlich mir die Gesichter sind
Von diesen Feldherrn. Jeder hat mir Glückwunsch
Für das erfochtne Treffen abzustatten,
Und in die Arme schließen muß ich jeden,   1670
Und in die Hölle jeden fluch ich hin.
Nicht einer, dem ein Herz geworden wäre,
Das meine, volle, darin auszuschütten.
Daß man ein Kleinod aus versiegeltem
Behältnis wegstiehlt ohne Siegellösung,
Seis; Taschenspieler können uns von fern
Hinweg, was wir in Händen halten, gaunern.
Doch daß man einem Mann Gestalt und Art
Entwendet, und bei seiner Frau für voll bezahlt,
Das ist ein leidges Höllenstück des Satans.   1680
In Zimmern, die vom Kerzenlicht erhellt,
Hat man bis heut mit fünf gesunden Sinnen
In seinen Freunden nicht geirret; Augen,
Aus ihren Höhlen auf den Tisch gelegt,
Von Leib getrennte Glieder, Ohren, Finger,
Gepackt in Schachteln, hätten hingereicht,
Um einen Gatten zu erkennen. Jetzo wird man
Die Ehemänner brennen, Glocken ihnen,
Gleich Hämmeln um die Hälse hängen müssen.
Zu argen Trug ist sie so fähig just,   1690
Wie ihre Turteltaub; eh will ich an
Die Redlichkeit dem Strick entlaufner Schelme,
Als an die Tücke dieses Weibes glauben.
– Verrückt ist sie, und morgen, wenn der Tag graut,
Werd ich gewiß nach Ärzten schicken müssen.
– Fänd nur Gelegenheit sich, anzuknüpfen.

Zweite Szene

Merkur auf dem Altan. Amphitryon.

MERKUR *für sich*. Auf dies verliebte Erdenabenteuer
Dir, alter Vater Jupiter, zu folgen,
Es ist ein wahres Freundschaftsstück Merkurs.
Beim Styx! Mir machts von Herzen Langeweile.   1700

Denn jener Zofe Charis täuschender
Als es vonnöten, den Gemahl zu spielen,
So groß in dieser Sach ist nicht mein Eifer.
– Ich will mir hier ein Abenteuer suchen,
Und toll den eifersüchtgen Kauz dort machen.

AMPHITRYON.
Warum verriegelt man am Tage denn dies Haus?

MERKUR. Holla! Geduld! Wer klopfet?

AMPHITRYON.   Ich.

MERKUR.   Wer? Ich!

AMPHITRYON. Ah! Öffne!

MERKUR.   Öffne! Tölpel! Wer denn bist du,
Der solchen Lärm verführt, und so mir spricht?

1710 AMPHITRYON. Ich glaub du kennst mich nicht?

MERKUR.   O ja;
Ich kenne jeden, der die Klinke drückt.
– Ob ich ihn kenne!

AMPHITRYON.   Hat ganz Theben heut
Tollwurz gefressen, den Verstand verloren? –
Sosias! he! Sosias!

MERKUR.   Ja, Sosias!
So heiß ich. Schreit der Schuft nicht meinen Namen,
Als ob er sorgt', ich möcht ihn sonst vergessen.

AMPHITRYON.
Gerechte Götter! Mensch! Siehst du mich nicht?

MERKUR.   Vollkommen.
Was gibts?

AMPHITRYON. Halunke! Was es gibt?

MERKUR.   Was gibts denn nicht,
Zum Teufel? Sprich, soll man dir Rede stehn.

1720 AMPHITRYON.
Du Hundsfott wart! Mit einem Stock da oben
Lehr ich dich, solche Sprache mit mir führen.

MERKUR. Ho, ho! Da unten ist ein ungeschliffner Riegel.
Nimms nicht für ungut.

AMPHITRYON.   Teufel!

MERKUR.   Fasse dich.

AMPHITRYON. Heda! Ist niemand hier zu Hause?

MERKUR. Philippus! Charmion! Wo steckt ihr denn!

AMPHITRYON. Der Niederträchtige!

MERKUR.   Man muß dich doch bedienen.
Doch harrst du in Geduld nicht, bis sie kommen,

Und rührst mir noch ein einzigs Mal
Den Klöpfel an, so schick ich von hier oben
Dir eine sausende Gesandtschaft zu.   1730

AMPHITRYON. Der Freche! Der Schamlose, der! Ein Kerl,
Den ich mit Füßen oft getreten; ich,
Wenn mir die Lust kommt, kreuzgen lassen könnte. –

MERKUR. Nun? bist du fertig? Hast du mich besehen?
Hast du mit deinen stieren Augen bald
Mich ausgemessen? Wie er auf sie reißt!
Wenn man mit Blicken um sich beißen könnte,
Er hätte mich bereits zerrissen hier.

AMPHITRYON. Ich zittre selbst, Sosias, wenn ich denke,
Was du mit diesen Reden dir bereitest.   1740
Wie viele Schläg entsetzlich warten dein!
– Komm, steig herab, und öffne mir.

MERKUR.   Nun endlich!

AMPHITRYON.
Laß mich nicht länger warten, ich bin dringend.

MERKUR. Erfährt man doch, was dein Begehren ist.
Ich soll die Pforte unten öffnen?

AMPHITRYON.   Ja.

MERKUR. Nun gut. Das kann man auch mit Gutem sagen.
Wen suchst du?

AMPHITRYON.   Wen ich suche?

MERKUR.   Wen du suchst,
Zum Teufel! bist du taub? Wen willst du sprechen?

AMPHITRYON.
Wen ich will sprechen? Hund! ich trete alle Knochen
Dir ein, wenn sich das Haus mir öffnet.   1750

MERKUR. Freund, weißt du was? Ich rat dir, daß du gehst.
Du reizest mir die Galle. Geh, geh, sag ich.

AMPHITRYON. Du sollst, du Niederträchtiger, erfahren,
Wie man mit einem Knecht verfährt,
Der seines Herren spottet.

MERKUR.   Seines Herrn?
Ich spotte meines Herrn? Du wärst mein Herr –

AMPHITRYON.
Jetzt hör ich noch, daß ers mir leugnet.

MERKUR.   Ich kenne
Nur einen, und das ist Amphitryon.

AMPHITRYON. Und wer ist außer mir Amphitryon,
Triefäug'ger Schuft, der Tag und Nacht verwechselt?   1760

MERKUR. Amphitryon?
AMPHITRYON.   Amphitryon, sag ich.
MERKUR. Ha, ha! O ihr Thebaner, kommt doch her.
AMPHITRYON.
   Daß mich die Erd entrafft'! Solch eine Schmach!
MERKUR.
   Hör, guter Freund dort! Nenn mir doch die Kneipe
   Wo du so selig dich gezecht?
AMPHITRYON.   O Himmel!
MERKUR. Wars junger oder alter Wein?
AMPHITRYON.   Ihr Götter!
MERKUR.
   Warum nicht noch ein Gläschen mehr? Du hättest
   Zum König von Ägypten dich getrunken!
AMPHITRYON. Jetzt ist es aus mit mir.
MERKUR.   Geh, lieber Junge,
1770 Du tust mir leid. Geh, lege dich aufs Ohr.
   Hier wohnt Amphitryon, Thebanerfeldherr,
   Geh, störe seine Ruhe nicht.
AMPHITRYON. Was? dort im Hause wär Amphitryon?
MERKUR. Hier in dem Hause ja, er und Alkmene.
   Geh, sag ich noch einmal, und hüte dich
   Das Glück der beiden Liebenden zu stören,
   Willst du nicht, daß er selber dir erscheine,
   Und deine Unverschämtheit strafen soll. *Ab.*

Dritte Szene

AMPHITRYON. Was für ein Schlag fällt dir, Unglücklicher!
1780 Vernichtend ist er, es ist aus mit mir.
   Begraben bin ich schon, und meine Witwe
   Schon einem andern Ehgemahl verbunden.
   Welch ein Entschluß ist jetzo zu ergreifen?
   Soll ich die Schande, die mein Haus getroffen,
   Der Welt erklären, soll ich sie verschweigen?
   Was! Hier ist nichts zu schonen. Hier ist nichts
   In dieser Ratsversammlung laut, als die
   Empfindung nur, die glühende, der Rache,
   Und meine einzge zarte Sorgfalt sei,
1790 Daß der Verräter lebend nicht entkomme.

Vierte Szene

Sosias. Feldherren. Amphitryon.

SOSIAS. Hier seht Ihr alles Herr, was ich an Gästen
   In solcher Eil zusammenbringen konnte.
   Mein Seel, speis ich auch nicht an Eurer Tafel,
   Das Essen hab ich doch verdient.
AMPHITRYON. Ah sieh! da bist du.
SOSIAS.   Nun?
AMPHITRYON.   Hund! Jetzo stirbst du.
SOSIAS. Ich? Sterben?
AMPHITRYON.   Jetzt erfährst du, wer ich bin.
SOSIAS. Zum Henker, weiß ichs nicht?
AMPHITRYON.   Du wußtest es, Verräter?
         Er legt die Hand an den Degen.
SOSIAS. Ihr Herren, nehmt euch meiner an, ich bitt euch.
ERSTER FELDHERR.
   Verzeiht! *Er fällt ihm in den Arm.*
AMPHITRYON. Laßt mich.
SOSIAS.   Sagt nur, was ich verbrochen?
AMPHITRYON.
   Das fragst du noch? – Fort, sag ich euch, laßt meiner   1800
   Gerechten Rache ein Genüge tun.
SOSIAS. Wenn man wen hängt, so sagt man ihm, warum?
ERSTER FELDHERR. Seid so gefällig.
ZWEITER FELDHERR.   Sagt, worin er fehlte.
SOSIAS. Halt't euch, ihr Herrn, wenn ihr so gut sein wollt.
AMPHITRYON. Was! Dieser weggeworfne Knecht soeben
   Hielt vor dem Antlitz mir die Türe zu,
   Schamlose Red' in Strömen auf mich sendend,
   Jedwede wert, daß man ans Kreuz ihn nagle.
   Stirb, Hund.
SOSIAS.   Ich bin schon tot. *Er sinkt in die Knie.*
ERSTER FELDHERR.   Beruhigt Euch.
SOSIAS. Ihr Feldherrn! Ah!
ZWEITER FELDHERR.   Was gibts?
SOSIAS.   Sticht er nach mir!   1810
AMPHITRYON.
   Fort sag ich euch, und wieder! Ihm muß Lohn
   Dort, vollgezählter, werden für die Schmach,
   Die er zur Stunde jetzt mir zugefügt.
SOSIAS. Was kann ich aber jetzt verschuldet haben,

Da ich die letzten neun gemeßnen Stunden
Auf Eueren Befehl im Lager war?

ERSTER FELDHERR. Wahr ists. Er lud zu Eurer Tafel uns.
Zwei Stunden sinds, daß er im Lager war,
Und nicht aus unsern Augen kam.

1820 AMPHITRYON. Wer gab dir den Befehl?

SOSIAS.   Wer? Ihr! Ihr selbst!

AMPHITRYON.
Wann? Ich!

SOSIAS.   Nachdem Ihr mit Alkmenen Euch versöhnt.
Ihr wart voll Freud und ordnetet sogleich
Ein Fest im ganzen Schlosse an.

AMPHITRYON. O Himmel! Jede Stunde, jeder Schritt
Führt tiefer mich ins Labyrinth hinein.
Was soll ich, meine Freunde, davon denken?
Habt ihr gehört, was hier sich zugetragen?

ERSTER FELDHERR. Was hier uns dieser sagte, ist so wenig
Für das Begreifen noch gemacht, daß Eure Sorge
1830 Für jetzt nur sein muß, dreisten Schrittes
Des Rätsels ganzes Trugnetz zu zerreißen.

AMPHITRYON. Wohlan, es sei! Und eure Hülfe brauch ich.
Euch hat mein guter Stern mir zugeführt.
Mein Glück will ich, mein Lebensglück, versuchen.
O! hier im Busen brennts, mich aufzuklären,
Und ach! ich fürcht es, wie den Tod. *Er klopft.*

Fünfte Szene

Jupiter. Die Vorigen.

JUPITER.
Welch ein Geräusch zwingt mich, herabzusteigen?
Wer klopft ans Haus? Seid ihr es, meine Feldherrn?

AMPHITRYON. Wer bist du! Ihr allmächtgen Götter!

ZWEITER FELDHERR.
1840 Was seh ich? Himmel! Zwei Amphitryonen.

AMPHITRYON. Starr ist vor Schrecken meine ganze Seele!
Weh mir! Das Rätsel ist nunmehr gelöst.

ERSTER FELDHERR. Wer von euch beiden ist Amphitryon?

ZWEITER FELDHERR.
Fürwahr! Zwei so einander nachgeformte Wesen,
Kein menschlich Auge unterscheidet sie.

SOSIAS. Ihr Herrn, hier ist Amphitryon, der andre,
Ein Schubiack ists, der Züchtigung verdient.
Er stellt sich auf Jupiters Seite.

DRITTER FELDHERR *auf Amphitryon deutend.*
Unglaublich! Dieser ein Verfälscher hier?

AMPHITRYON. G'nug der unwürdigen Bezauberung!
Ich schließe das Geheimnis auf.   1850
Er legt die Hand an den Degen.

ERSTER FELDHERR.
Halt!

AMPHITRYON.
      Laßt mich!

ZWEITER FELDHERR. Was beginnt Ihr?

AMPHITRYON.   Strafen will ich
Den niederträchtigsten Betrug! Fort, sag ich.

JUPITER. Fassung dort. Hier bedarf es nicht des Eifers,
Wer so besorgt um seinen Namen ist,
Wird schlechte Gründe haben, ihn zu führen.

SOSIAS. Das sag ich auch. Er hat den Bauch
Sich ausgestopft, und das Gesicht bemalt,
Der Gauner, um dem Hausherrn gleich zu sehn.

AMPHITRYON. Verräter! Dein empörendes Geschwätz,
Dreihundert Peitschenhiebe strafen es,   1860
Dir von drei Armen wechselnd zugeteilt.

SOSIAS. Ho! ho! Mein Herr ist Mann von Herz,
Der wird dich lehren seine Leute schlagen.

AMPHITRYON.
Wehrt mir nicht länger, sag ich, meine Schmach
In des Verräters Herzblut abzuwaschen.

ERSTER FELDHERR.
Verzeiht uns, Herr! Wir dulden diesen Kampf nicht,
Amphitryons mit dem Amphitryon.

AMPHITRYON. Was? Ihr – Ihr duldet nicht –?

ERSTER FELDHERR.   Ihr müßt Euch fassen.

AMPHITRYON.
Ist das mir eure Freundschaft auch, ihr Feldherrn?
Das mir der Beistand, den ihr angelobt?   1870
Statt meiner Ehre Rache selbst zu nehmen,
Ergreift ihr des Betrügers schnöde Sache,
Und hemmt des Racheschwerts gerechten Fall?

ERSTER FELDHERR. Wär Euer Urteil frei, wie es nicht ist,

Ihr würdet unsre Schritte billigen.
Wer von euch beiden ist Amphitryon?
Ihr seid es, gut; doch jener ist es auch.
Wo ist des Gottes Finger, der uns zeigte,
In welchem Busen, einer wie der andre,
1880   Sich laurend das Verräterherz verbirgt?
Ist es erkannt, so haben wir, nicht zweifelt,
Das Ziel auch unsrer Rache aufgefunden.
Jedoch so lang des Schwertes Schneide hier
In blinder Wahl nur um sich wüten könnte,
Bleibt es gewiß noch besser in der Scheide.
Laßt uns in Ruh die Sache untersuchen,
Und fühlt Ihr wirklich Euch Amphitryon,
Wie wir in diesem sonderbaren Falle
Zwar hoffen, aber auch bezweifeln müssen,
1890   So wird es schwerer Euch, als ihm, nicht werden,
Uns diesen Umstand gültig zu beweisen.

AMPHITRYON.
Ich euch den Umstand? –

ERSTER FELDHERR.   Und mit triftgen Gründen.
Eh wird in dieser Sache nichts geschehn.

JUPITER. Recht hast du, Photidas; und diese Gleichheit,
Die zwischen uns sich angeordnet findet,
Entschuldigt dich, wenn mir dein Urteil wankt.
Ich zürne nicht, wenn zwischen mir und ihm
Hier die Vergleichung an sich stellen soll.
Nichts von des Schwerts feigherziger Entscheidung.
1900   Ganz Theben denk ich selber zu berufen,
Und in des Volks gedrängtester Versammlung,
Aus wessen Blut ich stamme, darzutun.
Er selber dort soll meines Hauses Adel,
Und daß ich Herr in Theben, anerkennen.
Vor mir in Staub, das Antlitz soll er senken.
Mein soll er Thebens reiche Felder alle,
Mein alle Herden, die die Triften decken,
Mein auch dies Haus, mein die Gebieterin,
Die still in seinen Räumen waltet, nennen.
1910   Es soll der ganze Weltenkreis erfahren,
Daß keine Schmach Amphitryon getroffen.
Und den Verdacht, den jener Tor erregt,
Hier steht, wer ihn zu Schanden machen kann. –
Bald wird sich Theben hier zusammenfinden.

Indessen kommt und ehrt die Tafel gütigst,
Zu welcher euch Sosias eingeladen.
SOSIAS. Mein Seel, ich wußt es wohl. – Dies Wort, ihr
Streut allen weitern Zweifel in die Lüfte.   [Herrn,
Der ist der wirkliche Amphitryon,
Bei dem zu Mittag jetzt gegessen wird.   1920
AMPHITRYON. Ihr ewgen und gerechten Götter!
Kann auch so tief ein Mensch erniedrigt werden?
Von dem verruchtesten Betrüger mir
Weib, Ehre, Herrschaft, Namen stehlen lassen!
Und Freunde binden mir die Hände?
ERSTER FELDHERR.
Ihr müßt, wer Ihr auch seid, Euch noch gedulden.
In wenig Stunden wissen wirs. Alsdann
Wird ungesäumt die Rache sich vollstrecken,
Und Wehe! ruf ich, wen sie trifft.
AMPHITRYON.
Geht, ihr Schwachherzgen! Huldigt dem Verräter!   1930
Mir bleiben noch der Freunde mehr, als ihr.
Es werden Männer noch in Theben mir begegnen,
Die meinen Schmerz im Busen mitempfinden,
Und nicht den Arm mir weigern, ihn zu rächen.
JUPITER. Wohlan! Du rufst sie. Ich erwarte sie.
AMPHITRYON.
Marktschreierischer Schelm! Du wirst inzwischen
Dich durch die Hintertür zu Felde machen.
Doch meiner Rach entfliehst du nicht!
JUPITER. Du gehst, und rufst, und bringst mir deine
Nachher sag ich zwei Worte, jetzo nichts. [Freunde, 1940
AMPHITRYON.
Beim Zeus, da sagst du wahr, dem Gott der Wolken!
Denn ist es mir bestimmt, dich aufzufinden,
Mehr als zwei Worte, Mordhund, sagst du nicht,
Und bis ans Heft füllt dir das Schwert den Rachen.
JUPITER. Du rufst mir deine Freund; ich sag auch nichts,
Ich sprech auch bloß mit Blicken, wenn du willst.
AMPHITRYON. Fort, jetzo, schleunig, eh er mir entwischt!
Die Lust, ihr Götter, müßt ihr mir gewähren,
Ihn eurem Orkus heut noch zuzusenden!
Mit einer Schar von Freunden kehr ich wieder,   1950
Gewaffneter, die mir dies Haus umnetzen,
Und, einer Wespe gleich, drück ich den Stachel

Ihm in die Brust, aussaugend, daß der Wind
Mit seinem trocknen Bein mir spielen soll. *Ab.*

Sechste Szene

Jupiter. Sosias. Die Feldherrn.

JUPITER. Auf denn, ihr Herrn, gefällts euch! Ehrt dies
  Mit eurem Eintritt.   [Haus
ERSTER FELDHERR.   Nun, bei meinem Eid!
  Dies Abenteu'r macht meinen Witz zu Schanden.
SOSIAS. Jetzt schließt mit dem Erstaunen Waffenstillstand,
  Und geht, und tischt, und pokuliert bis morgen.
          Jupiter und die Feldherrn ab.

Siebente Szene

1960 SOSIAS. Wie ich mich jetzt auch auf den Stuhl will setzen!
  Und wie ich tapfer,
  Wenn man vom Kriege spricht, erzählen will.
  Ich brenne, zu berichten, wie man bei
  Pharissa eingehauen; und mein Lebtag
  Hatt ich noch so wolfmäßgen Hunger nicht.

Achte Szene

Merkur. Sosias.

MERKUR.
  Wohin? Ich glaub, du steckst die Nase auch hierher?
  Durchschnüffler, unverschämter, du, der Küchen?
SOSIAS. Nein! – Mit Erlaubnis!
MERKUR.   Fort! Hinweg dort, sag ich!
  Soll ich die Haube dir zurechte setzen?
1970 SOSIAS. Wie? Was? Großmütiges und edles Ich,
  Faß dich! Verschon ein wenig den Sosias,
  Sosias! Wer wollte immer bitterlich
  Erpicht sein, auf sich selber loszuschlagen?
MERKUR. Du fällst in deine alten Tücken wieder?
  Du nimmst, Nichtswürdiger, den Namen mir?
  Den Namen des Sosias mir?

SOSIAS. Ei, was! Behüt mich Gott, mein wackres Selbst,
Werd ich so karg dir, so mißgünstig sein?
Nimm ihn, zur Hälfte, diesen Namen hin,
Nimm ihn, den Plunder, willst dus, nimm ihn ganz. 1980
Und wärs der Name Kastor oder Pollux,
Was teilt ich gern nicht mit dir, Bruderherz?
Ich dulde dich in meines Herren Hause,
Duld auch du mich in brüderlicher Liebe,
Und während jene beiden eifersüchtgen
Amphitryonen sich die Hälse brechen,
Laß die Sosias einverständig beide
Zu Tische sitzen, und die Becher heiter
Zusammenstoßen, daß sie leben sollen!
MERKUR. Nichts, nichts! – Der aberwitzge Vorschlag der! 1990
Soll ich inzwischen Hungerpfoten saugen?
Es ist für einen nur gedeckt.
SOSIAS. Gleichviel! *Ein* mütterlicher Schoß hat uns
Geboren, *eine* Hütte uns beschirmt,
In *einem* Bette haben wir geschlafen,
Ein Kleid ward brüderlich, *ein* Los uns beiden,
So laß uns auch aus *einer* Schüssel essen.
MERKUR. Von der Gemeinschaft weiß ich nichts. Ich bin
Von Jugend mutterseel' allein gewesen,
Und weder Bette hab ich je, noch Kleid, 2000
Noch einen Bissen Brod geteilt.
SOSIAS. Besinne dich. Wir sind zwei Zwillingsbrüder.
Du bist der ältre, ich bescheide mich.
Du wirst in jedem Stück voran mir gehen.
Den ersten nimmst du, und die ungeraden,
Den zweiten Löffel, und die graden, ich.
MERKUR. Nichts. Meine volle Portion gebrauch ich,
Und was mir übrig bleibt, das heb ich auf.
Den wollt ich lehren, bei den großen Göttern,
Der mit der Hand mir auf den Teller käme. 2010
SOSIAS. So dulde mich als deinen Schatten mindstens,
Der hintern Stuhl entlang fällt, wo du ißt.
MERKUR. Auch nicht als meine Spur im Sande! Fort!
SOSIAS. O du barbarisch Herz! Du Mensch von Erz,
Auf einem Amboß keilend ausgeprägt!
MERKUR. Was denkst du, soll ich wie ein wandernder
Geselle vor dem Tor ins Gras mich legen,
Und von der blauen Luft des Himmels leben?

Ein reichlich zugemeßnes Mahl hat heut
2020 Bei Gott! kein Pferd so gut verdient, als ich.
Kam ich zu Nacht nicht aus dem Lager an?
Mußt ich zurück nicht wieder mit dem Morgen,
Um Gäste für die Tafel aufzutreiben?
Hab ich auf diesen Teufelsreisen mir
Nicht die geschäftgen alten Beine fast
Bis auf die Hüften tretend abgelaufen?
Wurst gibt es heut, und aufgewärmten Kohl.
Und die just brauch ich, um mich herzustellen.
SOSIAS. Da hast du recht. Und über die verfluchten
2030 Kienwurzeln, die den ganzen Weg durchflechten,
Bricht man die Beine fast sich, und den Hals.
MERKUR. Nun also!
SOSIAS.   – Ich Verlaßner von den Göttern!
Wurst also hat die Charis –?
MERKUR.   Frische, ja.
Doch nicht für dich. Man hat ein Schwein geschlach-
Und Charis hab ich wieder gut gemacht.   [tet.
SOSIAS. Gut, gut. Ich lege mich ins Grab. Und Kohl?
MERKUR. Kohl, aufgewärmten, ja. Und wem das Wasser
Im Mund etwa zusammenläuft, der hat
Vor mir und Charis sich in acht zu nehmen.
2040 SOSIAS. Vor mir freßt euren Kohl, daß ihr dran stickt.
Was brauch ich eure Würste? Wer den Vögeln
Im Himmel Speisung reicht, wird auch, so denk ich,
Den alten ehrlichen Sosias speisen.
MERKUR. Du gibst, Verräter, dir den Namen noch?
Du wagst, Hund, niederträchtger –!
SOSIAS.   Ei was! Ich sprach von mir nicht.
Ich sprach von einem alten Anverwandten
Sosias, der hier sonst in Diensten stand –
Und der die andern Diener sonst zerbleute,
Bis eines Tags ein Kerl, der wie aus Wolken fiel,
2050 Ihn aus dem Haus warf, just zur Essenszeit.
MERKUR. Nimm dich in acht, sag ich, und weiter nichts.
Nimm dich in acht, rat ich dir, willst du länger
Zur Zahl noch der Lebendigen dich zählen.
SOSIAS *für sich*. Wie ich dich schmeißen würde, hätt ich
Du von der Bank gefallner Gauner, du,   [Herz,
Von zuviel Hochmut aufgebläht.
MERKUR.   Was sagst du?

SOSIAS.   Was?
MERKUR.
  Mir schien, du sagtest etwas –?
SOSIAS.   Ich?
MERKUR.   Du.
SOSIAS.   Ich muckste nicht.
MERKUR. Ich hörte doch von schmeißen, irr ich nicht –
  Und von der Bank gefallnem Gauner reden?
SOSIAS. So wirds ein Papagei gewesen sein.   2060
  Wenns Wetter gut ist, schwatzen sie.
MERKUR.   Es sei.
  Du lebst jetzt wohl. Doch juckt der Rücken dir,
  In diesem Haus hier kannst du mich erfragen. *Ab.*

Neunte Szene

SOSIAS. Hochmütger Satan! Möchtest du am Schwein
  Den Tod dir holen, das man schlachtete!
  – »Den lehrt' er, der ihm auf den Teller käme!« –
  Ich möchte eh'r mit einem Schäferhund
  Halbpart, als ihm, aus einer Schüssel essen.
  Sein Vater könnte Hungers vor ihm sterben,
  Daß er ihm auch so viel nicht gönnt, als ihm   2070
  In hohlen Zähnen kauend stecken bleibt.
  – Geh! dir geschieht ganz recht, Abtrünniger.
  Und hätt ich Würst in jeder Hand hier eine,
  Ich wollte sie in meinen Mund nicht stecken.
  So seinen armen, wackern Herrn verlassen,
  Den Übermacht aus seinem Hause stieß.
  – Dort naht er sich mit rüstgen Freunden schon.
  – – Und auch von hier strömt Volk herbei! Was gibts?

Zehnte Szene

Amphitryon mit Obersten, von der einen Seite. Volk, von der andern.

AMPHITRYON.
  Seid mir gegrüßt! Wer rief euch meine Freunde?
EINER AUS DEM VOLK.
  Herolde riefen durch die ganze Stadt,   2080
  Wir sollten uns vor Eurem Schloß versammeln.

AMPHITRYON. Herolde! Und zu welchem Zweck?

DERSELBE. Wir sollten Zeugen sein, so sagte man,
Wie ein entscheidend Wort aus Eurem Munde
Das Rätsel lösen wird, das in Bestürzung
Die ganze Stadt gesetzt.

AMPHITRYON *zu den Obersten*. Der Übermütge!
Kann man die Unverschämtheit weiter treiben?

ZWEITER OBERSTER. Zuletzt erscheint er noch.

AMPHITRYON.   Was gilts? Er tuts.

ERSTER OBERSTER.
Sorgt nicht. Hier steht Argatiphontidas.
2090 Hab ich nur erst ins Auge ihn gefaßt,
So tanzt sein Leben auch auf dieses Schwertes Spitze.

AMPHITRYON *zum Volk*.
Ihr Bürger Thebens, hört mich an!
Ich bin es nicht, der euch hieher gerufen,
Wenn eure strömende Versammlung gleich
Von Herzen mir willkommen ist. Er wars,
Der lügnerische Höllengeist, der mich
Aus Theben will, aus meiner Frauen Herzen,
Aus dem Gedächtnis mich der Welt, ja könnt ers,
Aus des Bewußtseins eigner Feste drängen.
2100 Drum sammelt eure Sinne jetzt, und wärt
Ihr tausendäugig auch, ein Argus jeder,
Geschickt, zur Zeit der Mitternacht, ein Heimchen
Aus seiner Spur im Sande zu erkennen,
So reißet, laßt die Müh euch nicht verdrießen,
Jetzt eure Augen auf, wie Maulwürfe,
Wenn sie zur Mittagszeit die Sonne suchen;
All diese Blicke werft in einen Spiegel,
Und kehrt den ganzen vollen Strahl auf mich,
Von Kopf zu Fuß ihn auf und nieder führend,
2110 Und sagt mir an, und sprecht, und steht mir Rede:
Wer bin ich?

DAS VOLK.   Wer du bist? Amphitryon!

AMPHITRYON.
Wohlan. Amphitryon. Es gilt. Wenn nunmehr
Dort jener Sohn der Finsternis erscheint,
Der ungeheure Mensch, auf dessen Haupte
Jedwedes Haar sich, wie auf meinem, krümmt;
Wenn euren trugverwirrten Sinnen jetzt
Nicht so viel Merkmal wird, als Mütter brauchen,

Um ihre jüngsten Kinder zu erkennen;
Wenn ihr jetzt zwischen mir und ihm, wie zwischen
Zwei Wassertropfen, euch entscheiden müßt,   2120
Der eine süß und rein und echt und silbern,
Gift, Trug, und List, und Mord, und Tod der andre:
Alsdann erinnert euch, daß ich Amphitryon,
Ihr Bürger Thebens, bin,
Der dieses Helmes Feder eingeknickt.

VOLK. Oh! Oh! Was machst du? laß die Feder ganz,
So lang du blühend uns vor Augen stehst.

ZWEITER OBERSTER.
Meint Ihr, wir würden auch –?

AMPHITRYON.   Laßt mich, ihr Freunde.
Bei Sinnen fühl ich mich, weiß, was ich tue.

ERSTER OBERSTER.
Tut, was Ihr wollt. Inzwischen werd ich hoffen,   2130
Daß Ihr die Possen nicht für mich gemacht.
Wenn Eure Feldherrn hier gezaudert haben,
Als jener Aff erschien, so folgt ein Gleiches
Noch nicht für den Argatiphontidas.
Braucht uns ein Freund in einer Ehrensache,
So soll ins Auge man den Helm sich drücken,
Und auf den Leib dem Widersacher gehn.
Den Gegner lange schwadronieren hören,
Steht alten Weibern gut; ich, für mein Teil,
Bin für die kürzesten Prozesse stets;   2140
In solchen Fällen fängt man damit an,
Dem Widersacher, ohne Federlesens,
Den Degen querhin durch den Leib zu jagen.
Argatiphontidas, mit einem Worte,
Wird heute Haare auf den Zähnen zeigen,
Und nicht von einer andern Hand, beim Ares,
Beißt dieser Schelm ins Gras, Ihr sehts, als meiner.

AMPHITRYON. Auf denn!

SOSIAS.   Hier leg ich mich zu Euren Füßen,
Mein echter, edler und verfolgter Herr.
Gekommen bin ich völlig zur Erkenntnis,   2150
Und warte jetzt auf meines Frevels Lohn.
Schlagt, ohrfeigt, prügelt, stoßt mich, tretet mich,
Gebt mir den Tod, mein Seel ich muckse nicht.

AMPHITRYON.
Steh auf. Was ist geschehen?

SOSIAS. Vom aufgetragnen Essen
   Nicht den Geruch auch hat man mir gegönnt.
   Das andre Ich, das andre Ihr Bedienter,
   Vom Teufel wieder völlig wars besessen,
   Und kurz ich bin entsosiatisiert,
   Wie man Euch entamphitryonisiert.

2160 AMPHITRYON. Ihr hörts, ihr Bürger.
SOSIAS. Ja, ihr Bürger Thebens!
   Hier ist der wirkliche Amphitryon;
   Und jener, der bei Tische sitzt,
   Ist wert, daß ihn die Raben selber fressen.
   Auf! Stürmt das Haus jetzt, wenn ihr wollt so gut sein,
   So finden wir den Kohl noch warm.

AMPHITRYON.
   Folgt mir.
SOSIAS.   Doch seht! Da kommt er selbst schon. Er
                              und sie.

Eilfte Szene

Jupiter. Alkmene. Merkur. Charis. Feldherren. Die Vorigen.

ALKMENE. Entsetzlicher! Ein Sterblicher sagst du,
   Und schmachvoll willst du seinem Blick mich zeigen?
VOLK. Ihr ewgen Götter! Was erblicken wir!
2170 JUPITER. Die ganze Welt, Geliebte, muß erfahren,
   Daß *niemand* deiner Seele nahte,
   Als nur dein Gatte, als Amphitryon.
AMPHITRYON. Herr, meines Lebens! Die Unglückliche!
ALKMENE. Niemand! Kannst ein gefallnes Los du ändern?
DIE OBERSTEN. All ihr Olympischen! Amphitryon dort.
JUPITER. Du bist dirs, Teuerste, du bist mirs schuldig,
   Du *mußt*, du wirst, mein Leben, dich bezwingen;
   Komm, sammle dich, dein wartet ein Triumph!
AMPHITRYON.
   Blitz, Höll und Teufel! Solch ein Auftritt mir?
2180 JUPITER. Seid mir willkommen, Bürger dieser Stadt.
AMPHITRYON. Mordhund! Sie kamen dir den Tod zu
   Auf jetzt! *Er zieht.*   [geben.
ZWEITER FELDHERR *tritt ihm in den Weg.*
      Halt dort!
AMPHITRYON.   Auf, ruf ich, ihr Thebaner!

ERSTER FELDHERR *auf Amphitryon deutend.*

Thebaner, greift ihn, ruf ich, den Verräter!

AMPHITRYON. Argatiphontidas!

ERSTER OBERSTER.   Bin ich behext?

DAS VOLK.

Kann sich ein menschlich Auge hier entscheiden?

AMPHITRYON. Tod! Teufel! Wut und keine Rache!

Vernichtung! *Er fällt dem Sosias in die Arme.*

JUPITER. Tor, der du bist, laß dir zwei Worte sagen.

SOSIAS. Mein Seel! Er wird schlecht hören. Er ist tot.

ERSTER OBERSTER. Was hilft der eingeknickte Federbusch?   2190

– »Reißt eure Augen auf, wie Maulwürfe!«

Der ists, den seine eigne Frau erkennt.

ERSTER FELDHERR. Hier steht, ihr Obersten, Amphitryon.

AMPHITRYON *erwachend.*

Wen kennt die eigne Frau hier?

ERSTER OBERSTER.   Ihn erkennt sie,

Ihn an, mit dem sie aus dem Hause trat.

Um welchen, wie das Weinlaub, würd sie ranken,

Wenn es ihr Stamm nicht ist, Amphitryon?

AMPHITRYON. Daß mir so viele Kraft noch wär, die Zung

In Staub zu treten, die das sagt!

Sie anerkennt ihn nicht! *Er erhebt sich wieder.*

ERSTER FELDHERR.   Das lügst du dort!   2200

Meinst du des Volkes Urteil zu verwirren,

Wo es mit eignen Augen sieht?

AMPHITRYON. Sie anerkennt ihn nicht, ich wiederhols!

– Wenn sie als Gatten ihn erkennen kann,

So frag ich nichts danach mehr, wer ich *bin*:

So will ich ihn Amphitryon begrüßen.

ERSTER FELDHERR. Es gilt. Sprecht jetzt.

ZWEITER FELDHERR.   Erklärt Euch jetzo, Fürstin.

AMPHITRYON. Alkmene! Meine Braut! Erkläre dich:

Schenk mir noch einmal deiner Augen Licht!

Sag, daß du jenen anerkennst, als Gatten,   2210

Und so urschnell, als der Gedanke zuckt,

Befreit dies Schwert von meinem Anblick dich.

ERSTER FELDHERR.

Wohlan! Das Urteil wird sogleich gefällt sein.

ZWEITER FELDHERR.

Kennt Ihr ihn dort?

ERSTER FELDHERR.   Kennt Ihr den Fremdling dort?

AMPHITRYON. Dir wäre dieser Busen unbekannt,
Von dem so oft dein Ohr dir lauschend sagte,
Wie viele Schläge liebend er dir klopft?
Du solltest diese Töne nicht erkennen,
Die du so oft, noch eh sie laut geworden,
2220 Mit Blicken schon mir von der Lippe stahlst?
ALKMENE. Daß ich zu ewger Nacht versinken könnte!
AMPHITRYON.
Ich wußt es wohl. Ihr sehts, ihr Bürger Thebens,
Eh wird der rasche Peneus rückwärts fließen,
Eh sich der Bosphorus auf Ida betten,
Eh wird das Dromedar den Ozean durchwandeln,
Als sie dort jenen Fremdling anerkennen.
VOLK. Wärs möglich? Er, Amphitryon? Sie zaudert.
ERSTER FELDHERR. Sprecht!
ZWEITER FELDHERR.   Redet!
DRITTER FELDHERR.   Sagt uns! –
ZWEITER FELDHERR.   Fürstin, sprecht
ERSTER FELDHERR.   [ein Wort! –
Wir sind verloren, wenn sie länger schweigt.
2230 JUPITER. Gib, gib der Wahrheit deine Stimme, Kind.
ALKMENE. Hier dieser ist Amphitryon, ihr Freunde.
AMPHITRYON. Er dort Amphitryon! Allmächtge Götter!
ERSTER FELDHERR.
Wohlan. Es fiel dein Los. Entferne dich.
AMPHITRYON. Alkmene!
ZWEITER FELDHERR.   Fort Verräter: willst du nicht,
Daß wir das Urteil dir vollstrecken sollen.
AMPHITRYON. Geliebte!
ALKMENE.   Nichtswürdger! Schändlicher!
Mit diesem Namen wagst du mich zu nennen?
Nicht vor des Gatten scheugebietendem
Antlitz bin ich vor deiner Wut gesichert?
2240 Du Ungeheuer! Mir scheußlicher,
Als es geschwollen in Morästen nistet!
Was tat ich dir, daß du mir nahen mußtest,
Von einer Höllennacht bedeckt,
Dein Gift mir auf den Fittich hinzugeifern?
Was mehr, als daß ich, o du Böser, dir
Still, wie ein Maienwurm, ins Auge glänzte?
Jetzt erst, was für ein Wahn mich täuscht', erblick ich.
Der Sonne heller Lichtglanz war mir nötig,

Solch einen feilen Bau gemeiner Knechte,
Vom Prachtwuchs dieser königlichen Glieder,   2250
Den Farren von dem Hirsch zu unterscheiden?
Verflucht die Sinne, die so gröblichem
Betrug erliegen. O verflucht der Busen,
Der solche falschen Töne gibt!
Verflucht die Seele, die nicht so viel taugt,
Um ihren eigenen Geliebten sich zu merken!
Auf der Gebirge Gipfel will ich fliehen,
In tote Wildnis hin, wo auch die Eule
Mich nicht besucht, wenn mir kein Wächter ist,
Der in Unsträflichkeit den Busen mir bewahrt. –   2260
Geh! deine schnöde List ist dir geglückt,
Und meiner Seele Frieden eingeknickt.

AMPHITRYON. Du Unglückselige! Bin ich es denn,
Der dir in der verfloßnen Nacht erschienen?

ALKMENE. Genug fortan! Entlaß mich, mein Gemahl.
Du wirst die bitterste der Lebensstunden
Jetzt gütig mir ein wenig kürzen.
Laß diesen tausend Blicken mich entfliehn,
Die mich wie Keulen, kreuzend niederschlagen.

JUPITER. Du Göttliche! Glanzvoller als die Sonne!   2270
Dein wartet ein Triumph, wie er in Theben
Noch keiner Fürstentochter ist geworden.
Und einen Augenblick verweilst du noch.
                    Zu Amphitryon.
Glaubst du nunmehr, daß ich Amphitryon?

AMPHITRYON. Ob ich nunmehr Amphitryon dich glaube?
Du Mensch, – entsetzlicher,
Als mir der Atem reicht, es auszusprechen! –

ERSTER FELDHERR.
Verräter! Was? du weigerst dich?

ZWEITER FELDHERR.   Du leugnest?

ERSTER FELDHERR. Wirst du jetzt etwa zu beweisen su-
Daß uns die Fürstin hinterging?   [chen,   2280

AMPHITRYON. O ihrer Worte jedes ist wahrhaftig,
Zehnfach geläutert Gold ist nicht so wahr.
Läs ich, mit Blitzen in die Nacht, Geschriebnes,
Und riefe Stimme mir des Donners zu,
Nicht dem Orakel würd ich so vertraun,
Als was ihr unverfälschter Mund gesagt.
Jetzt einen Eid selbst auf den Altar schwör ich,

Und sterbe siebenfachen Todes gleich,
Des unerschütterlich erfaßten Glaubens,
2290 Daß er Amphitryon ihr ist.
JUPITER. Wohlan! Du bist Amphitryon.
AMPHITRYON.   Ich bins! –
Und wer bist du, furchtbarer Geist?
JUPITER. Amphitryon. Ich glaubte, daß dus wüßtest.
AMPHITRYON. Amphitryon! Das faßt kein Sterblicher.
Sei uns verständlich.
ALKMENE.   Welche Reden das?
JUPITER. Amphitryon! Du Tor! Du zweifelst noch?
Argatiphontidas und Photidas,
Die Kadmusburg und Griechenland,
Das Licht, der Äther, und das Flüssige,
2300 Das was da war, was ist, und was sein wird.
AMPHITRYON.
Hier, meine Freunde, sammelt euch um mich,
Und laßt uns sehn, wie sich dies Rätsel löst.
ALKMENE. Entsetzlich!
DIE FELDHERREN.   Was von diesem Auftritt denkt man?
JUPITER *zu Alkmenen.*
Meinst du, dir sei Amphitryon erschienen?
ALKMENE. Laß ewig in dem Irrtum mich, soll mir
Dein Licht die Seele ewig nicht umnachten.
JUPITER. O Fluch der Seligkeit, die du mir schenktest,
Müßt ich dir ewig nicht vorhanden sein.
AMPHITRYON.
Heraus jetzt mit der Sprache dort: Wer bist du?
Blitz und Donnerschlag. Die Szene verhüllt sich mit Wolken.
Es schwebt ein Adler mit dem Donnerkeil aus den Wolken nieder.
2310 JUPITER. Du willst es wissen?
          Er ergreift den Donnerkeil; der Adler entflieht.
VOLK.   Götter!
JUPITER.   Wer bin ich?
DIE FELDHERREN UND OBERSTEN.
Der Schreckliche! Er selbst ists! Jupiter!
ALKMENE. Schützt mich, ihr Himmlischen!
          Sie fällt in Amphitryons Arme.
AMPHITRYON.   Anbetung dir
In Staub. Du bist der große Donnerer!
Und dein ist alles, was ich habe.

VOLK. Er ists! In Staub! In Staub das Antlitz hin!
Alles wirft sich zur Erde außer Amphitryon.
JUPITER. Zeus hat in deinem Hause sich gefallen,
   Amphitryon, und seiner göttlichen
   Zufriedenheit soll dir ein Zeichen werden.
   Laß deinen schwarzen Kummer jetzt entfliehen,
   Und öffne dem Triumph dein Herz.   2320
   Was du, in mir, dir selbst getan, wird dir
   Bei mir, dem, was ich ewig bin, nicht schaden.
   Willst du in meiner Schuld den Lohn dir finden,
   Wohlan, so grüß ich freundlich dich, und scheide.
   Es wird dein Ruhm fortan, wie meine Welt,
   In den Gestirnen seine Grenze haben.
   Bist du mit deinem Dank zufrieden nicht,
   Auch gut: Dein liebster Wunsch soll sich erfüllen,
   Und eine Zunge geb ich ihm vor mir.
AMPHITRYON. Nein, Vater Zeus, zufrieden bin ich nicht!   2330
   Und meines Herzens Wunsche wächst die Zunge.
   Was du dem Tyndarus getan, tust du
   Auch dem Amphitryon: Schenk einen Sohn
   Groß, wie die Tyndariden, ihm.
JUPITER. Es sei. Dir wird ein Sohn geboren werden,
   Deß Name Herkules: es wird an Ruhm
   Kein Heros sich, der Vorwelt, mit ihm messen,
   Auch meine ewgen Dioskuren nicht.
   Zwölf ungeheure Werke, wälzt er türmend
   Ein unvergänglich Denkmal sich zusammen.   2340
   Und wenn die Pyramide jetzt, vollendet,
   Den Scheitel bis zum Wolkensaum erhebt,
   Steigt er auf ihren Stufen himmelan
   Und im Olymp empfang ich dann, den Gott.
AMPHITRYON.
   Dank dir! – Und diese hier, nicht raubst du mir?
   Sie atmet nicht. Sieh her.
JUPITER.   Sie wird dir bleiben;
   Doch laß sie ruhn, wenn sie dir bleiben soll! –
   Hermes!
*Er verliert sich in den Wolken, welche sich mittlerweile in der Höhe
geöffnet haben, und den Gipfel des Olymps zeigen, auf welchem die
                    Olympischen gelagert sind.*

ALKMENE. Amphitryon!
MERKUR. Gleich folg ich dir, du Göttlicher! –   2350

Wenn ich erst jenem Kauze dort gesagt,
Daß ich sein häßliches Gesicht zu tragen,
Nun müde bin, daß ichs mir mit Ambrosia jetzt
Von den olympschen Wangen waschen werde;
Daß er besingenswürdge Schläg empfangen,
Und daß ich mehr und minder nicht, als Hermes,
Der Fußgeflügelte der Götter bin! *Ab.*

SOSIAS. Daß du für immer unbesungen mich
Gelassen hättst! Mein Lebtag sah ich noch
2360   Solch einen Teufelskerl, mit Prügeln, nicht.

ERSTER FELDHERR.
Fürwahr! Solch ein Triumph –

ZWEITER FELDHERR.   So vieler Ruhm –

ERSTER OBERSTER.
Du siehst durchdrungen uns –

AMPHITRYON.   Alkmene!

ALKMENE.   Ach!

PENTHESILEA

EIN TRAUERSPIEL

PERSONEN

PENTHESILEA, Königin
PROTHOE
MEROE } Fürstinnen } der Amazonen
ASTERIA
DIE OBERPRIESTERIN DER DIANA
ACHILLES
ODYSSEUS
DIOMEDES } Könige des Griechenvolks
ANTILOCHUS
GRIECHEN UND AMAZONEN

Szene: Schlachtfeld bei Troja.

Erster Auftritt

*Odysseus und Diomedes von der einen Seite, Antilochus von der andern,
Gefolge treten auf.*

ANTILOCHUS. Seid mir gegrüßt, ihr Könige! Wie gehts,
Seit wir zuletzt bei Troja uns gesehn?
ODYSSEUS. Schlecht, Antiloch. Du siehst auf diesen Feldern,
Der Griechen und der Amazonen Heer,
Wie zwei erboste Wölfe sich umkämpfen:
Beim Jupiter! sie wissen nicht warum?
Wenn Mars entrüstet, oder Delius,
Den Stecken nicht ergreift, der Wolkenrüttler
Mit Donnerkeilen nicht dazwischen wettert:
10 Tot sinken die Verbißnen heut noch nieder,
Des einen Zahn im Schlund des anderen. –
Schafft einen Helm mit Wasser!
ANTILOCHUS.   Element!
Was wollen diese Amazonen uns?
ODYSSEUS. Wir zogen aus, auf des Atriden Rat,

Mit der gesamten Schar der Myrmidonen,
Achill und ich; Penthesilea, hieß es,
Sei in den skyth'schen Wäldern aufgestanden,
Und führ ein Heer, bedeckt mit Schlangenhäuten,
Von Amazonen, heißer Kampflust voll,
Durch der Gebirge Windungen heran,   20
Den Priamus in Troja zu entsetzen.
Am Ufer des Skamandros hören wir,
Deiphobus auch, der Priamide, sei
Aus Ilium mit einer Schar gezogen,
Die Königin, die ihm mit Hülfe naht,
Nach Freundesart zu grüßen. Wir verschlingen
Die Straße jetzt, uns zwischen dieser Gegner
Heillosem Bündnis wehrend aufzupflanzen;
Die ganze Nacht durch windet sich der Zug.
Doch, bei des Morgens erster Dämmerröte,   30
Welch ein Erstaunen faßt' uns, Antiloch,
Da wir, in einem weiten Tal vor uns,
Mit des Deiphobus Iliern im Kampf
Die Amazonen sehn! Penthesilea,
Wie Sturmwind ein zerrissenes Gewölk,
Weht der Trojaner Reihen vor sich her,
Als gält es übern Hellespont hinaus,
Hinweg vom Rund der Erde sie zu blasen.

ANTILOCHUS. Seltsam, bei unserm Gott!

ODYSSEUS.   Wir sammeln uns,
Der Trojer Flucht, die wetternd auf uns ein,   40
Gleich einem Anfall keilt, zu widerstehen,
Und dicht zur Mauer drängen wir die Spieße.
Auf diesen Anblick stutzt der Priamide;
Und wir, im kurzen Rat beschließen, gleich,
Die Amazonenfürstin zu begrüßen:
Sie auch hat ihren Siegeslauf gehemmt.
War je ein Rat einfältiger und besser?
Hätt ihn Athene, wenn ich sie befragt,
Ins Ohr verständiger mir flüstern können?
Sie muß, beim Hades! diese Jungfrau, doch,   50
Die wie vom Himmel plötzlich, kampfgerüstet,
In unsern Streit fällt, sich darin zu mischen,
Sie muß zu einer der Partein sich schlagen;
Und uns die Freundin müssen wir sie glauben,
Da sie sich Teukrischen die Feindin zeigt.

ANTILOCHUS.
    Was sonst, beim Styx! Nichts anders gibts.
ODYSSEUS.   Nun gut.
    Wir finden sie, die Heldin Skythiens,
    Achill und ich – in kriegerischer Feier
    An ihrer Jungfraun Spitze aufgepflanzt,
60   Geschürzt, der Helmbusch wallt ihr von der Scheitel,
    Und seine Gold- und Purpurtroddeln regend,
    Zerstampft ihr Zelter unter ihr den Grund.
    Gedankenvoll, auf einen Augenblick,
    Sieht sie in unsre Schar, von Ausdruck leer,
    Als ob in Stein gehaun wir vor ihr stünden;
    Hier diese flache Hand, versichr' ich dich,
    Ist ausdrucksvoller als ihr Angesicht:
    Bis jetzt ihr Aug auf den Peliden trifft:
    Und Glut ihr plötzlich, bis zum Hals hinab,
70   Das Antlitz färbt, als schlüge rings um ihr
    Die Welt in helle Flammenlohe auf.
    Sie schwingt, mit einer zuckenden Bewegung,
    – Und einen finstern Blick wirft sie auf ihn –
    Vom Rücken sich des Pferds herab, und fragt,
    Die Zügel einer Dienrin überliefernd,
    Was uns, in solchem Prachtzug, zu ihr führe.
    Ich jetzt, wie wir Argiver hoch erfreut,
    Auf eine Feindin des Dardanervolks zu stoßen;
    Was für ein Haß den Priamiden längst
80   Entbrannt sei in der Griechen Brust, wie nützlich,
    So ihr, wie uns, ein Bündnis würde sein;
    Und was der Augenblick noch sonst mir beut:
    Doch mit Erstaunen, in dem Fluß der Rede,
    Bemerk ich, daß sie mich nicht hört. Sie wendet,
    Mit einem Ausdruck der Verwunderung,
    Gleich einem sechzehnjährgen Mädchen plötzlich,
    Das von olympschen Spielen wiederkehrt,
    Zu einer Freundin, ihr zur Seite sich,
    Und ruft: solch einem Mann, o Prothoe, ist
90   Otrere, meine Mutter, nie begegnet!
    Die Freundin, auf dies Wort betreten, schweigt,
    Achill und ich, wir sehn uns lächelnd an,
    Sie ruht, sie selbst, mit trunknem Blick schon wieder
    Auf des Äginers schimmernde Gestalt:
    Bis jen' ihr schüchtern naht, und sie erinnert,

Daß sie mir noch die Antwort schuldig sei.
Drauf mit der Wangen Rot, wars Wut, wars Scham,
Die Rüstung wieder bis zum Gurt sich färbend,
Verwirrt und stolz und wild zugleich: sie sei
Penthesilea, kehrt sie sich zu mir,   100
Der Amazonen Königin, und werde
Aus Köchern mir die Antwort übersenden!

ANTILOCHUS.
So, Wort für Wort, der Bote, den du sandtest;
Doch keiner in dem ganzen Griechenlager,
Der ihn begriff.

ODYSSEUS.   Hierauf unwissend jetzt,
Was wir von diesem Auftritt denken sollen,
In grimmiger Beschämung gehn wir heim,
Und sehn die Teukrischen, die unsre Schmach
Von fern her, die hohnlächelnden, erraten,
Wie im Triumph sich sammeln. Sie beschließen   110
Im Wahn, sie seien die Begünstigten,
Und nur ein Irrtum, der sich lösen müsse,
Sei an dem Zorn der Amazone schuld,
Schnell ihr, durch einen Herold, Herz und Hand,
Die sie verschmäht, von neuem anzutragen.
Doch eh der Bote, den sie senden wollen,
Den Staub noch von der Rüstung abgeschüttelt,
Stürzt die Kentaurin, mit verhängtem Zügel,
Auf sie und uns schon, Griech' und Trojer, ein,
Mit eines Waldstroms wütendem Erguß   120
Die einen, wie die andern, niederbrausend.

ANTILOCHUS. Ganz unerhört, ihr Danaer!

ODYSSEUS.   Jetzt hebt
Ein Kampf an, wie er, seit die Furien walten,
Noch nicht gekämpft ward auf der Erde Rücken.
So viel ich weiß, gibt es in der Natur
Kraft bloß und ihren Widerstand, nichts Drittes.
Was Glut des Feuers löscht, löst Wasser siedend
Zu Dampf nicht auf und umgekehrt. Doch hier
Zeigt ein ergrimmter Feind von beiden sich,
Bei dessen Eintritt nicht das Feuer weiß,   130
Obs mit dem Wasser rieseln soll, das Wasser,
Obs mit dem Feuer himmelan soll lecken.
Der Trojer wirft, gedrängt von Amazonen,
Sich hinter eines Griechen Schild, der Grieche

Befreit ihn von der Jungfrau, die ihn drängte,
Und Griech' und Trojer müssen jetzt sich fast,
Dem Raub der Helena zu Trotz, vereinen,
Um dem gemeinen Feinde zu begegnen.

Ein Grieche bringt ihm Wasser.

Dank! Meine Zunge lechzt.

DIOMEDES.   Seit jenem Tage
140 Grollt über dieser Ebne unverrückt
Die Schlacht, mit immer reger Wut, wie ein
Gewitter, zwischen waldgekrönter Felsen Gipfeln
Geklemmt. Als ich mit den Ätoliern gestern
Erschien, der Unsern Reihen zu verstärken,
Schlug sie mit Donnerkrachen eben ein,
Als wollte sie den ganzen Griechenstamm
Bis auf den Grund, die Wütende, zerspalten.
Der Krone ganze Blüte liegt, Ariston,
Astyanax, von Sturm herabgerüttelt,
150 Menandros, auf dem Schlachtfeld da, den Lorbeer,
Mit ihren jungen, schönen Leibern groß,
Für diese kühne Tochter Ares', düngend.
Mehr der Gefangnen siegreich nahm sie schon,
Als sie uns Augen, sie zu missen, Arme,
Sie wieder zu befrein, uns übrig ließ.

ANTILOCHUS.
Und niemand kann, was sie uns will, ergründen?

DIOMEDES. Kein Mensch, das eben ists: wohin wir spähend
Auch des Gedankens Senkblei fallen lassen.
– Oft, aus der sonderbaren Wut zu schließen,
160 Mit welcher sie, im Kampfgewühl, den Sohn
Der Thetis sucht, scheints uns, als ob ein Haß
Persönlich wider ihn die Brust ihr füllte.
So folgt, so hungerheiß, die Wölfin nicht,
Durch Wälder, die der Schnee bedeckt, der Beute,
Die sich ihr Auge grimmig auserkor,
Als sie, durch unsre Schlachtreihn, dem Achill.
Doch jüngst, in einem Augenblick, da schon
Sein Leben war in ihre Macht gegeben,
Gab sie es lächelnd, ein Geschenk, ihm wieder:
170 Er stieg zum Orkus, wenn sie ihn nicht hielt.

ANTILOCHUS. Wie? Wenn ihn wer? Die Königin?

DIOMEDES.   Sie selbst!
Denn als sie, um die Abenddämmrung gestern,

Im Kampf, Penthesilea und Achill,
Einander trafen, stürmt Deiphobus her,
Und auf der Jungfrau Seite hingestellt,
Der Teukrische, trifft er dem Peleïden
Mit einem tückschen Schlag die Rüstung prasselnd,
Daß rings der Ormen Wipfel widerhallten.
Die Königin, entfärbt, läßt zwei Minuten
Die Arme sinken: und die Locken dann   180
Entrüstet um entflammte Wangen schüttelnd,
Hebt sie vom Pferdesrücken hoch sich auf,
Und senkt, wie aus dem Firmament geholt,
Das Schwert ihm wetterstrahlend in den Hals,
Daß er zu Füßen hin, der Unberufne,
Dem Sohn, dem göttlichen, der Thetis rollt.
Er jetzt, zum Dank, will ihr, der Peleïde,
Ein Gleiches tun; doch sie bis auf den Hals
Gebückt, den mähnumflossenen, des Schecken,
Der, in den Goldzaum beißend, sich herumwirft,   190
Weicht seinem Mordhieb aus, und schießt die Zügel,
Und sieht sich um, und lächelt, und ist fort.
ANTILOCHUS. Ganz wunderbar!
ODYSSEUS.   Was bringst du uns von Troja?
ANTILOCHUS. Mich sendet Agamemnon her, und fragt
Ob Klugheit nicht, bei so gewandelten   [dich,
Verhältnissen, den Rückzug dir gebiete.
Uns gelt es Iliums Mauern einzustürzen,
Nicht einer freien Fürstin Heereszug,
Nach einem uns gleichgültgen Ziel, zu stören.
Falls du daher Gewißheit dir verschafft,   200
Daß nicht mit Hülfe der Dardanerburg
Penthesilea naht, woll er, daß ihr
Sogleich, um welchen Preis gleichviel, euch wieder
In die argivische Verschanzung werft.
Verfolgt sie euch, so werd er, der Atride,
Dann an des Heeres Spitze selber sehn,
Wozu sich diese rätselhafte Sphinx
Im Angesicht von Troja wird entscheiden.
ODYSSEUS. Beim Jupiter! Der Meinung bin ich auch.
Meint ihr, daß der Laertiade sich   210
In diesem sinnentblößten Kampf gefällt?
Schafft den Peliden weg von diesem Platze!
Denn wie die Dogg entkoppelt, mit Geheul

In das Geweih des Hirsches fällt: der Jäger,
Erfüllt von Sorge, lockt und ruft sie ab;
Jedoch verbissen in des Prachttiers Nacken,
Tanzt sie durch Berge neben ihm, und Ströme,
Fern in des Waldes Nacht hinein: so er,
Der Rasende, seit in der Forst des Krieges
220 Dies Wild sich von so seltner Art, ihm zeigte.
Durchbohrt mit einem Pfeilschuß, ihn zu fesseln,
Die Schenkel ihm: er weicht, so schwört er, eher
Von dieser Amazone Ferse nicht,
Bis er bei ihren seidnen Haaren sie
Von dem gefleckten Tigerpferd gerissen.
Versuchs, o Antiloch, wenns dir beliebt,
Und sieh, was deine rednerische Kunst,
Wenn seine Lippe schäumt, bei ihm vermag.
DIOMEDES. Laßt uns vereint, ihr Könige, noch einmal
230 Vernunft keilförmig, mit Gelassenheit,
Auf seine rasende Entschließung setzen.
Du wirst, erfindungsreicher Larissäer,
Den Riß schon, den er beut, zu finden wissen.
Weicht er dir nicht, wohlan, so will ich ihn
Mit zwei Ätoliern auf den Rücken nehmen,
Und einem Klotz gleich, weil der Sinn ihm fehlt,
In dem Argiverlager niederwerfen.
ODYSSEUS. Folgt mir!
ANTILOCHUS.   Nun? Wer auch eilt uns dort heran?
DIOMEDES. Es ist Adrast. So bleich und so verstört.

Zweiter Auftritt

Die Vorigen. Ein Hauptmann tritt auf.

240 ODYSSEUS. Was bringst du?
DIOMEDES.   Botschaft?
DER HAUPTMANN.   Euch die ödeste,
Die euer Ohr noch je vernahm.
DIOMEDES.   Wie?
ODYSSEUS.   Rede!
DER HAUPTMANN. Achill – ist in der Amazonen Händen,
Und Pergams Mauern fallen jetzt nicht um.
DIOMEDES. Ihr Götter, ihr olympischen!
ODYSSEUS.   Unglücksbote!

ANTILOCHUS. Wann trug, wo, das Entsetzliche sich zu?
DER HAUPTMANN. Ein neuer Anfall, heiß, wie Wetterstrahl,
  Schmolz, dieser wuterfüllten Mavorstöchter,
  Rings der Ätolier wackre Reihen hin,
  Auf uns, wie Wassersturz, hernieder sie,
  Die unbesiegten Myrmidonier, gießend.   250
  Vergebens drängen wir dem Fluchtgewog
  Entgegen uns: in wilder Überschwemmung
  Reißts uns vom Kampfplatz strudelnd mit sich fort:
  Und eher nicht vermögen wir den Fuß,
  Als fern von dem Peliden fest zu setzen.
  Erst jetzo wickelt er, umstarrt von Spießen,
  Sich aus der Nacht des Kampfes los, er rollt
  Von eines Hügels Spitze scheu herab,
  Auf uns kehrt glücklich sich sein Lauf, wir senden
  Aufjauchzend ihm den Rettungsgruß schon zu: 260
  Doch es erstirbt der Laut im Busen uns,
  Da plötzlich jetzt sein Viergespann zurück
  Vor einem Abgrund stutzt, und hoch aus Wolken
  In grause Tiefe bäumend niederschaut.
  Vergebens jetzt, in der er Meister ist,
  Des Isthmus ganze vielgeübte Kunst:
  Das Roßgeschwader wendet, das erschrockne,
  Die Häupter rückwärts in die Geißelhiebe,
  Und im verworrenen Geschirre fallend,
  Zum Chaos, Pferd' und Wagen, eingestürzt,   270
  Liegt unser Göttersohn, mit seinem Fuhrwerk,
  Wie in der Schlinge eingefangen da.
ANTILOCHUS. Der Rasende! Wohin treibt ihn –?
DER HAUPTMANN.   Es stürzt
  Automedon, des Fahrzeugs rüstger Lenker,
  In die Verwirrung hurtig sich der Rosse:
  Er hilft dem Viergekoppel wieder auf.
  Doch eh er noch aus allen Knoten rings
  Die Schenkel, die verwickelten, gelöst,
  Sprengt schon die Königin, mit einem Schwarm
  Siegreicher Amazonen, ins Geklüft,   280
  Jedweden Weg zur Rettung ihm versperrend.
ANTILOCHUS.
  Ihr Himmlischen!
DER HAUPTMANN. Sie hemmt, Staub rings umqualmt sie,
  Des Zelters flüchtgen Lauf, und hoch zum Gipfel

Das Angesicht, das funkelnde, gekehrt,
Mißt sie, auf einen Augenblick, die Wand:
Der Helmbusch selbst, als ob er sich entsetzte,
Reißt bei der Scheitel sie von hinten nieder.
Drauf plötzlich jetzt legt sie die Zügel weg:
Man sieht, gleich einer Schwindelnden, sie hastig
290 Die Stirn, von einer Lockenflut umwallt,
In ihre beiden kleinen Hände drücken.
Bestürzt, bei diesem sonderbaren Anblick,
Umwimmeln alle Jungfraun sie, mit heiß
Eindringlicher Gebärde sie beschwörend;
Die eine, die zunächst verwandt ihr scheint,
Schlingt ihren Arm um sie, indes die andre
Entschloßner noch, des Pferdes Zügel greift:
Man will den Fortschritt mit Gewalt ihr wehren,
Doch sie –

DIOMEDES.   Wie? wagt sie es?

ANTILOCHUS.   Nein, sprich!

DER HAUPTMANN.   Ihr hörts.

300 Umsonst sind die Versuche, sie zu halten,
Sie drängt mit sanfter Macht von beiden Seiten
Die Fraun hinweg, und im unruhgen Trabe
An dem Geklüfte auf und nieder streifend,
Sucht sie, ob nicht ein schmaler Pfad sich biete
Für einen Wunsch, der keine Flügel hat;
Drauf jetzt, gleich einer Rasenden, sieht man
Empor sie an des Felsens Wände klimmen,
Jetzt hier, in glühender Begier, jetzt dort,
Unsinnger Hoffnung voll, auf diesem Wege
310 Die Beute, die im Garn liegt, zu erhaschen.
Jetzt hat sie jeden sanftern Riß versucht,
Den sich im Fels der Regen ausgewaschen;
Der Absturz ist, sie sieht es, unersteiglich;
Doch, wie beraubt des Urteils, kehrt sie um,
Und fängt, als wärs von vorn, zu klettern an.
Und schwingt, die Unverdrossene, sich wirklich
Auf Pfaden, die des Wandrers Fußtritt scheut,
Schwingt sich des Gipfels höchstem Rande näher
Um einer Orme Höh; und da sie jetzt auf einem
320 Granitblock steht, von nicht mehr Flächenraum
Als eine Gemse sich zu halten braucht;
Von ragendem Geklüfte rings geschreckt,

Den Schritt nicht vorwärts mehr, nicht rückwärts wagt;
Der Weiber Angstgeschrei durchkreischt die Luft:
Stürzt sie urplötzlich, Roß und Reuterin,
Von los sich lösendem Gestein umprasselt,
Als ob sie in den Orkus führe, schmetternd
Bis an des Felsens tiefsten Fuß zurück,
Und bricht den Hals sich nicht und lernt auch nichts:
Sie rafft sich bloß zu neuem Klimmen auf.   330

ANTILOCHUS. Seht die Hyäne, die blind-wütende!

ODYSSEUS. Nun? Und Automedon?

DER HAUPTMANN.   Er endlich schwingt,
Das Fahrzeug steht, die Rosse auch, geordnet –
– Hephästos hätt in so viel Zeit fast neu
Den ganzen erznen Wagen schmieden können –
Er schwingt dem Sitz sich zu, und greift die Zügel:
Ein Stein fällt uns Argivern von der Brust.
Doch eben jetzt, da er die Pferde wendet,
Erspähn die Amazonen einen Pfad,
Dem Gipfel sanfthin zugeführt, und rufen,   340
Das Tal rings mit Geschrei des Jubels füllend,
Die Königin dahin, die sinnberaubte,
Die immer noch des Felsens Sturz versucht.
Sie, auf dies Wort, das Roß zurücke werfend,
Rasch einen Blick den Pfad schickt sie hinan;
Und dem gestreckten Parder gleich, folgt sie
Dem Blick auch auf dem Fuß: er, der Pelide,
Entwich zwar mit den Rossen, rückwärts strebend;
Doch in den Gründen bald verschwand er mir,
Und was aus ihm geworden, weiß ich nicht.   350

ANTILOCHUS. Verloren ist er!

DIOMEDES.   Auf! Was tun wir, Freunde?

ODYSSEUS. Was unser Herz, ihr Könige, gebeut!
Auf! laßt uns ihn der Königin entreißen!
Gilts einen Kampf um ihn auf Tod und Leben:
Den Kampf bei den Atriden fecht ich aus.

                Odysseus, Diomedes, Antilochus ab.

Dritter Auftritt

*Der Hauptmann. Eine Schar von Griechen, welche während dessen
einen Hügel bestiegen haben.*

EIN MYRMIDONIER *in die Gegend schauend.*

Seht! Steigt dort über jenes Berges Rücken,
Ein Haupt nicht, ein bewaffnetes, empor?
Ein Helm, von Federbüschen überschattet?
Der Nacken schon, der mächtge, der es trägt?

360   Die Schultern auch, die Arme, stahlumglänzt?
Das ganze Brustgebild, o seht doch, Freunde,
Bis wo den Leib der goldne Gurt umschließt?

DER HAUPTMANN.

Ha! Wessen!

DER MYRMIDONIER.

Wessen! Träum ich, ihr Argiver?
Die Häupter sieht man schon, geschmückt mit Blessen,
Des Roßgespanns! Nur noch die Schenkel sind,
Die Hufen, von der Höhe Rand bedeckt!
Jetzt, auf dem Horizonte, steht das ganze
Kriegsfahrzeug da! So geht die Sonne prachtvoll
An einem heitern Frühlingstage auf!

DIE GRIECHEN.

370   Triumph! Achilleus ists! Der Göttersohn!
Selbst die Quadriga führet er heran!
Er ist gerettet!

DER HAUPTMANN. Ihr Olympischen!
So sei euch ewger Ruhm gegönnt! – Odysseus!
– Flieg einer den argolschen Fürsten nach!

Ein Grieche schnell ab.

Naht er sich uns, ihr Danaer?

DER MYRMIDONIER.   O sieh!

DER HAUPTMANN.

Was gibts?

DER MYRMIDONIER.

O mir vergeht der Atem, Hauptmann!

DER HAUPTMANN. So rede, sprich!

DER MYRMIDONIER.   O, wie er mit der Linken
Vor über seiner Rosse Rücken geht!
Wie er die Geißel umschwingt über sie!

380   Wie sie von ihrem bloßen Klang erregt,
Der Erde Grund, die göttlichen, zerstampfen!

Am Zügel ziehn sie, beim Lebendigen,
Mit ihrer Schlünde Dampf, das Fahrzeug fort!
Gehetzter Hirsche Flug ist schneller nicht!
Der Blick drängt unzerknickt sich durch die Räder,
Zur Scheibe fliegend eingedreht, nicht hin!

EIN ÄTOLIER. Doch hinter ihm –

DER HAUPTMANN.   Was?

DER MYRMIDONIER.   An des Berges Saum –

DER ÄTOLIER. Staub –

DER MYRMIDONIER.   Staub aufqualmend, wie Gewitter-
Und, wie der Blitz vorzuckt –   [wolken:

DER ÄTOLIER.   Ihr ewgen Götter!

DER MYRMIDONIER. Penthesilea.

DER HAUPTMANN.   Wer?

DER ÄTOLIER.   Die Königin! –   390
Ihm auf dem Fuß, dem Peleïden, schon
Mit ihrem ganzen Troß von Weibern folgend.

DER HAUPTMANN. Die rasende Megär!

DIE GRIECHEN *rufend*.   Hieher der Lauf!
Hieher den Lauf, du Göttlicher, gerichtet!
Auf uns den Lauf!

DER ÄTOLIER.   Seht! wie sie mit den Schenkeln
Des Tigers Leib inbrünstiglich umarmt!
Wie sie, bis auf die Mähn herabgebeugt,
Hinweg die Luft trinkt lechzend, die sie hemmt!
Sie fliegt, wie von der Senne abgeschossen:
Numidsche Pfeile sind nicht hurtiger!   400
Das Heer bleibt keuchend, hinter ihr, wie Köter,
Wenn sich ganz aus die Dogge streckt, zurück!
Kaum daß ihr Federbusch ihr folgen kann!

DER HAUPTMANN.
So naht sie ihm?

EIN DOLOPER.   Naht ihm!

DER MYRMIDONIER.   Naht ihm noch nicht!

DER DOLOPER.
Naht ihm, ihr Danaer! Mit jedem Hufschlag,
Schlingt sie, wie hungerheiß, ein Stück des Weges,
Der sie von dem Peliden trennt, hinunter!

DER MYRMIDONIER.
Bei allen hohen Göttern, die uns schützen!
Sie wächst zu seiner Größe schon heran!
Sie atmet schon, zurückgeführt vom Winde,   410

Den Staub, den säumend seine Fahrt erregt!
Der rasche Zelter wirft, auf dem sie reitet,
Erdschollen, aufgewühlt von seiner Flucht,
Schon in die Muschel seines Wagens hin!

DER ÄTOLIER. Und jetzt – der Übermütge! Rasende!
Er lenkt im Bogen spielend noch! Gib acht:
Die Amazone wird die Sehne nehmen.
Siehst du? Sie schneidet ihm den Lauf –

DER MYRMIDONIER.   Hilf! Zeus!
An seiner Seite fliegt sie schon! Ihr Schatten,
420 Groß, wie ein Riese, in der Morgensonne,
Erschlägt ihn schon!

DER ÄTOLIER.   Doch jetzt urplötzlich reißt er –

DER DOLOPER. Das ganze Roßgeschwader reißt er plötzlich
Zur Seit herum!

DER ÄTOLIER.   Zu uns her fliegt er wieder!

DER MYRMIDONIER.
Ha! Der Verschlagne! Er betrog sie –

DER DOLOPER.   Hui!
Wie sie, die Unaufhaltsame, vorbei
Schießt an dem Fuhrwerk –

DER MYRMIDONIER.   Prellt, im Sattel fliegt,
Und stolpert –

DER DOLOPER.   Stürzt!

DER HAUPTMANN.   Was?

DER MYRMIDONIER.   Stürzt, die Königin!
Und eine Jungfrau blindhin über sie –

DER DOLOPER. Und eine noch –

DER MYRMIDONIER.   Und wieder –

DER DOLOPER.   Und noch eine –

DER HAUPTMANN.
430 Ha! Stürzen, Freunde?

DER DOLOPER.   Stürzen –

DER MYRMIDONIER.   Stürzen, Hauptmann,
Wie in der Feueresse eingeschmelzt,
Zum Haufen, Roß und Reutrinnen, zusammen!

DER HAUPTMANN. Daß sie zu Asche würden!

DER DOLOPER.   Staub ringsum,
Vom Glanz der Rüstungen durchzuckt und Waffen:
Das Aug erkennt nichts mehr, wie scharf es sieht.
Ein Knäuel, ein verworrener, von Jungfraun,

Durchwebt von Rossen bunt: das Chaos war,
Das erst', aus dem die Welt sprang, deutlicher.

DER ÄTOLIER. Doch jetzt – ein Wind erhebt sich; Tag wird
Und eine der Gestürzten rafft sich auf.   [es,   440

DER DOLOPER. Ha! Wie sich das Gewimmel lustig regt!
Wie sie die Spieße sich, die Helme, suchen,
Die weithin auf das Feld geschleuderten!

DER MYRMIDONIER. Drei Rosse noch, und eine Reuterin,
Gestreckt wie tot –   [liegen

DER HAUPTMANN.   Ist das die Königin?

DER ÄTOLIER. Penthesilea, fragst du?

DER MYRMIDONIER.   Obs die Königin?
– Daß mir den Dienst die Augen weigerten!
Dort steht sie!

DER DOLOPER.   Wo?

DER HAUPTMANN.   Nein, sprich!

DER MYRMIDONIER.   Dort, beim Kroniden,
Wo sie gestürzt: in jener Eiche Schatten!
An ihres Pferdes Nacken hält sie sich,   450
Das Haupt entblößt – seht ihr den Helm am Boden?
Die Locken schwachhin mit der Rechten greifend,
Wischt sie, ists Staub, ists Blut, sich von der Stirn.

DER DOLOPER. Bei Gott, sie ists!

DER HAUPTMANN.   Die Unverwüstliche!

DER ÄTOLIER. Die Katze, die so stürzt, verreckt; nicht sie!

DER HAUPTMANN. Und der Pelid?

DER DOLOPER.   Ihn schützen alle Götter!
Um drei Pfeilschüsse flog er fort und drüber!
Kaum mehr mit Blicken kann sie ihn erreichen,
Und der Gedanke selbst, der strebende,
Macht ihr im atemlosen Busen halt!   460

DER MYRMIDONIER.
Triumph! Dort tritt Odysseus jetzt hervor!
Das ganze Griechenheer, im Strahl der Sonne,
Tritt plötzlich aus des Waldes Nacht hervor!

DER HAUPTMANN. Odyß? Und Diomed auch? O ihr Göt-
– Wie weit noch in dem Feld ist er zurück?   [ter!

DER DOLOPER.
Kaum einen Steinwurf, Hauptmann! Sein Gespann
Fliegt auf die Höhen am Skamandros schon,
Wo sich das Heer raschhin am Rande ordnet.
Die Reihn schon wettert er entlang –

STIMMEN *aus der Ferne.*   Heil dir!

470 DER DOLOPER. Sie rufen, die Argiver, ihm –

STIMMEN.   Heil dir!
     Achill! Heil dir, Pelide! Göttersohn!
     Heil dir! Heil dir! Heil dir!

DER DOLOPER.   Er hemmt den Lauf!
     Vor den versammelten Argiverfürsten
     Hemmt er den Lauf! Odysseus naht sich ihm!
     Vom Sitz springt er, der Staubbedeckte, nieder!
     Die Zügel gibt er weg! Er wendet sich!
     Er nimmt den Helm ab, der sein Haupt beschwert!
     Und alle Könige umringen ihn!
     Die Griechen reißen ihn, die jauchzenden,
480   Um seine Kniee wimmelnd, mit sich fort:
     Indes Automedon die Rosse schrittweis,
     Die dampfenden, an seiner Seite führt!
     Hier wälzt der ganze Jubelzug sich schon
     Auf uns heran! Heil dir! du Göttlicher!
     O seht doch her, seht her – Da ist er schon!

Vierter Auftritt

Achilles, ihm folgen Odysseus, Diomedes, Antilochus, Automedon mit
der Quadriga ihm zur Seite, das Heer der Griechen.

ODYSSEUS. Sei mir, Äginerheld, aus heißer Brust
     Gegrüßt! Du Sieger auch noch in der Flucht!
     Beim Jupiter! Wenn hinter deinem Rücken,
     Durch deines Geistes Obmacht über ihren,
490   In Staub die Feindin stürzt, was wird geschehn,
     Wenns dir gelingt, du Göttlicher, sie einst
     Von Angesicht zu Angesicht zu fassen.

ACHILLES *er hält den Helm in der Hand und wischt sich den Schweiß von*
der Stirn. Zwei Griechen ergreifen, ihm unbewußt, einen seiner Arme,
der verwundet ist, und verbinden ihn.
     Was ist? Was gibts?

ANTILOCHUS.   Du hast in einem Kampf
     Wetteifernder Geschwindigkeit bestanden,
     Neridensohn, wie losgelassene
     Gewitterstürm, am Himmelsplane brausend,
     Noch der erstaunten Welt ihn nicht gezeigt.
     Bei den Erinnyen! Meiner Reue würd ich

Mit deinem flüchtigen Gespann entfliehn,
Hätt ich, des Lebens Gleise schwer durchknarrend,　500
Die Sünden von der ganzen Trojerburg
Der Muschel meiner Brust auch aufgeladen.

ACHILLES *zu den zwei Griechen, welche ihn mit ihrem Geschäft zu*
belästigen scheinen. Die Narren.

EIN GRIECHENFÜRST.　　Wer?

ACHILLES.　　　　　　　　Was neckt ihr —

DER ERSTE GRIECHE *der ihm den Arm verbindet.*　Halt! Du

ACHILLES. Nun ja.　　　　　　　　　[blutest!

DER ZWEITE GRIECHE. So steh!

DER ERSTE.　　　　　　So laß dich auch verbinden.

DER ZWEITE. Gleich ists geschehn.

DIOMEDES.　　　　　— Es hieß zu Anfang hier,
Der Rückzug meiner Völker habe dich
In diese Flucht gestürzt; beschäftiget
Mit dem Ulyß, den Antiloch zu hören,
Der Botschaft uns von den Atriden brachte,
War ich selbst auf dem Platz nicht gegenwärtig.　510
Doch alles, was ich sehe, überzeugt mich,
Daß dieser meisterhaften Fahrt ein freier
Entwurf zum Grunde lag. Man könnte fragen,
Ob du bei Tagesanbruch, da wir zum
Gefecht noch allererst uns rüsteten,
Den Feldstein schon gedacht dir, über welchen
Die Königin zusammenstürzen sollte:
So sichern Schrittes, bei den ewigen Göttern,
Hast du zu diesem Stein sie hingeführt.

ODYSSEUS. Doch jetzt, Doloperheld, wirst du gefällig,　520
Wenn dich ein anderes nicht besser dünkt,
Mit uns dich ins Argiverlager werfen.
Die Söhne Atreus' rufen uns zurück.
Wir werden mit verstelltem Rückzug sie
In das Skamandrostal zu locken suchen,
Wo Agamemnon aus dem Hinterhalt
In einer Hauptschlacht sie empfangen wird.
Beim Gott des Donners! Nirgends, oder dort
Kühlst du die Brunst dir ab, die, rastlos drängend,
Gleich einem jungen Spießer, dich verfolgt:　530
Und meinen besten Segen schenk ich dir.
Denn mir ein Greul auch, in den Tod verhaßt,
Schweift die Megäre, unsre Taten störend,

Auf diesem Feld herum, und gern möcht ich,
Gesteh ich dir, die Spur von deinem Fußtritt
Auf ihrer rosenblütnen Wange sehn.

ACHILLES *sein Blick fällt auf die Pferde.*
Sie schwitzen.

ANTILOCHUS.   Wer?

AUTOMEDON *indem er ihre Hälse mit der Hand prüft.*
Wie Blei.

ACHILLES.   Gut. Führe sie.
Und wenn die Luft sie abgekühlt, so wasche
Brüst ihnen und der Schenkel Paar mit Wein.

AUTOMEDON.
540 Man bringt die Schläuche schon.

DIOMEDES.   – Hier siehst du wohl,
Vortrefflicher, daß wir im Nachteil kämpfen.
Bedeckt, so weit das schärfste Auge reicht,
Sind alle Hügel von der Weiber Haufen;
Heuschrecken lassen dichtgeschloßner nicht
Auf eine reife Saatenflur sich nieder.
Wem noch gelang ein Sieg, wie er ihn wünschte?
Ist einer, außer dir, der sagen kann,
Er hab auch die Kentaurin nur gesehn?
Umsonst, daß wir, in goldnen Rüstungen,
550 Hervor uns drängen, unsern Fürstenstand
Lautschmetternd durch Trompeten ihr verkünden:
Sie rückt nicht aus dem Hintergrund hervor;
Und wer auch fern, vom Windzug hergeführt,
Nur ihre Silberstimme hören wollte,
Müßt eine Schlacht, unrühmlich, zweifelhaft,
Vorher mit losem Kriegsgesindel kämpfen,
Das sie, den Höllenhunden gleich, bewacht.

ACHILLES *in die Ferne hinaus schauend.*
Steht sie noch da?

DIOMEDES.   Du fragst? –

ANTILOCHUS.   Die Königin?

DER HAUPTMANN.
Man sieht nichts – Platz! Die Federbüsch hinweg!

DER GRIECHE *der ihm den Arm verbindet.*
560 Halt! Einen Augenblick.

EIN GRIECHENFÜRST.   Dort, allerdings!

DIOMEDES. Wo?

DER GRIECHENFÜRST.
                    Bei der Eiche, unter der sie fiel.
  Der Helmbusch wallt schon wieder ihr vom Haupte,
  Und ihr Mißschicksal scheint verschmerzt. –
DER ERSTE GRIECHE.   Nun endlich!
DER ZWEITE.
  Den Arm jetzt magst du, wie du willst, gebrauchen.
DER ERSTE. Jetzt kannst du gehn.
        Die Griechen verknüpfen noch einen Knoten und lassen
                    seinen Arm fahren.
ODYSSEUS.   Hast du gehört, Pelide,
  Was wir dir vorgestellt?
ACHILLES.   Mir vorgestellt?
  Nein, nichts. Was wars? Was wollt ihr?
ODYSSEUS.   Was wir wollen?
  Seltsam. – Wir unterrichteten von den Befehlen
  Dich der Atriden! Agamemnon will,
  Daß wir sogleich ins Griechenlager kehren;   570
  Den Antiloch sandt er, wenn du ihn siehst,
  Mit diesem Schluß des Feldherrnrats uns ab.
  Der Kriegsplan ist, die Amazonenkönigin
  Herab nach der Dardanerburg zu locken,
  Wo sie, in beider Heere Mitte nun,
  Von treibenden Verhältnissen gedrängt,
  Sich muß, wem sie die Freundin sei, erklären;
  Und wir dann, sie erwähle, was sie wolle,
  Wir werden wissen mindstens, was zu tun.
  Ich traue deiner Klugheit zu, Pelide,   580
  Du folgst der Weisheit dieser Anordnung.
  Denn Wahnsinn wärs, bei den Olympischen,
  Da dringend uns der Krieg nach Troja ruft,
  Mit diesen Jungfraun hier uns einzulassen,
  Bevor wir wissen, *was* sie von uns wollen,
  Noch überhaupt nur, *ob* sie uns was wollen?
ACHILLES *indem er sich den Helm wieder aufsetzt.*
  Kämpft ihr, wie die Verschnittnen, wenn ihr wollt;
  Mich einen Mann fühl ich, und diesen Weibern,
  Wenn keiner sonst im Heere, will ich stehn!
  Ob ihr hier länger, unter kühlen Fichten,   590
  Ohnmächtiger Lust voll, sie umschweift, ob nicht,
  Vom Bette fern der Schlacht, die sie umwogt,
  Gilt mir gleichviel: beim Styx, ich willge drein,

Daß ihr nach Ilium zurücke kehrt.
Was *mir* die Göttliche begehrt, das weiß ich;
Brautwerber schickt sie mir, gefiederte,
Genug in Lüften zu, die ihre Wünsche
Mit Todgeflüster in das Ohr mir raunen.
Im Leben keiner Schönen war ich spröd;
Seit mir der Bart gekeimt, ihr lieben Freunde,
Ihr wißts, zu Willen jeder war ich gern:
Und wenn ich dieser mich gesperrt bis heute,
Beim Zeus, des Donners Gott, geschahs, weil ich
Das Plätzchen unter Büschen noch nicht fand,
Sie ungestört, ganz wie ihr Herz es wünscht,
Auf Küssen heiß von Erz im Arm zu nehmen.
Kurz, geht: ins Griechenlager folg ich euch;
Die Schäferstunde bleibt nicht lang mehr aus:
Doch müßt ich auch durch ganze Monden noch,
Und Jahre, um sie frein: den Wagen dort
Nicht ehr zu meinen Freunden will ich lenken,
Ich schwörs, und Pergamos nicht wiedersehn,
Als bis ich sie zu meiner Braut gemacht,
Und sie, die Stirn bekränzt mit Todeswunden,
Kann durch die Straßen häuptlings mit mir schleifen.
Folgt mir!

EIN GRIECHE *tritt auf.*
              Penthesilea naht sich dir, Pelide!
ACHILLES. Ich auch. Bestieg sie schon den Perser wieder?
DER GRIECHE. Noch nicht. Zu Fuße schreitet sie heran,
   Doch ihr zur Seite stampft der Perser schon.
ACHILLES.
   Wohlan! So schafft mir auch ein Roß, ihr Freunde! –
   Folgt, meine tapfern Myrmidonier, mir.
            Das Heer bricht auf.
ANTILOCHUS. Der Rasende!
ODYSSEUS.   Nun, so versuch doch
   Jetzt deine Rednerkunst, o Antiloch!
ANTILOCHUS. Laßt mit Gewalt uns ihn –
DIOMEDES.   Fort ist er schon!
ODYSSEUS. Verwünscht sei dieser Amazonenkrieg!
          Alle ab.

Fünfter Auftritt

Penthesilea, Prothoe, Meroe, Asteria, Gefolge, das Amazonenheer.

DIE AMAZONEN. Heil dir, du Siegerin! Überwinderin!
　　Des Rosenfestes Königin! Triumph dir!

PENTHESILEA.
　　Nichts vom Triumph mir! Nichts vom Rosenfeste!
　　Es ruft die Schlacht noch einmal mich ins Feld.
　　Den jungen trotzgen Kriegsgott bändg' ich mir,　　　63o
　　Gefährtinnen, zehntausend Sonnen dünken,
　　Zu einem Glutball eingeschmelzt, so glanzvoll
　　Nicht, als ein Sieg, ein Sieg mir über ihn.

PROTHOE. Geliebte, ich beschwöre dich –

PENTHESILEA.　　　　　　　　　　　　　Laß mich!
　　Du hörst, was ich beschloß, eh würdest du
　　Den Strom, wenn er herab von Bergen schießt,
　　Als meiner Seele Donnersturz regieren.
　　Ich will zu meiner Füße Staub ihn sehen,
　　Den Übermütigen, der mir an diesem
　　Glorwürdgen Schlachtentag, wie keiner noch,　　　640
　　Das kriegerische Hochgefühl verwirrt.
　　Ist das die Siegerin, die schreckliche,
　　Der Amazonen stolze Königin,
　　Die seines Busens erzne Rüstung mir,
　　Wenn sich mein Fuß ihm naht, zurückespiegelt?
　　Fühl ich, mit aller Götter Fluch Beladne,
　　Da rings das Heer der Griechen vor mir flieht,
　　Bei dieses einzgen Helden Anblick mich
　　Gelähmt nicht, in dem Innersten getroffen,
　　Mich, *mich* die Überwundene, Besiegte?　　　650
　　Wo ist der Sitz mir, der kein Busen ward,
　　Auch des Gefühls, das mich zu Boden wirft?
　　Ins Schlachtgetümmel stürzen will ich mich,
　　Wo der Hohnlächelnde mein harrt, und ihn
　　Mir überwinden, oder leben nicht!

PROTHOE. Wenn du dein Haupt doch, teure Königin,
　　An diesem treuen Busen ruhen wolltest.
　　Der Sturz, der dir die Brust gewaltsam traf,
　　Hat dir das Blut entflammt, den Sinn empört:
　　An allen jungen Gliedern zitterst du!　　　660
　　Beschließe nichts, wir alle flehen dich,

Bis heitrer dir der Geist zurückgekehrt.
Komm, ruhe dich bei mir ein wenig aus.

PENTHESILEA.
Warum? Weshalb? Was ist geschehn? Was sagt ich?
Hab ich? – Was hab ich denn –?

PROTHOE.   Um eines Siegs,
Der deine junge Seele flüchtig reizt,
Willst du das Spiel der Schlachten neu beginnen?
Weil unerfüllt ein Wunsch, ich weiß nicht welcher,
Dir im geheimen Herzen blieb, den Segen,
670 Gleich einem übellaunigen Kind, hinweg,
Der deines Volks Gebete krönte, werfen?

PENTHESILEA. Ha, sieh! Verwünscht das Los mir dieses
Wie mit dem Schicksal heut, dem tückischen, [Tages!
Sich meiner Seele liebste Freundinnen
Verbünden, mir zu schaden, mich zu kränken!
Wo sich die Hand, die lüsterne, nur regt,
Den Ruhm, wenn er bei mir vorüberfleucht,
Bei seinem goldnen Lockenhaar zu fassen,
Tritt eine Macht mir hämisch in den Weg –
680 – Und Trotz ist, Widerspruch, die Seele mir!
Hinweg!

PROTHOE *für sich*. Ihr Himmlischen, beschützet sie!

PENTHESILEA.
Denk ich bloß *mich*, sinds *meine* Wünsche bloß,
Die mich zurück aufs Feld der Schlachten rufen?
Ist es das Volk, ists das Verderben nicht,
Das in des Siegs wahnsinniger Berauschung,
Hörbaren Flügelschlags, von fern ihm naht?
Was ist geschehn, daß wir zur Vesper schon,
Wie nach vollbrachter Arbeit ruhen wollen?
Gemäht liegt uns, zu Garben eingebunden,
690 Der Ernte üppger Schatz, in Scheuern hoch,
Die in den Himmel ragen, aufgetürmt:
Jedoch die Wolke heillos überschwebt ihn,
Und den Vernichtungsstrahl droht sie herab.
Die Jünglingsschar, die überwundene,
Ihr werdet sie, bekränzt mit Blumen nicht,
Bei der Posaunen und der Zimbeln Klang,
Zu euren duftgen Heimatstälern führen.
Aus jedem tückschen Hinterhalt hervor,
Der sich ihm beut, seh ich den Peleïden

Auf euren frohen Jubelzug sich stürzen;   700
Euch und dem Trosse der Gefangenen,
Bis zu den Mauern Themiscyras folgen;
Ja in der Artemis geweihtem Tempel
Die Ketten noch, die rosenblütenen,
Von ihren Gliedern reißen und die unsern
Mit erzgegoßner Fessel Last bewuchten.
Soll ich von seiner Fers, ich Rasende,
Die nun fünf schweißerfüllte Sonnen schon
An seinem Sturze rüttelte, entweichen:
Da er vom Windzug eines Streiches muß,   710
Getroffen, unter meines Rosses Huf,
Wie eine reife Südfrucht, niederfallen?
Nein, eh ich, was so herrlich mir begonnen,
So groß, nicht endige, eh ich nicht völlig
Den Kranz, der mir die Stirn umrauscht', erfasse,
Eh ich Mars' Töchter nicht, wie ich versprach,
Jetzt auf des Glückes Gipfel jauchzend führe,
Eh möge seine Pyramide schmetternd
Zusammenbrechen über mich und sie:
Verflucht das Herz, das sich nicht mäßgen kann.   720
PROTHOE. Dein Aug, o Herrscherin, erglüht ganz fremd,
Ganz unbegreiflich, und Gedanken wälzen,
So finster, wie der ewgen Nacht entstiegen,
In meinem ahndungsvollen Busen sich.
Die Schar, die deine Seele seltsam fürchtet,
Entfloh rings vor dir her, wie Spreu vor Winden;
Kaum daß ein Speer sich noch erblicken läßt.
Achill, so wie du mit dem Heer dich stelltest,
Von dem Skamandros ist er abgeschnitten;
Reiz ihn nicht mehr, aus seinem Blick nur weiche: 730
Den ersten Schritt, beim Jupiter, ich schwörs,
In seine Danaerschanze setzt er hin.
Ich will, ich, dir des Heeres Schweif beschirmen.
Sieh, bei den Göttern des Olymps, nicht *einen*
Gefangenen entreißt er dir! Es soll
Der Glanz, auch meilenfernhin, seiner Waffen,
Dein Heer nicht schrecken, seiner Rosse ferner Tritt
Dir kein Gelächter einer Jungfrau stören:
Mit meinem Haupt steh ich dir dafür ein!
PENTHESILEA *indem sie sich plötzlich zu Asteria wendet.*
Kann das geschehn, Asteria?

740 ASTERIA.　　　　　　　　　　Herrscherin –

PENTHESILEA. Kann ich das Heer, wie Prothoe verlangt,
　　Nach Themiscyra wohl zurücke führen?

ASTERIA. Vergib, wenn ich in meinem Fall, o Fürstin –

PENTHESILEA.
　　Sprich dreist. Du hörst.

PROTHOE *schüchtern.*　　　　　Wenn du den Rat willst gütig
　　Versammelt aller Fürstinnen befragen,
　　So wird –

PENTHESILEA. Den Rat hier *dieser* will ich wissen!
　　– Was bin ich denn seit einer Hand voll Stunden?
　　　　　Pause, in welcher sie sich sammelt.
　　– – Kann ich das Heer, du sprichst, Asteria,
　　Kann ich es wohl zurück zur Heimat führen?

750 ASTERIA. Wenn du so willst, o Herrscherin, so laß
　　Mich dir gestehn, wie ich des Schauspiels staune,
　　Das mir in die ungläubgen Sinne fällt.
　　Vom Kaukasus, mit meinem Völkerstamm,
　　Um eine Sonne später aufgebrochen,
　　Konnt ich dem Zuge deines Heeres nicht,
　　Der reißend wie ein Strom dahinschoß, folgen.
　　Erst heute, weißt du, mit der Dämmerung,
　　Auf diesem Platz schlagfertig treff ich ein;
　　Und jauchzend schallt aus tausend Kehlen mir
760　Die Nachricht zu: Der Sieg, er sei erkämpft,
　　Beschlossen schon, auf jede Forderung,
　　Der ganze Amazonenkrieg. Erfreut,
　　Versichr' ich dich, daß das Gebet des Volks sich dir
　　So leicht, und unbedürftig mein, erfüllt,
　　Ordn' ich zur Rückkehr alles wieder an;
　　Neugierde treibt mich doch, die Schar zu sehen,
　　Die man mir als des Sieges Beute rühmt;
　　Und eine Handvoll Knechte, bleich und zitternd,
　　Erblickt mein Auge, der Argiver Auswurf,
770　Auf Schildern, die sie fliehend weggeworfen,
　　Von deinem Kriegstroß schwärmend aufgelesen.
　　Vor Trojas stolzen Mauern steht das ganze
　　Hellenenheer, steht Agamemnon noch,
　　Stehn Menelaus, Ajax, Palamed;
　　Ulysses, Diomedes, Antilochus,
　　Sie wagen dir ins Angesicht zu trotzen:
　　Ja jener junge Nereïdensohn,

Den deine Hand mit Rosen schmücken sollte,
Die Stirn beut er, der Übermütge, dir;
Den Fußtritt will er, und erklärt es laut,   780
Auf deinen königlichen Nacken setzen:
Und meine große Arestochter fragt mich,
Ob sie den Siegesheimzug feiern darf?

PROTHOE *leidenschaftlich*.
Der Königin, du Falsche, sanken Helden
An Hoheit, Mut und Schöne –

PENTHESILEA.   Schweig, Verhaßte!
Asteria fühlt, wie ich, es ist nur einer
Hier mir zu sinken wert: und dieser eine,
Dort steht er noch im Feld der Schlacht und trotzt!

PROTHOE. Nicht von der Leidenschaft, o Herrscherin,
Wirst du dich –

PENTHESILEA.   Natter! Deine Zunge nimm gefangen! 790
– Willst du den Zorn nicht deiner Königin wagen!
Hinweg!

PROTHOE.   So wag ich meiner Königin Zorn!
Eh will ich nie dein Antlitz wiedersehen,
Als feig, in diesem Augenblick, dir eine
Verräterin schmeichlerisch zur Seite stehn.
Du bist, in Flammen wie du loderst, nicht
Geschickt, den Krieg der Jungfraun fortzuführen;
So wenig, wie, sich mit dem Spieß zu messen,
Der Löwe, wenn er von dem Gift getrunken,
Das ihm der Jäger tückisch vorgesetzt.   800
Nicht den Peliden, bei den ewgen Göttern,
Wirst du in dieser Stimmung dir gewinnen:
Vielmehr, noch eh die Sonne sinkt, versprech ich,
Die Jünglinge, die unser Arm bezwungen,
So vieler unschätzbaren Mühen Preis,
Uns bloß, in deiner Raserei, verlieren.

PENTHESILEA. Das ist ja sonderbar und unbegreiflich!
Was macht dich plötzlich denn so feig?

PROTHOE.   Was mich? –

PENTHESILEA. Wen überwandst du, sag mir an?

PROTHOE.   Lykaon,
Den jungen Fürsten der Arkadier.   810
Mich dünkt, du sahst ihn.

PENTHESILEA.   So, so. War es jener,

Der zitternd stand, mit eingeknicktem Helmbusch,
Als ich mich den Gefangnen gestern –

PROTHOE.   Zitternd!
Er stand so fest, wie je dir der Pelide!
Im Kampf von meinen Pfeilen heiß getroffen,
Sank er zu Füßen mir, stolz werd ich ihn,
An jenem Fest der Rosen, stolz, wie eine,
Zu unserm heilgen Tempel führen können.

PENTHESILEA. Wahrhaftig? Wie du so begeistert bist. –
820   Nun denn – er soll dir nicht entrissen werden!
– Führt aus der Schar ihn den Gefangenen,
Lykaon, den Arkadier herbei!
– Nimm, du unkriegerische Jungfrau, ihn,
Entfleuch, daß er dir nicht verloren gehe,
Aus dem Geräusch der Schlacht mit ihm, bergt euch
In Hecken von süß duftendem Holunder,
In der Gebirge fernsten Kluft, wo ihr
Wollüstig Lied die Nachtigall dir flötet,
Und fei'r es gleich, du Lüsterne, das Fest,
830   Das deine Seele nicht erwarten kann.
Doch aus dem Angesicht sei ewig mir,
Sei aus der Hauptstadt mir verbannt, laß den
Geliebten dich und seine Küsse, trösten,
Wenn alles, Ruhm dir, Vaterland und Liebe,
Die Königin, die Freundin untergeht.
Geh und befreie – geh! ich will nichts wissen!
Von deinem hassenswürdgen Anblick mich!

MEROE.
O, Königin!

EINE ANDERE FÜRSTIN *aus ihrem Gefolge.*
Welch ein Wort sprachst du?

PENTHESILEA.   Schweigt, sag ich!
Der Rache weih ich den, der für sie fleht!

840   EINE AMAZONE *tritt auf.* Achilles nahet dir, o Herrscherin!

PENTHESILEA.
Er naht – Wohlauf, ihr Jungfraun, denn zur Schlacht! –
Reicht mir der Spieße treffendsten, o reicht
Der Schwerter wetterflammendstes mir her!
Die Lust, ihr Götter, müßt ihr mir gewähren,
Den einen heißersehnten Jüngling siegreich
Zum Staub mir noch der Füße hinzuwerfen.
Das ganze Maß von Glück erlaß ich euch,

Das meinem Leben zugemessen ist. –
Asteria! Du wirst die Scharen führen.
Beschäftige den Griechentroß und sorge   850
Daß sich des Kampfes Inbrunst mir nicht störe.
Der Jungfrau keine, wer sie immer sei,
Trifft den Peliden selbst! Dem ist ein Pfeil
Geschärft des Todes, der sein Haupt, was sag ich!
Der seiner Locken eine mir berührt!
Ich nur, ich weiß den Göttersohn zu fällen.
Hier dieses Eisen soll, Gefährtinnen,
Soll mit der sanftesten Umarmung ihn
(Weil ich mit Eisen ihn umarmen muß!)
An meinen Busen schmerzlos niederziehn.   860
Hebt euch, ihr Frühlingsblumen, seinem Fall,
Daß seiner Glieder keines sich verletze.
Blut meines Herzens mißt ich ehr, als seines.
Nicht eher ruhn will ich, bis ich aus Lüften,
Gleich einem schöngefärbten Vogel, ihn
Zu mir herabgestürzt; doch liegt er jetzt
Mit eingeknickten Fittichen, ihr Jungfraun,
Zu Füßen mir, kein Purpurstäubchen missend,
Nun dann, so mögen alle Seligen
Daniedersteigen, unsern Sieg zu feiern,   870
Zur Heimat geht der Jubelzug, dann bin ich
Die Königin des Rosenfestes euch! –
Jetzt kommt –

*Indem sie abgehen will, erblickt sie die weinende Prothoe, und wendet
sich unruhig. Darauf plötzlich, indem sie ihr um den Hals fällt.*

          Prothoe! Meiner Seelen Schwester!
Willst du mir folgen?
PROTHOE *mit gebrochener Stimme.*
               In den Orkus dir!
Ging ich auch zu den Seligen ohne dich?
PENTHESILEA. Du Bessere, als Menschen sind! Du willst es?
Wohlan, wir kämpfen, siegen mit einander,
Wir *beide* oder *keine*, und die Losung
Ist: Rosen für die Scheitel unsrer Helden,
Oder Zypressen für die unsrigen.   880
          Alle ab.

Sechster Auftritt

*Die Oberpriesterin der Diana mit ihren Priesterinnen treten auf. Ihnen
folgen eine Schar junger Mädchen mit Rosen in Körben auf den Köpfen,
und die Gefangenen, geführt von einigen bewaffneten Amazonen.*

DIE OBERPRIESTERIN.
> Nun, ihr geliebten, kleinen Rosenjungfraun,
> Laßt jetzt die Frucht mich eurer Wandrung sehn.
> Hier, wo die Felsenquelle einsam schäumt,
> Beschattet von der Pinie, sind wir sicher:
> Hier schüttet eure Ernte vor mir aus.

EIN JUNGES MÄDCHEN *ihren Korb ausschüttend.*
> Sieh, diese Rosen pflück ich, heilge Mutter!

EIN ANDERES *ebenso.* Hier diesen Schoßvoll ich!

EIN DRITTES.   Und diesen ich!

EIN VIERTES. Und diesen ganzen üppgen Frühling ich!
> *Die andern jungen Mädchen folgen.*

DIE OBERPRIESTERIN.
> Das blüht ja wie der Gipfel von Hymetta!
890 > Nun solch ein Tag des Segens, o Diana!
> Ging deinem Volke herrlich noch nicht auf.
> Die Mütter bringen mir, die Töchter, Gaben;
> Nicht von der Pracht, der doppelten, geblendet,
> Weiß ich, wem schönrer Dank gebühren mag. –
> Doch ist dies euer ganzer Vorrat, Kinder?

DAS ERSTE MÄDCHEN.
> Mehr nicht, als du hier siehst, war aufzufinden.

DIE OBERPRIESTERIN. So waren eure Mütter fleißiger.

DAS ZWEITE MÄDCHEN.
> Auf diesen Feldern, heilge Priestrin, ernten
> Gefangne leichter auch, als Rosen, sich.
900 > Wenn dichtgedrängt, auf allen Hügeln rings,
> Die Saat der jungen Griechen steht, die Sichel
> Nur einer muntern Schnitterin erwartend,
> So blüht so sparsam in den Tälern rings,
> Und so verschanzt, versichr' ich dich, die Rose,
> Daß man durch Pfeile sich und Lanzen lieber,
> Als ihr Geflecht der Dornen schlagen möchte.
> – Sieh nur die Finger an, ich bitte dich.

DAS DRITTE MÄDCHEN.
> Auf eines Felsens Vorsprung wagt ich mich,
> Um eine einzge Rose dir zu pflücken.

Und blaß nur, durch des Kelches Dunkelgrün,   910
Erschimmerte sie noch, ein Knösplein nur,
Für volle Liebe noch nicht aufgeblüht.
Doch greif ich sie, und strauchl' und sinke plötzlich
In einen Abgrund hin, der Nacht des Todes
Glaubt ich, Verlorne, in den Schoß zu sinken.
Mein Glück doch wars, denn eine Rosenpracht
Stand hier im Flor, daß wir zehn Siege noch
Der Amazonen hätten feiern können.

DAS VIERTE MÄDCHEN. Ich pflückte dir, du heilge Prieste-
Dir pflückt ich eine Rose nur, nur eine;   [rin, 920
Doch eine Rose ists, hier diese, sieh!
Um eines Königs Scheitel zu bekränzen:
Nicht schöner wünscht Penthesilea sie,
Wenn sie Achill, den Göttersohn, sich fällt.

DIE OBERPRIESTERIN. Wohlan, wenn ihn Penthesilea fällt,
Sollst du die königliche Ros ihr reichen.
Verwahre sie nur sorgsam, bis sie kömmt.

DAS ERSTE MÄDCHEN.
Zukünftig, wenn, beim Zimbelnschlag, von neuem
Das Amazonenheer ins Schlachtfeld rückt,
Ziehn wir zwar mit, doch nicht mehr, das versprichst   930
Durch Rosenpflücken bloß und Kränzewinden,   [du,
Den Sieg der Mütter zu verherrlichen.
Sieh, dieser Arm, er schwingt den Wurfspieß schon,
Und sausend trifft die Schleuder mir das Ziel:
Was gilts? Mir selbst schon blüht ein Kranz zusammen,
– Und tapfer im Gedräng schon mag er kämpfen,
Der Jüngling, dem sich diese Sehne strafft.

DIE OBERPRIESTERIN.
Meinst du? – Nun freilich wohl, du mußt es wissen,
– Hast du die Rosen schon drauf angesehn?
– Den nächsten Lenz, sobald sie wieder reif,   940
Sollst du den Jüngling, im Gedräng dir suchen.
– Doch jetzt, der Mütter frohe Herzen drängen:
Die Rosen schnell zu Kränzen eingewunden!

DIE MÄDCHEN *durcheinander.*
Fort zum Geschäft! Wie greifen wir es an?

DAS ERSTE MÄDCHEN *zur zweiten.*
Komm her, Glaukothoe!

DAS DRITTE *zum vierten.*   Komm, Charmion!
          Sie setzen sich paarweise.

DAS ERSTE MÄDCHEN. Wir – der Ornythia winden wir den
Die sich Alcest mit hohen Büschen fällte.   [Kranz,

DAS DRITTE. Und wir – Parthenion, Schwester: Athenäus,
Mit der Medus im Schilde, soll sie fesseln.

DIE OBERPRIESTERIN *zu den bewaffneten Amazonen.*

950   Nun? Wollt ihr eure Gäste nicht erheitern?
– Steht ihr nicht unbehülflich da, ihr Jungfraun,
Als müßt ich das Geschäft der Lieb euch lehren! –
Wollt ihr das Wort nicht freundlich ihnen wagen?
Nicht hören, was die Schlachtermüdeten,
Was sie begehren? Wünschen? Was sie brauchen?

DIE ERSTE AMAZONE.
Sie sagen, sie bedürfen nichts, Ehrwürdge.

DIE ZWEITE. Bös sind sie uns.

DIE DRITTE.   Wenn man sich ihnen nahet,
So wenden sich die Trotzigen schmähnd hinweg.

DIE OBERPRIESTERIN.
Ei, wenn sie bös euch sind, bei unsrer Göttin,
960   So macht sie wieder gut! Warum auch habt ihr
So heftig sie im Kampfgewühl getroffen?
Sagt ihnen, was geschehn wird, sie zu trösten:
So werden sie nicht unerbittlich sein.

DIE ERSTE AMAZONE *zu einem gefangenen Griechen.*
Willst du auf weichen Teppichen, o Jüngling,
Die Glieder ruhn? Soll ich von Frühlingsblumen,
Denn müde scheinst du sehr, ein Lager dir,
Im Schatten jenes Lorbeerbaums, bereiten?

DIE ZWEITE *ebenso.* Soll ich das duftendste der Peseröle
In Wasser mischen, frisch dem Quell entschöpft,
970   Und dir den staubbedeckten Fuß erquicken?

DIE DRITTE. Doch der Orange Saft verschmähst du nicht
Mit eigner Hand dir liebend dargebracht?

DIE DREI AMAZONEN.
Sprecht! Redet! Womit dient man euch?

EIN GRIECHE.   Mit nichts!

DIE ERSTE AMAZONE.
Ihr sonderbaren Fremdlinge! Was härmt euch?
Was ists, da uns der Pfeil im Köcher ruht,
Daß ihr vor unserm Anblick euch entsetzt?
Ist es die Löwenhaut, die euch erschreckt? –
Du, mit dem Gürtel, sprich! Was fürchtest du?

DER GRIECHE *nachdem er sie scharf angesehn.*
   Wem winden jene Kränze sich? Sagt an!
DIE ERSTE AMAZONE.
   Wem? Euch! Wem sonst?
DER GRIECHE.   Uns! und das sagt ihr noch, 98○
   Unmenschliche! Wollt ihr, geschmückt mit Blumen,
   Gleich Opfertieren, uns zur Schlachtbank führen?
DIE ERSTE AMAZONE.
   Zum Tempel euch der Artemis! Was denkt ihr?
   In ihren dunkeln Eichenhain, wo eurer
   Entzücken ohne Maß und Ordnung wartet!
DER GRIECHE *erstaunt, mit unterdrückter Stimme, zu den andern*
   Gefangenen.
   War je ein Traum so bunt, als was hier wahr ist?

Siebenter Auftritt

Eine Hauptmännin tritt auf. Die Vorigen.

DIE HAUPTMÄNNIN.
   Auf diesem Platz, Hochwürdge, find ich dich!
   – Inzwischen sich, auf eines Steinwurfs Nähe,
   Das Heer zur blutigen Entscheidung rüstet!
DIE OBERPRIESTERIN.
   Das Heer! Unmöglich! Wo?
DIE HAUPTMÄNNIN.   In jenen Gründen, 99○
   Die der Skamandros ausgeleckt. Wenn du
   Dem Wind, der von den Bergen weht, willst horchen,
   Kannst du den Donnerruf der Königin,
   Gezückter Waffen Klirren, Rosse wiehern,
   Drommeten, Tuben, Zimbeln und Posaunen,
   Des Krieges ganze ehrne Stimme hören.
EINE PRIESTERIN.
   Wer rasch erfleucht den Hügel dort?
DIE MÄDCHEN.   Ich! Ich!
        Sie ersteigen den Hügel.
DIE OBERPRIESTERIN.
   Der Königin! – Nein, sprich! Es ist unglaublich –
   – Warum, wenn noch die Schlacht nicht ausgewütet,
   Das Fest der Rosen ordnete sie an?   100○
DIE HAUPTMÄNNIN.
   Das Rosenfest – Gab sie Befehl denn wem?

DIE OBERPRIESTERIN.
  Mir! Mir!
DIE HAUPTMÄNNIN. Wo? Wann?
DIE OBERPRIESTERIN.   Vor wenigen Minuten
  In jenes Obelisken Schatten stand ich,
  Als der Pelid, und sie, auf seiner Ferse,
  Den Winden gleich, an mir vorüberrauschten.
  Und ich: wie gehts? fragt ich die Eilende.
  Zum Fest der Rosen, rief sie, wie du siehst!
  Und flog an mir vorbei und jauchzte noch:
  Laß es an Blüten nicht, du Heilge, fehlen!
DIE ERSTE PRIESTERIN *zu den Mädchen.*
1010 Seht ihr sie? sprecht!
DAS ERSTE MÄDCHEN *auf dem Hügel.*
                      Nichts, gar nichts sehen wir!
  Es läßt kein Federbusch sich unterscheiden.
  Ein Schatten überfleucht von Wetterwolken
  Das weite Feld ringsher, das Drängen nur
  Verwirrter Kriegerhaufen nimmt sich wahr,
  Die im Gefild des Tods einander suchen.
DIE ZWEITE PRIESTERIN.
  Sie wird des Heeres Rückzug decken wollen.
DIE ERSTE. Das denk ich auch. –
DIE HAUPTMÄNNIN.   Zum Kampf steht sie gerüstet,
  Ich sags euch, dem Peliden gegenüber,
  Die Königin, frisch, wie das Perserroß,
1020 Das in die Luft hoch aufgebäumt sie trägt,
  Den Wimpern heißre Blick', als je, entsendend,
  Mit Atemzügen, freien, jauchzenden,
  Als ob ihr junger kriegerischer Busen
  Jetzt in die erste Luft der Schlachten käme.
DIE OBERPRIESTERIN.
  Was denn, bei den Olympischen, erstrebt sie?
  Was ists, da rings, zu Tausenden, uns die
  Gefangenen in allen Wäldern wimmeln,
  Das ihr noch zu erringen übrig bleibt?
DIE HAUPTMÄNNIN.
  Was ihr noch zu erringen übrig bleibt?
DIE MÄDCHEN *auf dem Hügel.*
1030 Ihr Götter!
DIE ERSTE PRIESTERIN.
              Nun? Was gibts? Entwich der Schatten?

DAS ERSTE MÄDCHEN.

O ihr Hochheiligen, kommt doch her!

DIE ZWEITE PRIESTERIN.   So sprecht!

DIE HAUPTMÄNNIN. Was ihr noch zu erringen übrig bleibt?

DAS ERSTE MÄDCHEN.

Seht, seht, wie durch der Wetterwolken Riß,
Mit einer Masse Licht, die Sonne eben
Auf des Peliden Scheitel niederfällt!

DIE OBERPRIESTERIN.

Auf wessen?

DAS ERSTE MÄDCHEN.

Seine, sagt ich! Wessen sonst?
Auf einem Hügel leuchtend steht er da,
In Stahl geschient sein Roß und er, der Saphir,
Der Chrysolith, wirft solche Strahlen nicht!
Die Erde rings, die bunte, blühende,   1040
In Schwärze der Gewitternacht gehüllt;
Nichts als ein dunkler Grund nur, eine Folie,
Die Funkelpracht des Einzigen zu heben!

DIE OBERPRIESTERIN. Was geht dem Volke der Pelide an?
– Ziemts einer Tochter Ares', Königin,
Im Kampf auf einen Namen sich zu stellen?

Zu einer Amazone.

Fleuch gleich, Arsinoe, vor ihr Antlitz hin,
Und sag in meiner Göttin Namen ihr,
Mars habe seinen Bräuten sich gestellt:
Ich forderte, bei ihrem Zorn sie auf,   1050
Den Gott bekränzt zur Heimat jetzt zu führen,
Und unverzüglich ihm, in ihrem Tempel,
Das heilge Fest der Rosen zu eröffnen!

Die Amazone ab.

Ward solch ein Wahnsinn jemals noch erhört!

DIE ERSTE PRIESTERIN.

Ihr Kinder! Seht ihr noch die Königin nicht?

DAS ERSTE MÄDCHEN *auf dem Hügel.*

Wohl, wohl! Das ganze Feld erglänzt – da ist sie!

DIE ERSTE PRIESTERIN.

Wo zeigt sie sich?

DAS MÄDCHEN.   An aller Jungfraun Spitze!
Seht, wie sie, in dem goldnen Kriegsschmuck funkelnd,
Voll Kampflust ihm entgegen tanzt! Ists nicht,
Als ob sie, heiß von Eifersucht gespornt,   1060

Die Sonn im Fluge übereilen wollte,
Die seine jungen Scheitel küßt! O seht!
Wenn sie zum Himmel auf sich schwingen wollte,
Der hohen Nebenbuhlrin gleich zu sein,
Der Perser könnte, ihren Wünschen frönend,
Geflügelter sich in die Luft nicht heben!

DIE OBERPRIESTERIN *zur Hauptmännin.*

War keine unter allen Jungfraun denn,
Die sie gewarnt, die sie zurückgehalten?

DIE HAUPTMÄNNIN. Es warf ihr ganzes fürstliches Gefolge

1070   Sich in den Weg ihr: hier auf diesem Platze
Hat Prothoe ihr Äußerstes getan.
Jedwede Kunst der Rede ward erschöpft,
Nach Themiscyra sie zurückzuführen.
Doch taub schien sie der Stimme der Vernunft:
Vom giftigsten der Pfeile Amors sei,
Heißt es, ihr jugendliches Herz getroffen.

DIE OBERPRIESTERIN. Was sagst du?

DAS ERSTE MÄDCHEN *auf dem Hügel.*

                            Ha, jetzt treffen sie einander!
Ihr Götter! Haltet eure Erde fest –
Jetzt, eben jetzt, da ich dies sage, schmettern

1080   Sie, wie zwei Sterne, auf einander ein!

DIE OBERPRIESTERIN *zur Hauptmännin.*

Die Königin, sagst du? Unmöglich, Freundin!
Von Amors Pfeil getroffen – wann? Und wo?
Die Führerin des Diamantengürtels?
Die Tochter Mars', der selbst der Busen fehlt,
Das Ziel der giftgefiederten Geschosse?

DIE HAUPTMÄNNIN.

So sagt des Volkes Stimme mindestens,
Und Meroe hat es eben mir vertraut.

DIE OBERPRIESTERIN.

Es ist entsetzlich!

                Die Amazone kehrt wieder zurück.

DIE ERSTE PRIESTERIN. Nun? was bringst du? Rede!

DIE OBERPRIESTERIN.

Ist es bestellt? Sprachst du die Königin?

1090 DIE AMAZONE. Es war zu spät, Hochheilige, vergib.
Ich konnte sie, die von dem Troß der Frauen
Umschwärmt, bald hier, bald dort erschien, nicht tref-
Wohl aber Prothoe, auf einen Augenblick,   [fen.

Traf ich, und sagt ihr, was dein Wille sei;
Doch sie entgegnete – ein Wort, nicht weiß ich,
Ob ich in der Verwirrung recht gehört.

DIE OBERPRIESTERIN.
Nun, welch ein Wort?

DIE AMAZONE.   Sie hielt, auf ihrem Pferde
Und sah, es schien, mit tränenvollen Augen,
Der Königin zu. Und als ich ihr gesagt,
Wie du entrüstet, daß die Sinnberaubte   1100
Den Kampf noch um ein einzeln Haupt verlängre,
Sprach sie: geh hin zu deiner Priesterin,
Und heiße sie daniederknieen und beten,
Daß ihr dies eine Haupt im Kampf noch falle;
Sonst keine Rettung gibts, für sie und uns.

DIE OBERPRIESTERIN.
O sie geht steil-bergab den Pfad zum Orkus!
Und nicht dem Gegner, wenn sie auf ihn trifft,
Dem Feind in ihrem Busen wird sie sinken.
Und alle reißt sie in den Abgrund hin;
Den Kiel seh ich, der uns Gefesselte   1110
Nach Hellas trägt, geschmückt mit Bändern höhnend,
Im Geiste schon den Hellespont durchschäumen.

DIE ERSTE PRIESTERIN.
Was gilts? Dort naht die Unheilskunde schon.

Achter Auftritt

Eine Oberste tritt auf, die Vorigen.

DIE OBERSTE. Flieh! Rette die Gefangnen, Priesterin!
Das ganze Heer der Griechen stürzt heran.

DIE OBERPRIESTERIN.
Ihr Götter des Olymps! Was ist geschehn?

DIE ERSTE PRIESTERIN.
Wo ist die Königin?

DIE OBERSTE.   Im Kampf gefallen,
Das ganze Amazonenheer zerstreut.

DIE OBERPRIESTERIN.
Du Rasende! Was für ein Wort sprachst du?

DIE ERSTE PRIESTERIN *zu den bewaffneten Amazonen.*
Bringt die Gefangenen fort!   1120

Die Gefangenen werden abgeführt.

DIE OBERPRIESTERIN.   Sag an: wo? wann?

DIE OBERSTE. Laß kurz das Ungeheuerste dir melden!
Achill und sie, mit vorgelegten Lanzen,
Begegnen beide sich, zween Donnerkeile,
Die aus Gewölken in einander fahren;
Die Lanzen, schwächer als die Brüste, splittern:
Er, der Pelide, steht, Penthesilea,
Sie sinkt, die Todumschattete, vom Pferd.
Und da sie jetzt, der Rache preisgegeben,
Im Staub sich vor ihm wälzt, denkt jeglicher,
1130   Zum Orkus völlig stürzen wird er sie;
Doch bleich selbst steht der Unbegreifliche,
Ein Todesschatten da, ihr Götter! ruft er,
Was für ein Blick der Sterbenden traf mich!
Vom Pferde schwingt er eilig sich herab;
Und während, von Entsetzen noch gefesselt,
Die Jungfraun stehn, des Wortes eingedenk
Der Königin, kein Schwert zu rühren wagen,
Dreist der Erblaßten naht er sich, er beugt
Sich über sie, Penthesilea! ruft er,
1140   In seinen Armen hebt er sie empor,
Und laut die Tat, die er vollbracht, verfluchend,
Lockt er ins Leben jammernd sie zurück!

DIE OBERPRIESTERIN.
Er – was? Er selbst?

DIE OBERSTE.   Hinweg, Verhaßter! donnert
Das ganze Heer ihm zu; dankt mit dem Tod ihm,
Ruft Prothoe, wenn er vom Platz nicht weicht:
Den treffendsten der Pfeile über ihn!
Und mit des Pferdes Huftritt ihn verdrängend,
Reißt sie die Königin ihm aus dem Arm.
Indes erwacht die Unglückselige,
1150   Man führt sie röchelnd, mit zerrißner Brust,
Das Haar verstört vom Scheitel niederflatternd,
Den hintern Reihn zu, wo sie sich erholt;
Doch er, der unbegriffne Doloper –
Ein Gott hat, in der erzgekeilten Brust,
Das Herz in Liebe plötzlich ihm geschmelzt –
Er ruft: verweilet, meine Freundinnen!
Achilles grüßt mit ewgem Frieden euch!
Und wirft das Schwert hinweg, das Schild hinweg,
Die Rüstung reißt er von der Brust sich nieder,

Und folgt – mit Keulen könnte man, mit Händen.ihn,   1160
Wenn man ihn treffen dürfte, niederreißen –
Der Kön'gin unerschrocknen Schrittes nach:
Als wüßt er schon, der Rasende, Verwegne,
Daß unserm Pfeil sein Leben heilig ist.

DIE OBERPRIESTERIN.
Und wer gab den wahnsinnigen Befehl?

DIE OBERSTE. Die Königin! Wer sonst?

DIE OBERPRIESTERIN.   Es ist entsetzlich!

DIE ERSTE PRIESTERIN.
Seht, seht! Da wankt, geführt von Prothoe,
Sie selbst, das Bild des Jammers, schon heran!

DIE ZWEITE.
Ihr ewgen Himmelsgötter! Welch ein Anblick!

Neunter Auftritt

Penthesilea, geführt von Prothoe und Meroe, Gefolge treten auf.

PENTHESILEA *mit schwacher Stimme.*
Hetzt alle Hund' auf ihn! Mit Feuerbränden   1170
Die Elefanten peitschet auf ihn los!
Mit Sichelwagen schmettert auf ihn ein,
Und mähet seine üppgen Glieder nieder!

PROTHOE. Geliebte! Wir beschwören dich –

MEROE.   Hör uns!

PROTHOE. Er folgt dir auf dem Fuße, der Pelide;
Wenn dir dein Leben irgend lieb, so flieh!

PENTHESILEA. Mir diesen Busen zu zerschmettern, Pro-
– Ists nicht, als ob ich eine Leier zürnend   [thoe!
Zertreten wollte, weil sie still für sich,
Im Zug des Nachtwinds, meinen Namen flüstert?   1180
Dem Bären kauert ich zu Füßen mich,
Und streichelte das Panthertier, das mir
In solcher Regung nahte, wie ich ihm.

MEROE. So willst du nicht entweichen?

PROTHOE.   Willst nicht fliehen?

MEROE. Willst dich nicht retten?

PROTHOE.   Was kein Name nennt,
Auf diesem Platz hier soll es sich vollbringen?

PENTHESILEA.
Ists meine Schuld, daß ich im Feld der Schlacht

Um sein Gefühl mich kämpfend muß bewerben?
Was will ich denn, wenn ich das Schwert ihm zücke?
1190 Will ich ihn denn zum Orkus niederschleudern?
Ich will ihn ja, ihr ewgen Götter, nur
An diese Brust will ich ihn niederziehn!

PROTHOE. Sie rast –

DIE OBERPRIESTERIN. Unglückliche!

PROTHOE.   Sie ist von Sinnen!

DIE OBERPRIESTERIN.
Sie denkt nichts, als den einen nur.

PROTHOE.   Der Sturz
Hat völlig ums Bewußtsein sie gebracht.

PENTHESILEA *mit erzwungener Fassung.*
Gut. Wie ihr wollt. Seis drum. Ich will mich fassen.
Dies Herz, weil es sein muß, bezwingen will ichs,
Und tun mit Grazie, was die Not erheischt.
Recht habt ihr auch. Warum auch wie ein Kind gleich,
1200 Weil sich ein flüchtger Wunsch mir nicht gewährt,
Mit meinen Göttern brechen? Kommt hinweg.
Das Glück, gesteh ich, wär mir lieb gewesen;
Doch fällt es mir aus Wolken nicht herab,
Den Himmel drum erstürmen will ich nicht.
Helft mir nur fort von hier, schafft mir ein Pferd,
So will ich euch zurück zur Heimat führen.

PROTHOE. Gesegnet sei, o Herrscherin, dreimal
Ein Wort, so würdig königlich, als dies.
Komm, alles steht zur Flucht bereit –

PENTHESILEA *da sie die Rosenkränze in der Kinder Hände erblickt,
mit plötzlich aufflammendem Gesicht.*   Ha, sieh!
1210 Wer gab Befehl, die Rosen einzupflücken?

DAS ERSTE MÄDCHEN.
Das fragst du noch, Vergessene? Wer sonst,
Als nur –

PENTHESILEA. Als wer?

DIE OBERPRIESTERIN.   – Das Siegsfest sollte sich,
Das heißersehnte, deiner Jungfraun feiern!
Wars nicht dein eigner Mund, ders so befahl?

PENTHESILEA. Verflucht mir diese schnöde Ungeduld!
Verflucht, im blutumschäumten Mordgetümmel,
Mir der Gedanke an die Orgien!
Verflucht, im Busen keuscher Arestöchter,
Begierden, die, wie losgelaßne Hunde,

Mir der Drommete erzne Lunge bellend,   1220
Und aller Feldherrn Rufen, überschrein! –
Der Sieg, ist er erkämpft mir schon, daß mit
Der Hölle Hohn schon der Triumph mir naht?
– Mir aus den Augen! *Sie zerhaut die Rosenkränze.*

DAS ERSTE MÄDCHEN.   Herrscherin! Was tust du?

DAS ZWEITE *die Rosen wieder aufsuchend.*

Der Frühling bringt dir rings, auf Meilenferne,
Nichts für das Fest mehr –

PENTHESILEA.   Daß der ganze Frühling
Verdorrte! Daß der Stern, auf dem wir atmen,
Geknickt, gleich dieser Rosen einer, läge!
Daß ich den ganzen Kranz der Welten so,
Wie dies Geflecht der Blumen, lösen könnte!   1230
– O Aphrodite!

DIE OBERPRIESTERIN. Die Unselige!

DIE ERSTE PRIESTERIN. Verloren ist sie!

DIE ZWEITE.   Den Erinnyen
Zum Raub ist ihre Seele hingegeben!

EINE PRIESTERIN *auf dem Hügel.*

Der Peleïd, ihr Jungfraun, ich beschwör euch,
Im Schuß der Pfeile naht er schon heran!

PROTHOE. So fleh ich dich auf Knieen – rette dich!

PENTHESILEA. Ach, meine Seel ist matt bis in den Tod!
                          Sie setzt sich.

PROTHOE. Entsetzliche! Was tust du?

PENTHESILEA.   Flieht, wenn ihr wollt.

PROTHOE.
Du willst –?

MEROE.   Du säumst –?

PROTHOE.   Du willst –?

PENTHESILEA.   Ich will hier bleiben.

PROTHOE. Wie, Rasende!

PENTHESILEA.   Ihr hörts. Ich kann nicht stehen. 1240
Soll das Gebein mir brechen? Laßt mich sein.

PROTHOE. Verlorenste der Fraun! Und der Pelide,
Er naht, du hörst, im Pfeilschuß –

PENTHESILEA.   Laßt ihn kommen.
Laßt ihn den Fuß gestählt, es ist mir recht,
Auf diesen Nacken setzen. Wozu auch sollen
Zwei Wangen länger, blühnd wie diese, sich
Vom Kot, aus dem sie stammen, unterscheiden?

Laßt ihn mit Pferden häuptlings heim mich schleifen,
Und diesen Leib hier, frischen Lebens voll,
1250 Auf offnem Felde schmachvoll hingeworfen,
Den Hunden mag er ihn zur Morgenspeise,
Dem scheußlichen Geschlecht der Vögel, bieten.
Staub lieber, als ein Weib sein, das nicht reizt.

PROTHOE. O Königin!

PENTHESILEA *indem sie sich den Halsschmuck abreißt.*
                        Weg ihr verdammten Flittern!

PROTHOE. Ihr ewgen Götter dort! Ist das die Fassung,
Die mir dein Mund soeben angelobt?

PENTHESILEA.
Vom Haupt, ihr auch – was nickt ihr? Seid verflucht
Hülflosere, als Pfeil und Wangen, noch!   [mir,
– Die Hand verwünsch ich, die zur Schlacht mich heut
1260 Geschmückt, und das verräterische Wort,
Das mir gesagt, es sei zum Sieg, dazu.
Wie sie mit Spiegeln mich, die Gleißnerinnen,
Umstanden, rechts und links, der schlanken Glieder
In Erz gepreßte Götterbildung preisend. –
Die Pest in eure wilden Höllenkünste!

GRIECHEN *außerhalb der Szene.*
Vorwärts, Pelide, vorwärts! Sei getrost!
Nur wenig Schritte noch, so hast du sie.

DIE PRIESTERIN *auf dem Hügel.*
Diana! Königin! Du bist verloren,
Wenn du nicht weichst!

PROTHOE.   Mein Schwesterherz! Mein Leben!
1270 Du willst nicht fliehn? nicht gehn?

PENTHESILEA. *Die Tränen stürzen ihr aus den Augen, sie lehnt
sich an einen Baum.*

PROTHOE *plötzlich gerührt, indem sie sich neben ihr niedersetzt.*
                        Nun, wie du willst.
Wenn du nicht kannst, nicht willst – seis! Weine nicht.
Ich bleibe bei dir. Was nicht möglich ist,
Nicht ist, in deiner Kräfte Kreis nicht liegt,
Was du nicht leisten *kannst*: die Götter hüten,
Daß ich es von dir fordre! Geht, ihr Jungfraun,
Geht; kehrt in eure Heimatflur zurück:
Die Königin und ich, wie bleiben hier.

DIE OBERPRIESTERIN.
Wie, du Unsel'ge? Du bestärkst sie noch?

MEROE. Unmöglich wärs ihr, zu entfliehn?

DIE OBERPRIESTERIN. Unmöglich,
  Da nichts von außen sie, kein Schicksal, hält, 1280
  Nichts als ihr töricht Herz –

PROTHOE. Das ist ihr Schicksal!
  Dir scheinen Eisenbanden unzerreißbar,
  Nicht wahr? Nun sieh: sie bräche sie vielleicht,
  Und das Gefühl doch nicht, das du verspottest.
  Was in ihr walten mag, das weiß nur sie,
  Und jeder Busen ist, der fühlt, ein Rätsel.
  Des Lebens höchstes Gut erstrebte sie,
  Sie streift', ergriff es schon: die Hand versagt ihr,
  Nach einem andern noch sich auszustrecken. –
  Komm, magst dus jetzt an meiner Brust vollenden. 1290
  – Was fehlt dir? Warum weinst du?

PENTHESILEA. Schmerzen, Schmerzen –

PROTHOE. Wo?

PENTHESILEA. Hier.

PROTHOE. Kann ich dir Lindrung –?

PENTHESILEA. Nichts, nichts, nichts.

PROTHOE. Nun, fasse dich; in kurzem ists vollbracht.

DIE OBERPRIESTERIN *halblaut.*
  Ihr Rasenden zusamt –!

PROTHOE *ebenso.* Schweig bitt ich dich.

PENTHESILEA.
  Wenn ich zur Flucht mich noch – wenn ich es täte:
  Wie, sag, wie faßt ich mich?

PROTHOE. Du gingst nach Pharsos.
  Dort fändest du, denn dorthin wies ich es,
  Dein ganzes Heer, das jetzt zerstreut, zusammen.
  Du ruhtest dich, du pflegtest deiner Wunden,
  Und mit des nächsten Tages Strahl, gefiels dir, 1300
  Nähmst du den Krieg der Jungfraun wieder auf.

PENTHESILEA.
  Wenn es mir möglich wär –! *Wenn* ichs vermöchte –!
  Das Äußerste, das Menschenkräfte leisten,
  Hab ich getan – Unmögliches versucht –
  Mein Alles hab ich an den Wurf gesetzt;
  Der Würfel, der entscheidet, liegt, er liegt:
  Begreifen muß ichs – – und daß ich verlor.

PROTHOE.
  Nicht, nicht, mein süßes Herz! Das glaube nicht.

     So niedrig schlägst du deine Kraft nicht an.
1310 So schlecht von jenem Preis nicht wirst du denken,
     Um den du spielst, als daß du wähnen solltest,
     Das, was er wert, sei schon für ihn geschehn.
     Ist diese Schnur von Perlen, weiß und rot,
     Die dir vom Nacken rollt, der ganze Reichtum,
     Den deine Seele aufzubieten hat?
     Wie viel, woran du gar nicht denkst, in Pharsos,
     Endlos für deinen Zweck noch ist zu tun!
     Doch freilich wohl – jetzt ist es fast zu spät.

PENTHESILEA *nach einer unruhigen Bewegung.*
     Wenn ich rasch wäre – – Ach es macht mich rasend!
1320 – Wo steht die Sonne?

PROTHOE.   Dort, dir grad im Scheitel,
     Noch eh die Nacht sinkt, träfest du dort ein.
     Wir schlössen Bündnis, unbewußt den Griechen,
     Mit den Dardanischen, erreichten still
     Die Bucht des Meers, wo jener Schiffe liegen;
     Zur Nachtzeit, auf ein Merkmal, lodern sie
     In Flammen auf, das Lager wird erstürmt,
     Das Heer, gedrängt zugleich von vorn und hinten,
     Zerrissen, aufgelöst, ins Land zerstreut,
     Verfolgt, gesucht, gegriffen und bekränzet
1330 Jedwedes Haupt, das unsrer Lust gefiel.
     O selig wär ich, wenn ich dies erlebte!
     Nicht ruhn wollt ich, an deiner Seite kämpfen,
     Der Tage Glut nicht scheuen, unermüdlich,
     Müßt ich an allen Gliedern mich verzehren,
     Bis meiner lieben Schwester Wunsch erfüllt,
     Und der Pelid ihr doch, nach so viel Mühen,
     Besiegt zuletzt zu Füßen niedersank.

PENTHESILEA *die während dessen unverwandt in die Sonne gesehen.*
     Daß ich mit Flügeln weit gespreizt und rauschend,
     Die Luft zerteilte –!

PROTHOE.   Wie?

MEROE.   – Was sagte sie?

1340 PROTHOE. Was siehst du, Fürstin –?

MEROE.   Worauf heftet sich –?

PROTHOE. Geliebte, sprich!

PENTHESILEA.   Zu hoch, ich weiß, zu hoch –
     Er spielt in ewig fernen Flammenkreisen
     Mir um den sehnsuchtsvollen Busen hin.

PROTHOE. Wer, meine beste Königin?

PENTHESILEA.   Gut, gut.
– Wo geht der Weg? *Sie sammelt sich und steht auf.*

MEROE.   So willst du dich entschließen?

PROTHOE. So hebst du dich empor? – Nun, meine Fürstin,
   So seis auch wie ein Riese! Sinke nicht,
   Und wenn der ganze Orkus auf dich drückte!
   Steh, stehe fest, wie das Gewölbe steht,
   Weil seiner Blöcke jeder stürzen will!   1350
   Beut deine Scheitel, einem Schlußstein gleich,
   Der Götter Blitzen dar, und rufe, trefft!
   Und laß dich bis zum Fuß herab zerspalten,
   Nicht aber wanke in dir selber mehr,
   Solang ein Atem Mörtel und Gestein,
   In dieser jungen Brust, zusammenhält.
   Komm. Gib mir deine Hand.

PENTHESILEA.   Gehts hier, gehts dort?

PROTHOE. Du kannst den Felsen dort, der sichrer ist,
   Du kannst auch das bequemre Tal hier wählen. –
   Wozu entschließen wirst du dich?

PENTHESILEA.   Den Felsen!   1360
   Da komm ich ihm um soviel näher. Folgt mir.

PROTHOE. Wem, meine Königin?

PENTHESILEA.   Euren Arm, ihr Lieben.

PROTHOE. Sobald du jenen Hügel dort erstiegen,
   Bist du in Sicherheit.

MEROE.   Komm fort.

PENTHESILEA *indem sie plötzlich, auf eine Brücke gekommen,
stehen bleibt.*   Doch höre:
   Eins eh ich weiche, bleibt mir übrig noch.

PROTHOE. Dir übrig noch?

MEROE.   Und was?

PROTHOE.   Unglückliche!

PENTHESILEA.
   Eins noch, ihr Freundinnen, und rasend wär ich,
   Das müßt ihr selbst gestehn, wenn ich im ganzen
   Gebiet der Möglichkeit mich nicht versuchte.

PROTHOE *unwillig.*
   Nun denn, so wollt ich, daß wir gleich versänken!   1370
   Denn Rettung gibts nicht mehr.

PENTHESILEA *erschrocken.*   Was ists? Was fehlt dir?
   Was hab ich ihr getan, ihr Jungfraun, sprecht!

DIE OBERPRIESTERIN. Du denkst –?

MEROE. Du willst auf diesem Platze noch –?

PENTHESILEA.

Nichts, nichts, gar nichts, was sie erzürnen sollte. –
Den Ida will ich auf den Ossa wälzen,
Und auf die Spitze ruhig bloß mich stellen.

DIE OBERPRIESTERIN. Den Ida wälzen –?

MEROE. Wälzen auf den Ossa –?

PROTHOE *mit einer Wendung.*

Schützt, all ihr Götter, sie!

DIE OBERPRIESTERIN. Verlorene!

MEROE *schüchtern.*

Dies Werk ist der Giganten, meine Königin!

PENTHESILEA.

1380   Nun ja, nun ja: worin denn weich ich ihnen?

MEROE. Worin du ihnen –?

PROTHOE. Himmel!

DIE OBERPRIESTERIN. Doch gesetzt –?

MEROE. Gesetzt nun du vollbrächtest dieses Werk –?

PROTHOE. Gesetzt was würdest du –?

PENTHESILEA. Blödsinnige!

Bei seinen goldnen Flammenhaaren zög ich
Zu mir hernieder ihn –

PROTHOE. Wen?

PENTHESILEA. Helios,

Wenn er am Scheitel mir vorüberfleucht!

Die Fürstinnen sehn sprachlos und mit Entsetzen einander an.

DIE OBERPRIESTERIN.

Reißt mit Gewalt sie fort!

PENTHESILEA *schaut in den Fluß nieder.*

Ich, Rasende!

Da liegt er mir zu Füßen ja! Nimm mich –

Sie will in den Fluß sinken, Prothoe und Meroe halten sie.

PROTHOE. Die Unglückselige!

MEROE. Da fällt sie leblos,

1390   Wie ein Gewand, in unsrer Hand zusammen.

DIE PRIESTERIN *auf dem Hügel.*

Achill erscheint, ihr Fürstinnen! Es kann
Die ganze Schar der Jungfraun ihn nicht halten!

EINE AMAZONE.

Ihr Götter! Rettet! Schützet vor dem Frechen
Die Königin der Jungfraun!

DIE OBERPRIESTERIN *zu den Priesterinnen.*
Fort! Hinweg!
Nicht im Gewühl des Kampfs ist unser Platz.
Die Oberpriesterin mit den Priesterinnen und den Rosenmädchen ab.

Zehnter Auftritt

Eine Schar von Amazonen tritt mit Bogen in den Händen auf.
Die Vorigen.

DIE ERSTE AMAZONE *in die Szene rufend.*
Zurück, Verwegner!
DIE ZWEITE.   Er hört uns nicht.
DIE DRITTE.
Ihr Fürstinnen, wenn wir nicht treffen dürfen,
So hemmt sich sein wahnsinniger Fortschritt nicht!
DIE ZWEITE. Was ist zu tun? Sprich, Prothoe!
PROTHOE *mit der Königin beschäftigt.*   So sendet
Zehntausend Pfeile über ihn! –
MEROE *zu dem Gefolge.*   Schafft Wasser!   1400
PROTHOE. Doch sorget, daß ihr ihn nicht tödlich trefft! –
MEROE. Schafft einen Helm voll Wasser, sag ich!
EINE FÜRSTIN *aus dem Gefolge der Königin.*   Hier!
Sie schöpft und bringt.
DIE DRITTE AMAZONE *zur Prothoe.*
Sei ruhig! Fürchte nichts!
DIE ERSTE.   Hier ordnet euch!
Die Wangen streift ihm, sengt die Locken ihm,
Den Kuß des Todes flüchtig laßt ihn schmecken!
Sie bereiten ihre Bögen.

Eilfter Auftritt

Achilles ohne Helm, Rüstung und Waffen, im Gefolge einiger
Griechen. Die Vorigen.

ACHILLES. Nun? Wem auch gelten diese Pfeil, ihr Jung-
Doch diesem unbeschützten Busen nicht?   [fraun?
Soll ich den seidnen Latz noch niederreißen,
Daß ihr das Herz mir harmlos schlagen seht?
DIE ERSTE AMAZONE.
Herunter, wenn du willst, damit!   1410

DIE ZWEITE.   Es brauchts nicht!

DIE DRITTE. Den Pfeil genau, wo er die Hand jetzt hält!

DIE ERSTE. Daß er das Herz gespießt ihm, wie ein Blatt,
   Fort mit sich reiß im Flug –

MEHRERE.   Schlagt! Trefft!
           Sie schießen über sein Haupt hin.

ACHILLES.   Laßt, laßt!
   Mit euren Augen trefft ihr sicherer.
   Bei den Olympischen, ich scherze nicht,
   Ich fühle mich im Innersten getroffen,
   Und ein Entwaffneter, in jedem Sinne,
   Leg ich zu euren kleinen Füßen mich.

DIE FÜNFTE AMAZONE *von einem Spieß hinter der Szene hervor
   getroffen.*
   Ihr guten Götter! *Sie sinkt.*

DIE SECHSTE *ebenso.*   Weh mir! *Sie sinkt.*

DIE SIEBENTE *ebenso.*   Artemis! *Sie sinkt.*

1420 DIE ERSTE. Der Rasende!   ⎫
   MEROE *mit der Königin beschäftigt.*   ⎬ *zugleich*
     Die Unglückselige!   ⎭

   DIE ZWEITE AMAZONE. Entwaffnet nennt er sich.   ⎫
   PROTHOE *ebenso.*   Entseelt ist sie.   ⎬ *zugleich*
                                                          ⎭

   DIE DRITTE AMAZONE.   ⎫
     Indessen uns die Seinen niederwerfen!   ⎬ *zugleich*
   MEROE.   ⎭
     Indessen rings umher die Jungfraun sinken!
     Was ist zu tun?

   DIE ERSTE AMAZONE.
                   Den Sichelwagen her!

   DIE ZWEITE. Die Doggen über ihn!

   DIE DRITTE.   Mit Steinen ihn
     Hochher, vom Eléfantenturm begraben!

   EINE AMAZONENFÜRSTIN *die Königin plötzlich verlassend.*
     Wohlan, so will ich das Geschoß versuchen.
           Sie wirft den Bogen von der Schulter und spannt ihn.

   ACHILLES *bald zu dieser bald zu jener Amazone sich wendend.*
     Ich kanns nicht glauben: süß, wie Silberklang,
     Straft eure Stimme eure Reden Lügen.
1430   Du mit den blauen Augen bist es nicht,
     Die mir die Doggen reißend schickt, noch du,
     Die mit der seidenweichen Locke prangt.
     Seht, wenn, auf euer übereiltes Wort,

Jetzt heulend die entkoppelten mir nahten,
So würft ihr noch, mit euren eignen Leibern,
Euch zwischen sie und mich, dies Männerherz,
Dies euch in Lieb erglühende, zu schirmen.

DIE ERSTE AMAZONE.
　Der Übermütge!

DIE ZWEITE.　　　　　Hört, wie er sich brüstet!

DIE ERSTE. Er meint mit Schmeichelworten uns –

DIE DRITTE *die erste geheimnisvoll rufend.*　　　Oterpe!

DIE ERSTE *sich umwendend.*
　Ha, sieh! Die Meisterin des Bogens jetzt! –
　Still öffnet euren Kreis, ihr Fraun!　　　　　　　　1440

DIE FÜNFTE.　　　　　　Was gibts?

DIE VIERTE. Frag nicht! Du wirst es sehn.

DIE ACHTE.　　　　　　Hier! Nimm den Pfeil!

DIE AMAZONENFÜRSTIN *indem sie den Pfeil auf den Bogen legt.*
　Die Schenkel will ich ihm zusammen heften.

ACHILLES *zu einem Griechen, der neben ihm, schon den Bogen an-
　gelegt hat.*
　Triff sie!

DIE AMAZONENFÜRSTIN.
　　　　Ihr Himmlischen! *Sie sinkt.*

DIE ERSTE AMAZONE.　　　Der Schreckliche!

DIE ZWEITE. Getroffen sinkt sie selbst!

DIE DRITTE.　　　　　　Ihr ewigen Götter!
　Und dort naht uns ein neuer Griechenhaufen!

Zwölfter Auftritt

*Diomedes mit den Ätoliern treten von der andern Seite auf.
Bald darauf auch Odysseus von der Seite Achills mit dem Heer.*

DIOMEDES. Hier, meine wackeren Ätolier,
　Heran! *Er führt sie über die Brücke.*

PROTHOE. O, Artemis! Du Heilige! Rette!
　Jetzt ists um uns geschehn!

*Sie trägt die Königin, mit Hülfe einiger Amazonen, wieder auf den
　　　　　　Vorgrund der Szene.*

DIE AMAZONEN *in Verwirrung.* Wir sind gefangen!
　Wir sind umzingelt! Wir sind abgeschnitten!　　　　1450
　Fort! Rette sich, wer retten kann!

DIOMEDES *zu Prothoe.*　　　Ergebt euch!

MEROE *zu den flüchtigen Amazonen.*
Ihr Rasenden! Was tut ihr? Wollt ihr stehn! –
Prothoe! Sieh her!

PROTHOE *immer bei der Königin.*
      Hinweg! Verfolge sie,
Und wenn du kannst, so mach uns wieder frei.
  Die Amazonen zerstreuen sich. Meroe folgt ihnen.

ACHILLES. Auf jetzt, wo ragt sie mit dem Haupte?

EIN GRIECHE.   Dort!

ACHILLES. Dem Diomed will ich zehn Kronen schenken.

DIOMEDES. Ergebt euch, sag ich noch einmal!

PROTHOE.   Dem Sieger
Ergeb ich sie, nicht dir! Was willst du auch?
Der Peleïd ists, dem sie angehört!

1460 DIOMEDES. So werft sie nieder!

EIN ÄTOLIER.   Auf!

ACHILLES *den Ätolier zurückstoßend.* Der weicht ein Schatten
Vom Platz, der mir die Königin berührt! –
Mein ist sie! Fort! Was habt ihr hier zu suchen –

DIOMEDES.
So! Dein! Ei sieh, bei Zeus', des Donnrers, Locken,
Aus welchen Gründen auch? Mit welchem Rechte?

ACHILLES. Aus einem Grund, der rechts, und einer links.–
Gib.

PROTHOE.
Hier. Von deiner Großmut fürcht ich nichts.

ACHILLES *indem er die Königin in seine Arme nimmt.*
Nichts, nichts. –
Zu Diomedes. Du gehst und folgst und schlägst die
Ich bleib auf einen Augenblick zurück. [Frauen;
– Fort! Mir zulieb. Erwidre nichts. Dem Hades
1470 Stünd ich im Kampf um sie, vielmehr denn dir!
  Er legt sie an die Wurzel einer Eiche nieder.

DIOMEDES. Es sei! Folgt mir!

ODYSSEUS *mit dem Heer über die Bühne ziehend.*
      Glück auf, Achill! Glück auf!
Soll ich dir die Quadriga rasselnd schicken?

ACHILL *über die Königin geneigt.*
Es brauchts nicht. Laß noch sein.

ODYSSEUS.   Gut. Wie du willst.–
Folgt mir! Eh sich die Weiber wieder sammlen.
Odysseus und Diomedes mit dem Heer von der Seite der Amazonen ab.

Dreizehnter Auftritt

Penthesilea, Prothoe, Achilles. Gefolge von Griechen und Amazonen.

ACHILLES *indem er der Königin die Rüstung öffnet.*
  Sie lebt nicht mehr.
PROTHOE.   O möcht ihr Auge sich
  Für immer diesem öden Licht verschließen!
  Ich fürchte nur zu sehr, daß sie erwacht.
ACHILLES. Wo traf ich sie?
PROTHOE.   Sie raffte von dem Stoß sich,
  Der ihr die Brust zerriß, gewaltsam auf;
  Hier führten wir die Wankende heran,   1480
  Und diesen Fels just wollten wir erklimmen.
  Doch seis der Glieder, der verwundeten,
  Seis der verletzten Seele Schmerz: sie konnte,
  Daß sie im Kampf gesunken dir, nicht tragen;
  Der Fuß versagte brechend ihr den Dienst,
  Und Irrgeschwätz von bleichen Lippen sendend,
  Fiel sie zum zweitenmal mir in den Arm.
ACHILLES. Sie zuckte – sahst du es?
PROTHOE.   Ihr Himmlischen!
  So hat sie noch den Kelch nicht ausgeleert?
  Seht, o die Jammervolle, seht –
ACHILLES.   Sie atmet.   1490
PROTHOE. Pelide! Wenn du das Erbarmen kennst,
  Wenn ein Gefühl den Busen dir bewegt,
  Wenn du sie töten nicht, in Wahnsinn völlig
  Die Leichtgereizte nicht verstricken willst,
  So gönne eine Bitte mir.
ACHILLES.   Sprich rasch!
PROTHOE. Entferne dich! Tritt, du Vortrefflicher,
  Tritt aus dem Antlitz ihr, wenn sie erwacht.
  Entrück ihr gleich die Schar, die dich umsteht,
  Und laß, bevor die Sonne sich erneut,
  Fern auf der Berge Duft, ihr niemand nahn,   1500
  Der sie begrüßte, mit dem Todeswort:
  Du bist die Kriegsgefangene Achills.
ACHILLES. So haßt sie mich?
PROTHOE.   O frage nicht, Großherzger! –
  Wenn sie jetzt freudig an der Hoffnung Hand
  Ins Leben wiederkehrt, so sei der Sieger
  Das erste nicht, das freudlos ihr begegnet.

Wie manches regt sich in der Brust der Frauen,
Das für das Licht des Tages nicht gemacht.
Muß sie zuletzt, wie ihr Verhängnis will,
1510 Als die Gefangne schmerzlich dich begrüßen,
So fordr' es früher nicht, beschwör ich dich!
Als bis ihr Geist dazu gerüstet steht.

ACHILLES. Mein Will ist, ihr zu tun, muß ich dir sagen,
Wie ich dem stolzen Sohn des Priam tat.

PROTHOE. Wie, du Entsetzlicher!

ACHILLES.   – Fürchtet sie dies?

PROTHOE. Du willst das Namenlos' an ihr vollstrecken?
Hier diesen jungen Leib, du Mensch voll Greuel,
Geschmückt mit Reizen, wie ein Kind mit Blumen,
Du willst ihn schändlich, einer Leiche gleich –?

1520 ACHILLES. Sag ihr, daß ich sie liebe.

PROTHOE.   Wie? – Was war das?

ACHILLES.
Beim Himmel, wie! Wie Männer Weiber lieben;
Keusch und das Herz voll Sehnsucht doch, in Un-
                              schuld,
Und mit der Lust doch, sie darum zu bringen.
Ich will zu meiner Königin sie machen.

PROTHOE. Ihr ewgen Götter, sag das noch einmal.
– Du willst?

ACHILLES.   Kann ich nun bleiben?

PROTHOE.   O so laß
Mich deine Füße küssen, Göttlicher!
O jetzt, wärst du nicht hier, jetzt sucht ich dich,
Und müßts an Herkuls Säulen sein, Pelide! –

1530 Doch sieh: sie schlägt die Augen auf –

ACHILLES.   Sie regt sich –

PROTHOE. Jetzt gilts! Ihr Männer, fort von hier; und du
Rasch hinter diese Eiche berge dich!

ACHILLES. Fort, meine Freunde! Tretet ab.

              Das Gefolge des Achills ab.

PROTHOE *zu Achill, der sich hinter die Eiche stellt.* Noch tiefer!
Und eher nicht, beschwör ich dich, erscheine,
Als bis mein Wort dich ruft. Versprichst du mir? –
Es läßt sich ihre Seele nicht berechnen.

ACHILLES. Es soll geschehn.

PROTHOE.   Nun denn, so merk jetzt auf!

Vierzehnter Auftritt

Penthesilea, Prothoe, Achilles. Gefolge von Amazonen.

PROTHOE. Penthesilea! O du Träumerin!
   In welchen fernen Glanzgefilden schweift
   Dein Geist umher, mit unruhvollem Flattern,   1540
   Als ob sein eigner Sitz ihm nicht gefiele,
   Indes das Glück, gleich einem jungen Fürsten,
   In deinen Busen einkehrt, und, verwundert
   Die liebliche Behausung leer zu finden,
   Sich wieder wendet und zum Himmel schon
   Die Schritte wieder flüchtig setzen will?
   Willst du den Gast nicht fesseln, o du Törin? –
   Komm hebe dich an meine Brust.
PENTHESILEA.   Wo bin ich?
PROTHOE. – Kennst du die Stimme deiner Schwester
   Führt jener Fels dich, dieser Brückenpfad, [nicht?   1550
   Die ganze blühnde Landschaft nicht zurück?
   – Sieh diese Jungfraun, welche dich umringen:
   Wie an den Pforten einer schönren Welt,
   Stehn sie, und rufen dir: willkommen! zu.
   – Du seufzest. Was beängstigt dich?
PENTHESILEA.   Ach Prothoe!
   Welch einen Traum entsetzensvoll träumt ich –
   Wie süß ist es, ich möchte Tränen weinen,
   Dies mattgequälte Herz, da ich erwache,
   An deinem Schwesterherzen schlagen fühlen –
   – Mir war, als ob, im heftigen Getümmel,   1560
   Mich des Peliden Lanze traf: umrasselt
   Von meiner erznen Rüstung, schmettr' ich nieder;
   Der Boden widerhallte meinem Sturz.
   Und während das erschrockne Heer entweicht,
   Umstrickt an allen Gliedern lieg ich noch,
   Da schwingt er sich vom Pferde schon herab,
   Mit Schritten des Triumphes naht er mir,
   Und er ergreift die Hingesunkene,
   In starken Armen hebt er mich empor,
   Und jeder Griff nach diesem Dolch versagt mir,   1570
   Gefangen bin ich und mit Hohngelächter
   Zu seinen Zelten werd ich abgeführt.
PROTHOE. Nicht, meine beste Königin! Der Hohn
   Ist seiner großmutsvollen Seele fremd.

Wär es, was dir im Traum erschien: glaub mir,
Ein sel'ger Augenblick wär dir beschieden,
Und in den Staub vielleicht, dir huldigend,
Sähst du den Sohn der Götter niederfallen.

PENTHESILEA.
Fluch mir, wenn ich die Schmach erlebte, Freundin!
1580   Fluch mir, empfing ich jemals einen Mann,
Den mir das Schwert nicht würdig zugeführt.

PROTHOE. Sei ruhig, meine Königin.

PENTHESILEA.   Wie! Ruhig –

PROTHOE. Liegst du an meinem treuen Busen nicht?
Welch ein Geschick auch über dich verhängt sei,
Wir tragen es, wir beide: fasse dich.

PENTHESILEA. Ich war so ruhig, Prothoe, wie das Meer,
Das in der Bucht des Felsen liegt; nicht ein
Gefühl, das sich in Wellen mir erhob.
Dies Wort: sei ruhig! jagt mich plötzlich jetzt,
1590   Wie Wind die offnen Weltgewässer, auf.
Was ist es denn, das Ruh hier nötig macht? –
Ihr steht so seltsam um mich, so verstört –
– Und sendet Blicke, bei den ewgen Göttern,
In meinen Rücken hin, als stünd ein Unhold,
Mit wildem Antlitz dräuend, hinter mir.
– Du hörsts, es war ja nur ein Traum, es ist nicht –
Wie! Oder ist es? Ists? Wärs wirklich? Rede! –
– Wo ist denn Meroe? Megaris?

            Sie sieht sich um und erblickt den Achilles.

                              Entsetzlich!
Da steht der Fürchterliche hinter mir.
1600   Jetzt meine freie Hand – *Sie zieht den Dolch.*

PROTHOE.   Unglückliche!

PENTHESILEA. O die Nichtswürdige, sie wehret mir –

PROTHOE. Achilles! Rette sie.

PENTHESILEA.   O Rasende!
Er soll den Fuß auf meinen Nacken setzen!

PROTHOE. Den Fuß, Wahnsinnige –

PENTHESILEA.   Hinweg, sag ich! –

PROTHOE. So sieh ihn doch nur an, Verlorene –!
Steht er nicht ohne Waffen hinter dir?

PENTHESILEA. Wie? Was?

PROTHOE.   Nun ja! Bereit, wenn dus verlangst,
Selbst deinem Fesselkranz sich darzubieten.

PENTHESILEA. Nein, sprich.
PROTHOE.   Achill! Sie glaubt mir nicht. Sprich du!
PENTHESILEA. Er wär gefangen mir?
PROTHOE.   Wie sonst? Ists nicht? 1610
ACHILLES *der während dessen vorgetreten.*
    In jedem schönren Sinn, erhabne Königin!
    Gewillt mein ganzes Leben fürderhin,
    In deiner Blicke Fesseln zu verflattern.
            Penthesilea drückt ihre Hände vors Gesicht.
PROTHOE. Nun denn, da hörtest dus aus seinem Mund.
    – Er sank, wie du, als ihr euch traft, in Staub;
    Und während du entseelt am Boden lagst,
    Ward er entwaffnet – nicht?
ACHILLES.   Ich ward entwaffnet;
    Man führte mich zu deinen Füßen her.
            Er beugt ein Knie vor ihr.
PENTHESILEA *nach einer kurzen Pause.*
    Nun denn, so sei mir, frischer Lebensreiz,
    Du junger, rosenwang'ger Gott, gegrüßt!   1620
    Hinweg jetzt, o mein Herz, mit diesem Blute,
    Das aufgehäuft, wie seiner Ankunft harrend,
    In beiden Kammern dieser Brüste liegt.
    Ihr Boten, ihr geflügelten, der Lust,
    Ihr Säfte meiner Jugend, macht euch auf,
    Durch meine Adern fleucht, ihr jauchzenden,
    Und laßt es einer roten Fahne gleich,
    Von allen Reichen dieser Wangen wehn:
    Der junge Nereïdensohn ist mein!
            Sie steht auf.
PROTHOE. O meine teure Königin, mäßge dich.   1630
PENTHESILEA *indem sie vorschreitet.*
    Heran, ihr sieggekrönten Jungfraun jetzt,
    Ihr Töchter Mars', vom Wirbel bis zur Sohle
    Vom Staub der Schlacht noch überdeckt, heran,
    Mit dem Argiverjüngling jegliche,
    Den sie sich überwunden, an der Hand!
    Ihr Mädchen, naht euch, mit den Rosenkörben:
    Wo sind für soviel Scheitel Kränze mir?
    Hinaus mir über die Gefilde, sag ich,
    Und mir die Rosen, die der Lenz verweigert,
    Mit eurem Atem aus der Flur gehaucht!   1640
    An euer Amt, ihr Priestrinnen der Diana:

Daß eures Tempels Pforten rasselnd auf,
Des glanzerfüllten, weihrauchduftenden,
Mir, wie des Paradieses Tore, fliegen!
Zuerst den Stier, den feisten, kurzgehörnten,
Mir an den Altar hin; das Eisen stürz ihn,
Das blinkende, an heilger Stätte lautlos,
Daß das Gebäu erschüttere, darnieder.
Ihr Dienrinnen, ihr rüstigen, des Tempels,
1650   Das Blut, wo seid ihr? rasch, ihr Emsigen,
Mit Perserölen, von der Kohle zischend,
Von des Getäfels Plan hinweggewaschen!
Und all ihr flatternden Gewänder, schürzt euch,
Ihr goldenen Pokale, füllt euch an,
Ihr Tuben, schmettert, donnert, ihr Posaunen,
Der Jubel mache, der melodische,
Den festen Bau des Firmamentes beben! –
O Prothoe! Hilf jauchzen mir, frohlocken,
Erfinde, Freundin, Schwesterherz, erdenke,
1660   Wie ich ein Fest jetzt göttlicher, als der
Olymp durchjubelte, verherrliche,
Das Hochzeitsfest der krieggeworbnen Bräute,
Der Inachiden und der Kinder Mars'! –
O Meroe, wo bist du? Megaris?

PROTHOE *mit unterdrückter Rührung.*

Freud ist und Schmerz dir, seh ich, gleich verderblich,
Und gleich zum Wahnsinn reißt dich beides hin.
Du wähnst, wähnst dich in Themiscyra schon,
Und wenn du so die Grenzen überschwärmst,
Fühl ich gereizt mich, dir das Wort zu nennen,
1670   Das dir den Fittich plötzlich wieder lähmt.
Blick um dich her, Betrogene, wo bist du?
Wo ist das Volk? Wo sind die Priesterinnen?
Asteria? Meroe? Megaris? Wo sind sie?

PENTHESILEA *an ihrem Busen.*

O laß mich, Prothoe! O laß dies Herz
Zwei Augenblick in diesem Strom der Lust,
Wie ein besudelt Kind, sich untertauchen;
Mit jedem Schlag in seine üppgen Wellen
Wäscht sich ein Makel mir vom Busen weg.
Die Eumeniden fliehn, die schrecklichen,
1680   Es weht, wie Nahn der Götter um mich her,
Ich möchte gleich in ihren Chor mich mischen,

Zum Tode war ich nie so reif als jetzt.
Doch jetzt vor allem: du vergibst mir doch?
PROTHOE. O meine Herrscherin!
PENTHESILEA.   Ich weiß, ich weiß –
Nun, meines Blutes beßre Hälft ist dein.
– Das Unglück, sagt man, läutert die Gemüter,
Ich, du Geliebte, ich empfand es nicht;
Erbittert hat es, Göttern mich und Menschen
In unbegriffner Leidenschaft empört.
Wie seltsam war, auf jedem Antlitz, mir,   1690
Wo ich sie traf, der Freude Spur verhaßt;
Das Kind, das in der Mutter Schoße spielte,
Schien mir verschworen wider meinen Schmerz.
Wie möcht ich alles jetzt, was mich umringt,
Zufrieden gern und glücklich sehn! Ach, Freundin!
Der Mensch kann groß, ein Held, im Leiden sein,
Doch göttlich ist er, wenn er selig ist!
– Doch rasch zur Sache jetzt. Es soll das Heer
Zur Rückkehr schleunig jede Anstalt treffen;
Sobald die Scharen ruhten, Tier und Menschen,   1700
Bricht auch der Zug mit den Gefangenen,
Nach unsern heimatlichen Fluren auf. –
– Wo ist Lykaon?
PROTHOE.   Wer?
PENTHESILEA *mit zärtlichem Unwillen.*
                       Wer, fragst du noch!
Er, jener blühende Arkadierheld,
Den dir das Schwert erwarb. Was hält ihn fern?
PROTHOE *verwirrt.*
Er weilt noch in den Wäldern, meine Königin!
Wo man die übrigen Gefangnen hält.
Vergönne, daß er, dem Gesetz gemäß,
Eh nicht, als in der Heimat mir erscheine.
PENTHESILEA.
Man ruf ihn mir! – Er weilt noch in den Wäldern!   1710
– Zu meiner Prothoe Füßen ist sein Platz!
– – Ich bitte dich, Geliebte, ruf ihn her,
Du stehst mir, wie ein Maienfrost, zur Seite,
Und hemmst der Freude junges Leben mir.
PROTHOE *für sich.* Die Unglückselige! – Wohlan so geht,
Und tut, wie euch die Königin befohlen.
         Sie winkt einer Amazone; diese geht ab.

PENTHESILEA.

Wer schafft mir jetzt die Rosenmädchen her?
Sie erblickt Rosen auf dem Boden.
Sieh! Kelche finden, und wie duftende,
Auf diesem Platz sich –!
Sie fährt sich mit der Hand über die Stirne.

Ach mein böser Traum!
Zu Prothoe.
1720 War denn der Diana Oberpriestrin hier?

PROTHOE. Nicht, daß ich wüßte, meine Königin –

PENTHESILEA. Wie kommen denn die Rosen her?

PROTHOE *rasch.* Sieh da!

Die Mädchen, die die Fluren plünderten,
Sie ließen einen Korb voll hier zurück.
Nun, diesen Zufall wahrlich nenn ich günstig.
Hier, diese duftgen Blüten raff ich auf,
Und winde den Pelidenkranz dir. Soll ich?
Sie setzt sich an der Eiche nieder.

PENTHESILEA. Du Liebe! Treffliche! Wie du mich rührst.–
Wohlan! Und diese hundertblättrigen
1730 Ich dir zum Siegerkranz Lykaons. Komm.
*Sie rafft gleichfalls einige Rosen auf, und setzt sich neben Prothoe
nieder.*

Musik, ihr Fraun, Musik! Ich bin nicht ruhig.
Laßt den Gesang erschallen! Macht mich still.

EINE JUNGFRAU *aus ihrem Gefolge.*

Was wünschest du?

EINE ANDERE. Den Siegsgesang?

PENTHESILEA. – Die Hymne.

DIE JUNGFRAU. Es sei. – O die Betrogene! – Singt! Spielt!

CHOR DER JUNGFRAUN *mit Musik.*

Ares entweicht!
Seht, wie sein weißes Gespann
Fernhin dampfend zum Orkus niedereilt!
Die Eumeniden öffnen, die scheußlichen:
Sie schließen die Tore wieder hinter ihm zu.
1740 EINE JUNGFRAU. Hymen! Wo weilst du?
Zünde die Fackel an, und leuchte! leuchte!
Hymen! wo weilst du?

CHOR. Ares entweicht! *usw.*

ACHILLES *nähert sich während des Gesanges der Prothoe heimlich.*

Sprich! Wohin führt mich dies? Ich will es wissen!

PROTHOE. Noch einen Augenblick, Großherziger,
  Fleh ich dich um Geduld – du wirst es sehn.

*Wenn die Kränze gewunden sind, wechselt Penthesilea den ihrigen
gegen den Kranz der Prothoe, sie umarmen sich und betrachten die
Windungen. Die Musik schweigt.*
Die Amazone kehrt zurück.

PENTHESILEA. Hast dus bestellt?

DIE AMAZONE.   Lykaon wird sogleich,
  Der junge Prinz Arkadiens, erscheinen.

Fünfzehnter Auftritt

Penthesilea, Prothoe, Achilles, Amazonen.

PENTHESILEA. Komm jetzt, du süßer Nereïdensohn,
  Komm, lege dich zu Füßen mir – Ganz her!   1750
  Nur dreist heran! – – Du fürchtest mich doch nicht?
  – Verhaßt nicht, weil ich siegte, bin ich dir?
  Sprich! Fürchtest du, die dich in Staub gelegt?

ACHILLES *zu ihren Füßen.*
  Wie Blumen Sonnenschein.

PENTHESILEA.   Gut, gut gesagt!
  So sieh mich auch wie deine Sonne an. –
  Diana, meine Herrscherin, er ist
  Verletzt!

ACHILLES. Geritzt am Arm, du siehst, nichts weiter.

PENTHESILEA. Ich bitte dich, Pelide, glaube nicht,
  Daß ich jemals nach deinem Leben zielte.
  Zwar gern mit diesem Arm hier traf ich dich;   1760
  Doch als du niedersankst, beneidete
  Hier diese Brust den Staub, der dich empfing.

ACHILLES.
  Wenn du mich liebst, so sprichst du nicht davon.
  Du siehst es heilt schon.

PENTHESILEA.   So verzeihst du mir?

ACHILLES. Von ganzem Herzen. –

PENTHESILEA.   Jetzt – kannst du mir sagen,
  Wie es die Liebe macht, der Flügelknabe,
  Wenn sie den störr'gen Leun in Fesseln schlägt?

ACHILLES. Sie streichelt, denk ich, seine rauhen Wangen,
  So hält er still.

PENTHESILEA.   Nun denn, so wirst du dich
1770   Nicht mehr als eine junge Taube regen,
Um deren Hals ein Mädchen Schlingen legt.
Denn die Gefühle dieser Brust, o Jüngling,
Wie Hände sind sie, und sie streicheln dich.
          Sie umschlingt ihn mit Kränzen.
ACHILLES. Wer bist du, wunderbares Weib?
PENTHESILEA.   Gib her. –
Ich sagte still! Du wirst es schon erfahren.
– Hier diese leichte Rosenwindung nur
Um deine Scheitel, deinen Nacken hin –
Zu deinen Armen, Händen, Füßen nieder –
Und wieder auf zum Haupt – – so ists geschehn.
1780   – Was atmest du?
ACHILLES.   Duft deiner süßen Lippen.
PENTHESILEA *indem sie sich zurückbeugt.*
Es sind die Rosen, die Gerüche streun.
– Nichts, nichts!
ACHILLES.   Ich wollte sie am Stock versuchen.
PENTHESILEA. Sobald sie reif sind, Liebster, pflückst du sie.
Sie setzt ihm noch einen Kranz auf die Scheitel und läßt ihn gehn.
Jetzt ists geschehn. – O sieh, ich bitte dich,
Wie der zerfloßne Rosenglanz ihm steht!
Wie sein gewitterdunkles Antlitz schimmert!
Der junge Tag, wahrhaftig, liebste Freundin,
Wenn ihn die Horen von den Bergen führen,
Demanten perlen unter seinen Tritten:
1790   Er sieht so weich und mild nicht drein, als er. –
Sprich! Dünkts dich nicht, als ob sein Auge glänzte? –
Fürwahr! Man möchte, wenn er so erscheint, fast
Daß er es sei.   [zweifeln,
PROTHOE.   Wer, meinst du?
PENTHESILEA.   Der Pelide! –
Sprich, wer den Größesten der Priamiden
Vor Trojas Mauern fällte, warst das du?
Hast du ihm wirklich, *du*, mit diesen Händen
Den flüchtgen Fuß durchkeilt, an deiner Achse
Ihn häuptlings um die Vaterstadt geschleift? –
Sprich! Rede! Was bewegt dich so? Was fehlt dir?
ACHILLES. Ich bins.
PENTHESILEA *nachdem sie ihn scharf angesehen.*
          Er sagt, er seis.

PROTHOE.   Er ist es, Königin;   1800
  An diesem Schmuck hier kannst du ihn erkennen.
PENTHESILEA. Woher?
PROTHOE.   Es ist die Rüstung, sieh nur her,
  Die Thetis ihm, die hohe Göttermutter,
  Bei dem Hephäst, des Feuers Gott, erschmeichelt.
PENTHESILEA. Nun denn, so grüß ich dich mit diesem Kuß,
  Unbändigster der Menschen, mein! Ich bins,
  Du junger Kriegsgott, der du angehörst;
  Wenn man im Volk dich fragt, so nennst du *mich*.
ACHILLES. O du, die eine Glanzerscheinung mir,
  Als hätte sich das Ätherreich eröffnet,   1810
  Herabsteigst, Unbegreifliche, wer bist du?
  Wie nenn ich dich, wenn meine eigne Seele
  Sich, die entzückte, fragt, wem sie gehört?
PENTHESILEA. Wenn sie dich fragt, so nenne diese Züge,
  Das sei der Nam, in welchem du mich denkst. –
  Zwar diesen goldnen Ring hier schenk ich dir,
  Mit jedem Merkmal, das dich sicher stellt;
  Und zeigst du ihn, so weist man dich zu mir.
  Jedoch ein Ring vermißt sich, Namen schwinden;
  Wenn dir der Nam entschwänd, der Ring sich mißte: 1820
  Fändst du mein Bild in dir wohl wieder aus?
  Kannst dus wohl mit geschloßnen Augen denken?
ACHILLES. Es steht so fest, wie Züg in Diamanten.
PENTHESILEA. Ich bin die Königin der Amazonen,
  Er nennt sich marserzeugt, mein Völkerstamm,
  Otrere war die große Mutter mir,
  Und mich begrüßt das Volk: Penthesilea.
ACHILLES. Penthesilea.
PENTHESILEA.   Ja, so sagt ich dir.
ACHILLES. Mein Schwan singt noch im Tod: Penthesilea.
PENTHESILEA.
  Die Freiheit schenk ich dir, du kannst den Fuß   1830
  Im Heer der Jungfraun setzen, wie du willst.
  Denn eine andre Kette denk ich noch,
  Wie Blumen leicht, und fester doch, als Erz,
  Die dich mir fest verknüpft, ums Herz zu schlagen.
  Doch bis sie zärtlich, Ring um Ring, geprägt,
  In der Gefühle Glut, und ausgeschmiedet,
  Der Zeit nicht, und dem Zufall, mehr zerstörbar,
  Kehrst du, weil es die Pflicht erheischt, mir wieder,

Mir, junger Freund, versteh mich, die für jedes,
1840 Seis ein Bedürfnis, seis ein Wunsch, dir sorgt.
      Willst du das tun, sag an?

ACHILLES.   Wie junge Rosse
      Zum Duft der Krippe, die ihr Leben nährt.

PENTHESILEA. Gut. Ich verlaß mich drauf. Wir treten jetzt
      Die Reise gleich nach Themiscyra an;
      Mein ganzer Harras bis dahin ist dein.
      Man wird dir purpurne Gezelte bringen,
      Und auch an Sklaven nicht, dich zu bedienen,
      Wirds deinem königlichen Willen fehlen.
      Doch weil mich, auf dem Zuge, du begreifst,
1850 So manche Sorge fesselt, wirst du dich
      Noch zu den übrigen Gefangnen halten:
      In Themiscyra erst, Neridensohn,
      Kann ich mich ganz, aus voller Brust, dir weihn.

ACHILLES. Es soll geschehn.

PENTHESILEA *zu Prothoe.*   Nun aber sage mir,
      Wo weilt auch dein Arkadier?

PROTHOE.   Meine Fürstin –

PENTHESILEA. So gern von deiner Hand, geliebte Prothoe,
      Möcht ich bekränzt ihn sehn.

PROTHOE.   Er wird schon kommen. –
      Der Kranz hier soll ihm nicht verloren gehn.

PENTHESILEA *aufbrechend.*
      Nun denn – mich rufen mancherlei Geschäfte,
1860 So laßt mich gehn.

ACHILLES.   Wie?

PENTHESILEA.   Laß mich aufstehn, Freund.

ACHILLES.
      Du fliehst? Du weichst? Du lässest mich zurück?
      Noch eh du meiner sehnsuchtsvollen Brust
      So vieler Wunder Aufschluß gabst, Geliebte?

PENTHESILEA. In Themiscyra, Freund.

ACHILLES.   Hier, meine Königin!

PENTHESILEA. In Themiscyra, Freund, in Themiscyra –
      Laß mich!

PROTHOE *sie zurückhaltend, unruhig.*
                  Wie? Meine Königin! Wo willst du hin?

PENTHESILEA *befremdet.*
      Die Scharen will ich mustern – sonderbar!

Mit Meroe will ich sprechen, Megaris.
Hab ich, beim Styx, jetzt nichts zu tun, als plaudern?
PROTHOE. Das Heer verfolgt die flüchtgen Griechen   1870
Laß Meroe, die die Spitze führt, die Sorge; [noch. –
Du brauchst der Ruhe noch. – Sobald der Feind
Nur völlig über den Skamandros setzte,
Wird dir das Heer hier siegreich vorgeführt.
PENTHESILEA *erwägend.*
So! – – Hier auf dieses Feld? Ist das gewiß?
PROTHOE. Gewiß. Verlaß dich drauf. –
PENTHESILEA *zum Achill.*   Nun so sei kurz.
ACHILLES. Was ists, du wunderbares Weib, daß du,
Athene gleich, an eines Kriegsheers Spitze,
Wie aus den Wolken nieder, unbeleidigt,
In unsern Streit vor Troja plötzlich fällst?   1880
Was treibt, vom Kopf zu Fuß in Erz gerüstet,
So unbegriffner Wut voll, Furien ähnlich,
Dich gegen das Geschlecht der Griechen an;
Du, die sich bloß in ihrer Schöne ruhig
Zu zeigen brauchte, Liebliche, das ganze
Geschlecht der Männer dir im Staub zu sehn?
PENTHESILEA. Ach, Nereïdensohn! – Sie ist mir nicht,
Die Kunst vergönnt, die sanftere, der Frauen!
Nicht bei dem Fest, wie deines Landes Töchter,
Wenn zu wetteifernd frohen Übungen   1890
Die ganze Jugendpracht zusammenströmt,
Darf ich mir den Geliebten ausersehn;
Nicht mit dem Strauß, so oder so gestellt,
Und dem verschämten Blick, ihn zu mir locken;
Nicht in dem Nachtigall-durchschmetterten
Granatwald, wenn der Morgen glüht, ihm sagen,
An seine Brust gesunken, daß ers sei.
Im blutgen Feld der Schlacht muß ich ihn suchen,
Den Jüngling, den mein Herz sich auserkor,
Und ihn mit ehrnen Armen mir ergreifen,   1900
Den diese weiche Brust empfangen soll.
ACHILLES. Und woher quillt, von wannen ein Gesetz,
Unweiblich, du vergibst mir, unnatürlich,
Dem übrigen Geschlecht der Menschen fremd?
PENTHESILEA. Fern aus der Urne alles Heiligen,
O Jüngling: von der Zeiten Gipfeln nieder,
Den unbetretnen, die der Himmel ewig

    In Wolkenduft geheimnisvoll verhüllt.
    Der ersten Mütter Wort entschied es also,
1910   Und dem verstummen wir, Neridensohn,
    Wie deiner ersten Väter Worten du.
ACHILLES. Sei deutlicher.
PENTHESILEA.   Wohlan! So höre mich. –
    Wo jetzt das Volk der Amazonen herrschet,
    Da lebte sonst, den Göttern untertan,
    Ein Stamm der Skythen, frei und kriegerisch,
    Jedwedem andern Volk der Erde gleich.
    Durch Reihn schon nannt er von Jahrhunderten
    Den Kaukasus, den fruchtumblühten, sein:
    Als Vexoris, der Äthioper König,
1920   An seinem Fuß erschien, die Männer rasch,
    Die kampfverbundnen, vor sich niederwarf,
    Sich durch die Täler goß, und Greis' und Knaben,
    Wo sein gezückter Stahl sie traf, erschlug:
    Das ganze Prachtgeschlecht der Welt ging aus.
    Die Sieger bürgerten, barbarenartig,
    In unsre Hütten frech sich ein, ernährten
    Von unsrer reichen Felder Früchten sich,
    Und voll der Schande Maß uns zuzumessen,
    Ertrotzten sie der Liebe Gruß sich noch:
1930   Sie rissen von den Gräbern ihrer Männer
    Die Fraun zu ihren schnöden Betten hin.
ACHILLES. Vernichtend war das Schicksal, Königin,
    Das deinem Frauenstaat das Leben gab.
PENTHESILEA. Doch alles schüttelt, was ihm unerträglich,
    Der Mensch von seinen Schultern sträubend ab;
    Den Druck nur mäßger Leiden duldet er.
    Durch ganze Nächte lagen, still und heimlich,
    Die Fraun im Tempel Mars', und höhlten weinend
    Die Stufen mit Gebet um Rettung aus.
1940   Die Betten füllten, die entweihten, sich
    Mit blankgeschliffnen Dolchen an, gekeilt,
    Aus Schmuckgeräten, bei des Herdes Flamme,
    Aus Senkeln, Ringen, Spangen: nur die Hochzeit
    Ward, des Äthioperkönigs Vexoris
    Mit Tanaïs, der Königin, erharrt,
    Der Gäste Brust zusamt damit zu küssen.
    Und als das Hochzeitsfest erschienen war,
    Stieß ihm die Kön'gin ihren in das Herz;

Mars, an des Schnöden Statt, vollzog die Ehe,
Und das gesamte Mordgeschlecht, mit Dolchen,   1950
In einer Nacht, ward es zu Tod gekitzelt.
ACHILLES. Solch eine Tat der Weiber läßt sich denken.
PENTHESILEA. Und dies jetzt ward im Rat des Volks be-
Frei, wie der Wind auf offnem Blachfeld, sind [schlossen:
Die Fraun, die solche Heldentat vollbracht,
Und dem Geschlecht der Männer nicht mehr dienstbar.
Ein Staat, ein mündiger, sei aufgestellt,
Ein Frauenstaat, den fürder keine andre
Herrschsüchtge Männerstimme mehr durchtrotzt,
Der das Gesetz sich würdig selber gebe,   1960
Sich selbst gehorche, selber auch beschütze:
Und Tanaïs sei seine Königin.
Der Mann, dess Auge diesen Staat erschaut,
Der soll das Auge gleich auf ewig schließen;
Und wo ein Knabe noch geboren wird,
Von der Tyrannen Kuß, da folg er gleich
Zum Orkus noch den wilden Vätern nach.
Der Tempel Ares' füllte sich sogleich
Gedrängt mit Volk, die große Tanaïs
Zu solcher Satzung Schirmerin zu krönen.   1970
Gerad als sie, im festlichsten Moment,
Die Altarstuf erstieg, um dort den Bogen,
Den großen, goldenen, des Skythenreichs,
Den sonst die Könige geführt, zu greifen,
Von der geschmückten Oberpriesterin Hand,
Ließ eine Stimme also sich vernehmen:
»Den Spott der Männer werd er reizen nur,
Ein Staat, wie der, und gleich dem ersten Anfall
Des kriegerischen Nachbarvolks erliegen:
Weil doch die Kraft des Bogens nimmermehr,   1980
Von schwachen Fraun, beengt durch volle Brüste,
Leicht, wie von Männern, sich regieren würde.«
Die Königin stand einen Augenblick,
Und harrte still auf solcher Rede Glück;
Doch als die feige Regung um sich griff,
Riß sie die rechte Brust sich ab, und taufte
Die Frauen, die den Bogen spannen würden,
Und fiel zusammen, eh sie noch vollendet:
Die Amazonen oder Busenlosen! –
Hierauf ward ihr die Krone aufgesetzt.   1990

ACHILLES.
  Nun denn, beim Zeus, die brauchte keine Brüste!
  Die hätt ein Männervolk beherrschen können,
  Und meine ganze Seele beugt sich ihr.
PENTHESILEA. Still auch auf diese Tat wards, Peleïde,
  Nichts als der Bogen ließ sich schwirrend hören,
  Der aus den Händen, leichenbleich und starr,
  Der Oberpriesterin daniederfiel.
  Er stürzt', der große, goldene, des Reichs,
  Und klirrte von der Marmorstufe dreimal,
2000 Mit dem Gedröhn der Glocken, auf, und legte,
  Stumm wie der Tod, zu ihren Füßen sich. –
ACHILLES. Man folgt ihr, hoff ich doch, im Staat der
  In diesem Beispiel nicht?   [Frauen,
PENTHESILEA.   Nicht – allerdings!
  Man ging so lebhaft nicht zu Werk als sie.
ACHILLES *mit Erstaunen.*
  Wie! Also doch –? Unmöglich!
PENTHESILEA.   Was sagst du?
ACHILLES. – Die ungeheure Sage wäre wahr?
  Und alle diese blühenden Gestalten,
  Die dich umstehn, die Zierden des Geschlechts,
  Vollständig, einem Altar gleich, jedwede
2010 Geschmückt, in Liebe davor hinzuknien,
  Sie sind beraubt, unmenschlich, frevelhaft –?
PENTHESILEA. Hast du das nicht gewußt?
ACHILLES *indem er sein Gesicht an ihre Brust drückt.*
                                        O Königin!
  Der Sitz der jungen, lieblichen Gefühle,
  Um eines Wahns, barbarisch –
PENTHESILEA.   Sei ganz ruhig.
  Sie retteten in diese Linke sich,
  Wo sie dem Herzen um so näher wohnen.
  Du wirst mir, hoff ich, deren keins vermissen. –
ACHILLES.
  Fürwahr! Ein Traum, geträumt in Morgenstunden,
  Scheint mir wahrhaftger, als der Augenblick.
2020 – Doch weiter.
PENTHESILEA.   Wie?
ACHILLES.   – Du bist den Schluß noch schuldig.
  Denn dieser überstolze Frauenstaat,
  Der ohn der Männer Hülf entstand, wie pflanzt er

Doch ohne Hülfe sich der Männer fort?
Wirft euch Deukalion, von Zeit zu Zeit,
Noch seiner Schollen eine häuptlings zu?
PENTHESILEA. So oft nach jährlichen Berechnungen,
Die Königin dem Staat ersetzen will,
Was ihr der Tod entrafft, ruft sie die blühendsten
Der Frauen – *Stockt und sieht ihn an.*
               Warum lächelst du?
ACHILLES.   Wer? Ich?
PENTHESILEA. Mich dünkt, du lächelst, Lieber.
ACHILLES.   – Deiner Schöne.   2030
Ich war zerstreut. Vergib. Ich dachte eben,
Ob du mir aus dem Monde niederstiegst? –
PENTHESILEA *nach einer Pause.*
So oft, nach jährlichen Berechnungen,
Die Königin, was ihr der Tod entrafft,
Dem Staat ersetzen will, ruft sie die blühndsten
Der Fraun, von allen Enden ihres Reichs,
Nach Themiscyra hin, und fleht, im Tempel
Der Artemis, auf ihre jungen Schöße
Den Segen keuscher Marsbefruchtung nieder.
Ein solches Fest heißt, still und weich gefeiert,   2040
Der blühnden Jungfraun Fest, wir warten stets,
Bis – wenn das Schneegewand zerhaucht, der Frühling
Den Kuß drückt auf den Busen der Natur.
Dianas heilge Priesterin verfügt
Auf dies Gesuch sich in den Tempel Mars',
Und trägt, am Altar hingestreckt, dem Gott
Den Wunsch der weisen Völkermutter vor.
Der Gott dann, wenn er sie erhören will,
– Denn oft verweigert ers, die Berge geben,
Die schneeigen, der Nahrung nicht zu viel –   2050
Der Gott zeigt uns, durch seine Priesterin,
Ein Volk an, keusch und herrlich, das, statt seiner,
Als Stellvertreter, uns erscheinen soll.
Des Volkes Nam und Wohnsitz ausgesprochen,
Ergeht ein Jubel nun durch Stadt und Land.
Marsbräute werden sie begrüßt, die Jungfraun,
Beschenkt mit Waffen, von der Mütter Hand,
Mit Pfeil' und Dolch, und allen Gliedern fliegt,
Von emsgen Händen jauchzend rings bedient,
Das erzene Gewand der Hochzeit an.   2060

Der frohe Tag der Reise wird bestimmt,
Gedämpfter Tuben Klang ertönt, es schwingt
Die Schar der Mädchen flüsternd sich zu Pferd,
Und still und heimlich, wie auf wollnen Sohlen,
Gehts in der Nächte Glanz, durch Tal und Wald,
Zum Lager fern der Auserwählten hin.
Das Land erreicht, ruhn wir, an seiner Pforte,
Uns noch zwei Tage, Tier' und Menschen, aus:
Und wie die feuerrote Windsbraut brechen
2070 Wir plötzlich in den Wald der Männer ein,
Und wehn die Reifsten derer, die da fallen,
Wie Samen, wenn die Wipfel sich zerschlagen,
In unsre heimatlichen Fluren hin.
Hier pflegen wir, im Tempel Dianas, ihrer,
Durch heilger Feste Reihn, von denen mir
Bekannt nichts, als der Name: Rosenfest –
Und denen sich, bei Todesstrafe, niemand,
Als nur die Schar der Bräute nahen darf –
Bis uns die Saat selbst blühend aufgegangen;
2080 Beschenken sie, wie Könige zusamt;
Und schicken sie, am Fest der reifen Mütter,
Auf stolzen Prachtgeschirren wieder heim.
Dies Fest dann freilich ist das frohste nicht,
Neridensohn – denn viele Tränen fließen,
Und manches Herz, von düsterm Gram ergriffen,
Begreift nicht, wie die große Tanaïs
In jedem ersten Wort zu preisen sei. –
Was träumst du?
ACHILLES.   Ich?
PENTHESILEA.   Du.
ACHILLES *zerstreut.*   Geliebte, mehr,
Als ich in Worte eben fassen kann.
2090 – – Und auch mich denkst du also zu entlassen?
PENTHESILEA.
Ich weiß nicht, Lieber. Frag mich nicht. –
ACHILLES.   Traun! Seltsam. –
          Er versinkt in Nachdenken.
– Doch einen Aufschluß noch gewährst du mir.
PENTHESILEA. Sehr gern, mein Freund. Sei dreist.
ACHILLES.   Wie faß ich es,
Daß du gerade *mich* so heiß verfolgtest?
Es schien, ich sei bekannt dir.

PENTHESILEA.   Allerdings.
ACHILLES. Wodurch?
PENTHESILEA.   Willst du der Törichten nicht lächeln?
ACHILLES *lächelnd*.
  Ich weiß nicht, sag ich jetzt, wie du.
PENTHESILEA.   Nun denn,
  Du sollsts erfahren. – Sieh ich hatte schon
  Das heitre Fest der Rosen zwanzigmal
  Erlebt und drei, und immer nur von fern,   2100
  Wo aus dem Eichenwald der Tempel ragt,
  Den frohen Jubelschall gehört, als Ares,
  Bei der Otrere, meiner Mutter, Tod,
  Zu seiner Braut mich auserkor. Denn die
  Prinzessinnen, aus meinem Königshaus,
  Sie mischen nie aus eigener Bewegung,
  Sich in der blühnden Jungfraun Fest; der Gott,
  Begehrt er ihrer, ruft sie würdig auf,
  Durch seiner großen Oberpriestrin Mund.
  Die Mutter lag, die bleiche, scheidende,   2110
  Mir in den Armen eben, als die Sendung
  Des Mars mir feierlich im Palast erschien,
  Und mich berief, nach Troja aufzubrechen,
  Um ihn von dort bekränzt heranzuführen.
  Es traf sich, daß kein Stellvertreter je
  Ernannt noch ward, willkommener den Bräuten,
  Als die Hellenenstämme, die sich dort umkämpften.
  An allen Ecken hörte man erjauchzend,
  Auf allen Märkten, hohe Lieder schallen,
  Die des Hero'nkriegs Taten feierten: 2120
  Vom Paris-Apfel, dem Helenenraub,
  Von den geschwaderführenden Atriden,
  Vom Streit um Briseïs, der Schiffe Brand,
  Auch von Patroklus' Tod, und welche Pracht
  Du des Triumphes rächend ihm gefeiert;
  Und jedem großen Auftritt dieser Zeit. –
  In Tränen schwamm ich, Jammervolle, hörte
  Mit halbem Ohr nur, was die Botschaft mir,
  In der Otrere Todesstunde, brachte;
  »Laß mich dir bleiben, rief ich, meine Mutter,   2130
  Dein Ansehn, brauch es heut zum letztenmal,
  Und heiße diese Frauen wieder gehn.«
  Doch sie, die würdge Königin, die längst

Mich schon ins Feld gewünscht – denn ohne Erben
War, wenn sie starb, der Thron und eines andern
Ehrgeizgen Nebenstammes Augenmerk –
Sie sagte: »geh, mein süßes Kind! Mars ruft dich!
Du wirst den Peleïden dir bekränzen:
Werd eine Mutter, stolz und froh, wie ich –«
2140 Und drückte sanft die Hand mir, und verschied.

PROTHOE. So nannte sie den Namen dir, Otrere?

PENTHESILEA. – Sie nannt ihn, Prothoe, wie's einer Mutter
Wohl im Vertraun zu ihrer Tochter ziemt.

ACHILLES. Warum? Weshalb? Verbeut dies das Gesetz?

PENTHESILEA. Es schickt sich nicht, daß eine Tochter Mars'
Sich ihren Gegner sucht, den soll sie wählen,
Den ihr der Gott im Kampf erscheinen läßt. –
Doch wohl ihr, zeigt die Strebende sich da,
Wo ihr die Herrlichsten entgegenstehn.
2150 – Nicht, Prothoe?

PROTHOE.   So ists.

ACHILLES.   Nun –?

PENTHESILEA.   – Lange weint ich,
Durch einen ganzen kummervollen Mond,
An der Verblichnen Grab, die Krone selbst,
Die herrenlos am Rande lag, nicht greifend,
Bis mich zuletzt der wiederholte Ruf
Des Volks, das den Palast mir ungeduldig,
Bereit zum Kriegeszug, umlagerte,
Gewaltsam auf den Thron riß. Ich erschien,
Wehmütig strebender Gefühle voll,
Im Tempel Mars', den Bogen gab man mir,
2160 Den klirrenden, des Amazonenreichs,
Mir war, als ob die Mutter mich umschwebte,
Da ich ihn griff, nichts schien mir heiliger,
Als ihren letzten Willen zu erfüllen.
Und da ich Blumen noch, die duftigsten,
Auf ihren Sarkophag gestreut, brach ich
Jetzt mit dem Heer der Amazonen auf,
Nach der Dardanerburg – Mars weniger,
Dem großen Gott, der mich dahin gerufen,
Als der Otrere Schatten, zu gefallen.
2170 ACHILLES. Wehmut um die Verblichne lähmte flüchtig
Die Kraft, die deine junge Brust sonst ziert.

PENTHESILEA. Ich liebte sie.

ACHILLES.   Nun? Hierauf? –
PENTHESILEA.   In dem Maße,
  Als ich mich dem Skamandros näherte,
  Und alle Täler rings, die ich durchrauschte,
  Von dem Trojanerstreite widerhallten,
  Schwand mir der Schmerz, und meiner Seele ging
  Die große Welt des heitern Krieges auf.
  Ich dachte so: wenn sie sich allzusamt,
  Die großen Augenblicke der Geschichte,
  Mir wiederholten, wenn die ganze Schar   2180
  Der Helden, die die hohen Lieder feiern,
  Herab mir aus den Sternen stieg', ich fände
  Doch keinen Trefflichern, den ich mit Rosen
  Bekränzt', als ihn, den mir die Mutter ausersehn –
  Den Lieben, Wilden, Süßen, Schrecklichen,
  Den Überwinder Hektors! O Pelide!
  Mein ewiger Gedanke, wenn ich wachte,
  Mein ewger Traum warst du! Die ganze Welt
  Lag wie ein ausgespanntes Musternetz
  Vor mir; in jeder Masche, weit und groß,   2190
  War deiner Taten eine eingeschürzt,
  Und in mein Herz, wie Seide weiß und rein,
  Mit Flammenfarben jede brannt ich ein.
  Bald sah ich dich, wie du ihn niederschlugst,
  Vor Ilium, den flüchtgen Priamiden;
  Wie du, entflammt von hoher Siegerlust,
  Das Antlitz wandtest, während er die Scheitel,
  Die blutigen, auf nackter Erde schleifte;
  Wie Priam flehnd in deinem Zelt erschien –
  Und heiße Tränen weint ich, wenn ich dachte,   2200
  Daß ein Gefühl doch, Unerbittlicher,
  Den marmorharten Busen dir durchzuckt.
ACHILLES. Geliebte Königin!
PENTHESILEA.   Wie aber ward mir,
  O Freund, als ich dich selbst erblickte –!
  Als du mir im Skamandros-Tal erschienst,
  Von den Heroen deines Volks umringt,
  Ein Tagsstern unter bleichen Nachtgestirnen!
  So müßt es mir gewesen sein, wenn er
  Unmittelbar, mit seinen weißen Rossen,
  Von dem Olymp herabgedonnert wäre,   2210
  Mars selbst, der Kriegsgott, seine Braut zu grüßen!

Geblendet stand ich, als du jetzt entwichen,
Von der Erscheinung da – wie wenn zur Nachtzeit
Der Blitz vor einen Wandrer fällt, die Pforten
Elysiums, des glanzerfüllten, rasselnd,
Vor einem Geist sich öffnen und verschließen.
Im Augenblick, Pelid, erriet ich es,
Von wo mir das Gefühl zum Busen rauschte;
Der Gott der Liebe hatte mich ereilt.
2220 Doch von zwei Dingen schnell beschloß ich eines,
Dich zu gewinnen, oder umzukommen:
Und jetzt ist mir das Süßere erreicht.
– Was blickst du?

       Man hört ein Waffengeräusch in der Ferne.

PROTHOE *heimlich.*   Göttersohn! Ich bitte dich.
Du mußt dich augenblicklich ihr erklären.

PENTHESILEA *aufbrechend.*
Argiver nahn, ihr Fraun! Erhebt euch!

ACHILLES *sie haltend.*   Ruhig!
Es sind Gefangne, meine Königin.

PENTHESILEA. Gefangene?

PROTHOE *heimlich zum Achilles.*

           Es ist Ulyß, beim Styx!
Die Deinen, heiß gedrängt von Meroe, weichen!

ACHILLES *in den Bart murmelnd.*
Daß sie zu Felsen starrten!

PENTHESILEA.   Sagt! Was gibts?

ACHILLES *mit erzwungener Heiterkeit.*
2230 Du sollst den Gott der Erde mir gebären!
Prometheus soll von seinem Sitz erstehn,
Und dem Geschlecht der Welt verkündigen:
Hier ward ein Mensch, so hab ich ihn gewollt!
Doch nicht nach Themiscyra folg ich dir,
Vielmehr du, nach der blühnden Phtia, mir:
Denn dort, wenn meines Volkes Krieg beschlossen,
Führ ich dich jauchzend hin, und setze dich,
Ich Seliger, auf meiner Väter Thron.

       Das Geräusch dauert fort.

PENTHESILEA. Wie? Was? Kein Wort begreif ich –

DIE FRAUEN *unruhig.*   All ihr Götter!

2240 PROTHOE. Neridensohn! Willst du –?

PENTHESILEA.   Was ists? Was gibts denn?

ACHILLES. Nichts, nichts, erschrick nicht, meine Königin,

Du siehst, es drängt die Zeit, wenn du nun hörst,
Was über dich der Götter Schar verhängt.
Zwar durch die Macht der Liebe bin ich dein,
Und ewig diese Banden trag ich fort;
Doch durch der Waffen Glück gehörst du mir;
Bist mir zu Füßen, Treffliche, gesunken,
Als wir im Kampf uns trafen, nicht ich dir.

PENTHESILEA *sich aufraffend.*
Entsetzlicher!

ACHILLES.   Ich bitte dich, Geliebte!
Kronion selbst nicht ändert, was geschehn.   2250
Beherrsche dich, und höre, wie ein Felsen,
Den Boten an, der dort, wenn ich nicht irre,
Mit irgend einem Unheilswort mir naht.
Denn dir, begreifst du wohl, dir bringt er nichts,
Dein Schicksal ist auf ewig abgeschlossen;
Gefangen bist du mir, ein Höllenhund
Bewacht dich minder grimmig, als ich dich.

PENTHESILEA. Ich die Gefangne dir?

PROTHOE.   So ist es, Königin!

PENTHESILEA *die Hände aufhebend.*
Ihr ewigen Himmelsmächt! Euch ruf ich auf!

Sechzehnter Auftritt

Ein Hauptmann tritt auf, das Gefolge des Achilles mit seiner
Rüstung. Die Vorigen.

ACHILLES. Was bringst du mir?

DER HAUPTMANN.   Entferne dich, Pelide!   2260
Das Schlachtglück lockt, das wetterwendische,
Die Amazonen siegreich wieder vor.
Auf diesen Platz hier stürzen sie heran,
Und ihre Losung ist: Penthesilea!

ACHILLES *steht auf und reißt sich die Kränze ab.*
Die Waffen mir herbei! Die Pferde vor!
Mit meinem Wagen rädern will ich sie!

PENTHESILEA *mit zitternder Lippe.*
Nein, sieh den Schrecklichen! Ist das derselbe –?

ACHILLES *wild.* Sind sie noch weit von hier?

DER HAUPTMANN.   Hier in dem Tal
Erblickst du ihren goldnen Halbmond schon.

ACHILLES *indem er sich rüstet.*

2270 Bringt sie hinweg!

EIN GRIECHE. Wohin?

ACHILLES. Ins Griechenlager,
In wenig Augenblicken folg ich euch.

DER GRIECHE *zu Penthesilea.*

Erhebe dich.

PROTHOE. O meine Königin!

PENTHESILEA *außer sich.*

Mir keinen Blitz, Zeus, sendest du herab!

Siebenzehnter Auftritt

Odysseus und Diomedes mit dem Heer. Die Vorigen.

DIOMEDES *über die Bühne ziehend.*

Vom Platz hier fort, Doloperheld! Vom Platze!
Den einzgen Weg, der dir noch offen bleibt,
Den schneiden dir die Frauen eben ab.
Hinweg! *Ab.*

ODYSSEUS. Schafft diese Kön'gin fort, ihr Griechen.

ACHILLES *zum Hauptmann.*

Alexis! Tu mir den Gefallen. Hilf ihr.

DER GRIECHE *zum Hauptmann.*

Sie regt sich nicht.

ACHILLES *zu den Griechen, die ihn bedienen.*

Den Schild mir her! den Spieß!
Aufrufend, da sich die Königin sträubt.

2280 Penthesilea!

PENTHESILEA. O Neridensohn!
Du willst mir nicht nach Themiscyra folgen?
Du willst mir nicht zu jenem Tempel folgen,
Der aus den fernen Eichenwipfeln ragt?
Komm her, ich sagte dir noch alles nicht –

ACHILLES *nun völlig gerüstet, tritt vor sie und reicht ihr die Hand.*

Nach Phtia, Kön'gin.

PENTHESILEA. O! – Nach Themiscyra!
O! Freund! Nach Themiscyra, sag ich dir,
Wo Dianas Tempel aus den Eichen ragt!
Und wenn der Sel'gen Sitz in Phtia wäre,
Doch, doch, o Freund! nach Themiscyra noch,

2290 Wo Dianas Tempel aus den Wipfeln ragt!

ACHILLES *indem er sie aufhebt.*
  So mußt du mir vergeben, Teuerste;
  Ich bau dir solchen Tempel bei mir auf.

Achtzehnter Auftritt

Meroe, Asteria, mit dem Heer der Amazonen, treten auf.
Die Vorigen.

MEROE. Schlagt ihn zu Boden!
ACHILLES *läßt die Königin fahren und wendet sich.*
                              Reiten sie auf Stürmen?
DIE AMAZONEN *sich zwischen Penthesilea und Achilles eindrängend.*
  Befreit die Königin!
ACHILLES.   Bei dieser Rechten, sag ich!
              Er will die Königin mit sich fortziehen.
PENTHESILEA *ihn nach sich ziehend.*
  Du folgst mir nicht? Folgst nicht?
                  Die Amazonen spannen ihre Bogen.
ODYSSEUS.   Fort! Rasender!
  Hier ist der Ort nicht mehr, zu trotzen. – Folgt!
              Er reißt den Achill hinweg. Alle ab.

Neunzehnter Auftritt

Die Oberpriesterin der Diana mit ihren Priesterinnen.
Die Vorigen ohne die Griechen.

DIE AMAZONEN. Triumph! Triumph! Triumph! Sie ist ge-
PENTHESILEA *nach einer Pause.*   [rettet!
  Verflucht sei dieser schändliche Triumph mir!
  Verflucht jedwede Zunge, die ihn feiert,
  Die Luft verflucht mir, die ihn weiter bringt!   2300
  War ich, nach jeder würdgen Rittersitte,
  Nicht durch das Glück der Schlacht ihm zugefallen?
  Wenn das Geschlecht der Menschen unter *sich*,
  Mit Wolf und Tiger nicht, im Streite liegt:
  Gibts ein Gesetz, frag ich, in solchem Kriege,
  Das den Gefangenen, der sich ergeben,
  Aus seines Siegers Banden lösen kann?
  – Neridensohn!
DIE AMAZONEN.   Ihr Götter, hört ich recht?
MEROE. Ehrwürdge Priesterin der Artemis,
  Tritt näher vor, ich bitte dich –   2310

ASTERIA.   Sie zürnt,
  Weil wir sie aus der Knechtschaft Schmach befreien!
DIE OBERPRIESTERIN *aus dem Gewühl der Frauen hervortretend.*
  Nun denn, du setzest würdig, Königin,
  Mit diesem Schmähungswort, muß ich gestehn,
  Den Taten dieses Tags die Krone auf.
  Nicht bloß, daß du, die Sitte wenig achtend,
  Den Gegner dir im Feld der Schlacht gesucht,
  Nicht bloß, daß du, statt ihn in Staub zu werfen,
  Ihm selbst im Kampf erliegst, nicht bloß, daß du
  Zum Lohn dafür ihn noch mit Rosen kränzest:
2320 Du zürnst auch deinem treuen Volke noch,
  Das deine Ketten bricht, du wendest dich,
  Und rufst den Überwinder dir zurück.
  Wohlan denn große Tochter Tanaïs',
  So bitt ich – ein Versehn wars, weiter nichts –
  Für diese rasche Tat dich um Verzeihung.
  Das Blut, das sie gekostet, reut mich jetzt,
  Und die Gefangnen, eingebüßt um dich,
  Wünsch ich von ganzer Seele mir zurück.
  Frei, in des Volkes Namen, sprech ich dich;
2330 Du kannst den Fuß jetzt wenden, wie du willst,
  Kannst ihn mit flatterndem Gewand ereilen,
  Der dich in Fesseln schlug, und ihm den Riß,
  Da, wo wir sie zersprengten, überreichen:
  Also ja wills das heilge Kriegsgesetz!
  Uns aber, uns vergönnst du, Königin,
  Den Krieg jetzt aufzugeben, und den Fuß
  Nach Themiscyra wieder heimzusetzen;
  Wir mindestens, wir können jene Griechen,
  Die dort entfliehn, nicht *bitten*, stillzustehn,
2340 Nicht, so wie du, den Siegskranz in der Hand,
  Zu unsrer Füße Staub sie nieder *flehn.*
                     Pause.
PENTHESILEA *wankend.* Prothoe!
PROTHOE.   Mein Schwesterherz!
PENTHESILEA.   Ich bitte dich, bleib bei mir.
PROTHOE.
  Im Tod, du weißt – – Was bebst du, meine Königin?
PENTHESILEA.
  Nichts, es ist nichts, ich werde gleich mich sammeln.
PROTHOE. Ein großer Schmerz traf dich. Begegn' ihm groß.

PENTHESILEA. Sie sind verloren?

PROTHOE.   Meine Königin?

PENTHESILEA.

    Die ganze junge Prachtschar, die wir fällten? –
    Sie sinds durch mich?

PROTHOE.   Beruhge dich. Du wirst sie
    In einem andern Krieg uns wiederschenken.

PENTHESILEA *an ihrem Busen.* O niemals!

PROTHOE.   Meine Königin?

PENTHESILEA.   O niemals!   2350
    Ich will in ewge Finsternis mich bergen!

Zwanzigster Auftritt

Ein Herold tritt auf. Die Vorigen.

MEROE. Ein Herold naht dir, Königin!

ASTERIA.   Was willst du?

PENTHESILEA *mit schwacher Freude.*

    Von dem Peliden! – Ach, was werd ich hören?
    Ach, Prothoe, heiß ihn wieder gehn!

PROTHOE.   Was bringst du?

DER HEROLD. Mich sendet dir Achilleus, Königin,
    Der schilfumkränzten Nereïde Sohn,
    Und läßt durch meinen Mund dir kündigen:
    Weil dich Gelüst treibt, als Gefangnen ihn
    Nach deinen Heimatsfluren abzuführen,
    Ihn aber auch hinwiederum Gelüst,   2360
    Nach seinen heimatlichen Fluren dich:
    So fordert er zum Kampf, auf Tod und Leben,
    Noch einmal dich ins Feld hinaus, auf daß
    Das Schwert, des Schicksals ehrne Zung entscheide,
    In der gerechten Götter Angesicht,
    Wer würdig sei, du oder er, von beiden,
    Den Staub nach ihrem heiligen Beschluß,
    Zu seines Gegners Füßen aufzulecken.
    Hast dus auf solchen Strauß zu wagen Lust?

PENTHESILEA *mit einer fliegenden Blässe.*

    Laß dir vom Wetterstrahl die Zunge lösen,   2370
    Verwünschter Redner, eh du wieder sprichst!
    Hört ich doch einen Sandblock just so gern,
    Endlosen Falls, bald hier, bald dort anschmetternd,

Dem klafternhohen Felsenriff entpoltern.
Zu Prothoe.
– Du mußt es Wort für Wort mir wiederholen.
PROTHOE *zitternd.*

Der Sohn des Peleus, glaub ich, schickt ihn her,
Und fordert dich aufs Feld hinaus;
Verweigre kurz dich ihm, und sage, nein.
PENTHESILEA. Es ist nicht möglich.
PROTHOE.   Meine Königin?
2380 PENTHESILEA. Der Sohn des Peleus fordert mich ins Feld?
PROTHOE.

Sag ich dem Mann gleich: nein, und laß ihn gehn?
PENTHESILEA. Der Sohn des Peleus fordert mich ins Feld?
PROTHOE. Zum Kampf ja, meine Herrscherin, so sagt ich.
PENTHESILEA.

Der mich zu schwach weiß, sich mit ihm zu messen,
Der ruft zum Kampf mich, Prothoe, ins Feld?
Hier diese treue Brust, sie rührt ihn erst,
Wenn sie sein scharfer Speer zerschmetterte?
Was ich ihm zugeflüstert, hat sein Ohr
Mit der Musik der Rede bloß getroffen?
2390 Des Tempels unter Wipfeln denkt er nicht,
Ein steinern Bild hat meine Hand bekränzt?
PROTHOE. Vergiß den Unempfindlichen.
PENTHESILEA *glühend.*   Nun denn,
So ward die Kraft mir jetzo, ihm zu stehen:
So soll er in den Staub herab, und wenn
Lapithen und Giganten ihn beschützten!
PROTHOE. Geliebte Königin –
MEROE.   Bedenkst du auch?
PENTHESILEA *sie unterbrechend.*

Ihr sollt *all* die Gefangnen wieder haben!
DER HEROLD. Du willst im Kampf dich –?
PENTHESILEA.   Stellen will ich mich:
Er soll im Angesicht der Götter mich,
2400 Die Furien auch ruf ich herab, mich treffen!
Der Donner rollt.
DIE OBERPRIESTERIN.

Wenn dich mein Wort gereizt, Penthesilea,
So wirst du mir den Schmerz nicht –
PENTHESILEA *ihre Tränen unterdrückend.*   Laß, du Heilige!
Du sollst mir nicht umsonst gesprochen haben.

MEROE. Ehrwürdge Priesterin, dein Ansehen brauche.
DIE OBERPRIESTERIN.
  Hörst du ihn, Königin, der dir zürnt?
PENTHESILEA.   Ihn ruf ich
  Mit allen seinen Donnern mir herab!
ERSTE OBERSTE *in Bewegung.*
  Ihr Fürstinnen –
DIE ZWEITE.   Unmöglich ists!
DIE DRITTE.   Es *kann* nicht!
PENTHESILEA *mit zuckender Wildheit.*
  Herbei, Ananke, Führerin der Hunde!
DIE ERSTE OBERSTE.
  Wir sind zerstreut, geschwächt –
DIE ZWEITE.   Wir sind ermüdet –
PENTHESILEA. Du, mit den Elefanten, Thyrroe!
PROTHOE.   Königin!   2410
  Willst du mit Hunden ihn und Elefanten –
PENTHESILEA. Ihr Sichelwagen, kommt, ihr blinkenden,
  Die ihr des Schlachtfelds Erntefest bestellt,
  Kommt, kommt in greulgen Schnitterreihn herbei!
  Und ihr, die ihr der Menschen Saat zerdrescht,
  Daß Halm und Korn auf ewig untergehen,
  Ihr Reuterscharen, stellt euch um mich her!
  Du ganzer Schreckenspomp des Kriegs, dich ruf ich,
  Vernichtender, entsetzlicher, herbei!
      Sie ergreift den großen Bogen aus einer Amazone Hand.
  Amazonen mit Meuten gekoppelter Hunde. Späterhin Elefanten,
            Feuerbrände, Sichelwagen usw.
PROTHOE. Geliebte meiner Seele! Höre mich!   2420
PENTHESILEA *sich zu den Hunden wendend.*
  Auf, Tigris, jetzt, dich brauch ich! Auf Leäne!
  Auf, mit der Zoddelmähne du, Melampus!
  Auf, Akle, die den Fuchs erhascht, auf Sphinx,
  Und der die Hirschkuh übereilt, Alektor,
  Auf, Oxus, der den Eber niederreißt,
  Und der dem Leuen nicht erbebt, Hyrkaon!
            Der Donner rollt heftig.
PROTHOE. O! Sie ist außer sich –!
ERSTE OBERSTE.   Sie ist wahnsinnig!
PENTHESILEA *kniet nieder, mit allen Zeichen des Wahnsinns, wäh-*
  rend die Hunde ein gräßliches Geheul anstimmen.
  Dich, Ares, ruf ich jetzt, dich Schrecklichen,

Dich, meines Hauses hohen Gründer, an!
2430 Oh! – – deinen erznen Wagen mir herab:
Wo du der Städte Mauern auch und Tore
Zermalmst, Vertilgergott, gekeilt in Straßen,
Der Menschen Reihen jetzt auch niedertrittst;
Oh! – – deinen erznen Wagen mir herab:
Daß ich den Fuß in seine Muschel setze,
Die Zügel greife, durch die Felder rolle,
Und wie ein Donnerkeil aus Wetterwolken,
Auf dieses Griechen Scheitel niederfalle!

Sie steht auf.

DIE ERSTE OBERSTE.
Ihr Fürstinnen!

DIE ZWEITE.   Auf! Wehrt der Rasenden!

2440 PROTHOE. Hör, meine große Königin, mich!

PENTHESILEA *indem sie den Bogen spannt.*   Ei, lustig!
So muß ich sehn, ob mir der Pfeil noch trifft.

Sie legt auf Prothoe an.

PROTHOE *niederstürzend.*
Ihr Himmlischen!

EINE PRIESTERIN *indem sie sich rasch hinter die Königin stellt.*
Achill ruft!

EINE ZWEITE *ebenso.*   Der Pelide!

EINE DRITTE. Hier steht er hinter dir!

PENTHESILEA *wendet sich.*   Wo?

DIE ERSTE PRIESTERIN.   War ers nicht?

PENTHESILEA.
Nein, hier sind noch die Furien nicht versammelt.
– Folg mir, Ananke! Folgt, ihr anderen!

Ab mit dem ganzen Kriegstroß unter heftigen Gewitterschlägen.

MEROE *indem sie Prothoe aufhebt.*
Die Gräßliche!

ASTERIA.   Fort! Eilt ihr nach, ihr Frauen!

DIE OBERPRIESTERIN *leichenbleich.*
Ihr Ewgen! Was beschloßt ihr über uns?

Alle ab.

Einundzwanzigster Auftritt

Achilles, Diomedes treten auf. Späterhin Odysseus,
zuletzt der Herold.

ACHILLES. Hör, tu mir den Gefallen, Diomed,
  Und sag dem Sittenrichter nichts, dem grämlichen
  Odyß, von dem, was ich dir anvertraue;   2450
  Mir widerstehts, es macht mir Übelkeiten,
  Wenn ich den Zug um seine Lippe sehe.
DIOMEDES. Hast du den Herold ihr gesandt, Pelide?
  Ists wahr? Ists wirklich?
ACHILLES.   Ich will dir sagen, Freund:
  – Du aber, du erwiderst nichts, verstehst du?
  Gar nichts, kein Wort! – Dies wunderbare Weib,
  Halb Furie, halb Grazie, sie liebt mich –
  Und allen Weibern Hellas' ich zum Trotz,
  Beim Styx! beim ganzen Hades! – ich sie auch.
DIOMEDES. Was!
ACHILLES.   Ja. Doch eine Grille, die ihr heilig,   2460
  Will, daß ich ihrem Schwert im Kampf erliege;
  Eh nicht in Liebe kann sie mich umfangen.
  Nun schickt ich –
DIOMEDES.   Rasender!
ACHILLES.   Er hört mich nicht!
  Was er im Weltkreis noch, so lang er lebt,
  Mit seinem blauen Auge nicht gesehn,
  Das kann er in Gedanken auch nicht fassen.
DIOMEDES. Du willst –? Nein, sprich! Du willst –?
ACHILLES *nach einer Pause.*   – Was also will ich?
  Was ists, daß ich so Ungeheures will?
DIOMEDES. Du hast sie in die Schranken bloß gefordert,
  Um ihr –?
ACHILLES.   Beim wolkenrüttelnden Kroniden,   2470
  Sie *tut* mir nichts, sag ich! Eh wird ihr Arm,
  Im Zweikampf gegen ihren Busen wüten,
  Und rufen: »Sieg!« wenn er von Herzblut trieft,
  Als wider mich! – Auf einen Mond bloß will ich ihr,
  In dem, was sie begehrt, zu Willen sein;
  Auf einen oder zwei, mehr nicht: das wird
  Euch ja den alten, meerzerfreßnen Isthmus
  Nicht gleich zusammenstürzen! – Frei bin ich dann,
  Wie ich aus ihrem eignen Munde weiß,

2480   Wie Wild auf Heiden wieder; und folgt sie mir,
        Beim Jupiter! ich wär ein Seliger,
        Könnt ich auf meiner Väter Thron sie setzen.

Odysseus kommt.

DIOMEDES. Komm her, Ulyß, ich bitte dich.

ODYSSEUS.   Pelide!
        Du hast die Königin ins Feld gerufen;
        Willst du, ermüdet, wie die Scharen sind,
        Von neu'm das oftmißlungne Wagstück wagen?

DIOMEDES.
        Nichts, Freund, von Wagestücken, nichts von Kämp-
        Er will sich bloß ihr zum Gefangnen geben.   [fen;

ODYSSEUS. Was?

ACHILLES *das Blut schießt ihm ins Gesicht.*
                    Tu mir dein Gesicht weg, bitt ich dich!

2490 ODYSSEUS. Er will –?

DIOMEDES.   Du hörsts, ja! Ihr den Helm zerkeilen;
        Gleich einem Fechter, grimmig sehn, und wüten;
        Dem Schild aufdonnern, daß die Funken sprühen,
        Und stumm sich, als ein Überwundener,
        Zu ihren kleinen Füßen niederlegen.

ODYSSEUS. Ist dieser Mann bei Sinnen, Sohn des Peleus?
        Hast du gehört, was er –?

ACHILLES *sich zurückhaltend.*   Ich bitte dich,
        Halt deine Oberlippe fest, Ulyß!
        Es steckt mich an, bei den gerechten Göttern,
        Und bis zur Faust gleich zuckt es mir herab.

ODYSSEUS *wild.*

2500   Bei dem Kozyt, dem feurigen! Wissen will ich,
        Ob meine Ohren hören, oder nicht!
        Du wirst mir, Sohn des Tydeus, bitt ich, jetzt,
        Mit einem Eid, daß ich aufs Reine komme,
        Bekräftigen, was ich dich fragen werde.
        Er will der Königin sich gefangen geben?

DIOMEDES. Du hörsts!

ODYSSEUS.   Nach Themiscyra will er gehn?

DIOMEDES. So ists.

ODYSSEUS.   Und unseren Helenenstreit,
        Vor der Dardanerburg, der Sinnentblößte,
        Den will er, wie ein Kinderspiel, weil sich

2510   Was anders Buntes zeigt, im Stiche lassen?

DIOMEDES. Beim Jupiter! Ich schwörs.

ODYSSEUS *indem er die Arme verschränkt.*
  – Ich kanns nicht glauben.
ACHILLES. Er spricht von der Dardanerburg.
ODYSSEUS.   Was?
ACHILLES.   Was?
ODYSSEUS. Mich dünkt, du sagtest was.
ACHILLES.   Ich?
ODYSSEUS.   Du!
ACHILLES.   Ich sagte:
  Er spricht von der Dardanerburg.
ODYSSEUS.   Nun, ja!
  Wie ein Beseßner fragt ich, ob der ganze
  Helenenstreit, vor der Dardanerburg,
  Gleich einem Morgentraum, vergessen sei?
ACHILLES *indem er ihm näher tritt.*
  Wenn die Dardanerburg, Laertiade,
  Versänke, du verstehst, so daß ein See,
  Ein bläulicher, an ihre Stelle träte;   2520
  Wenn graue Fischer, bei dem Schein des Monds,
  Den Kahn an ihre Wetterhähne knüpften;
  Wenn im Palast des Priamus ein Hecht
  Regiert', ein Ottern- oder Ratzenpaar
  Im Bette sich der Helena umarmten:
  So wärs für mich gerad so viel, als jetzt.
ODYSSEUS. Beim Styx! Es ist sein voller Ernst, Tydide!
ACHILLES. Beim Styx! Bei dem Lernäersumpf! Beim
  Der ganzen Oberwelt und Unterwelt,   [Hades!
  Und jedem dritten Ort: es ist mein Ernst;   2530
  Ich will den Tempel der Diana sehn!
ODYSSEUS *halb ihm ins Ohr.* Laß ihn nicht von der Stelle,
  Wenn du so gut willst sein.   [Diomed,
DIOMEDES.   Wenn ich – ich glaube!
  Sei doch so gut, und leih mir deine Arme.
            Der Herold tritt auf.
ACHILLES.
  Ha! Stellt sie sich? Was bringst du? Stellt sie sich?
DER HEROLD. Sie stellt sich, ja, Neridensohn, sie naht
  Jedoch mit Hunden auch und Elefanten,   [schon;
  Und einem ganzen wilden Reutertroß:
  Was die beim Zweikampf sollen, weiß ich nicht.
ACHILLES.
  Gut. Dem Gebrauch, war sie das schuldig. Folgt mir! 2540

    – O sie ist listig, bei den ewigen Göttern!
    – – Mit Hunden, sagst du?

DER HEROLD.   Ja.

ACHILLES.   Und Elefanten?

DER HEROLD. Daß es ein Schrecken ist, zu sehn, Pelide!
    Gält es, die Atreïden anzugreifen,
    Im Lager vor der Trojerburg, sie könnte
    In keiner finstrern Greuelrüstung nahn.

ACHILLES *in den Bart.*

    Die fressen aus der Hand, wahrscheinlich – Folgt mir!
    – O! Die sind zahm, wie sie.

              Ab mit dem Gefolge.

DIOMEDES.   Der Rasende!

ODYSSEUS.

    Laßt uns ihn knebeln, binden – hört ihr Griechen!

2550 DIOMEDES. Hier nahn die Amazonen schon – hinweg!

              Alle ab.

Zweiundzwanzigster Auftritt

*Die Oberpriesterin, bleich im Gesicht, mehrere andere
Priesterinnen und Amazonen.*

DIE OBERPRIESTERIN.

    Schafft Stricke her, ihr Frauen!

DIE ERSTE PRIESTERIN.   Hochwürdigste!

DIE OBERPRIESTERIN.

    Reißt sie zu Boden nieder! Bindet sie!

EINE AMAZONE. Meinst du die Königin?

DIE OBERPRIESTERIN.   Die Hündin, mein ich!
    – Der Menschen Hände bändgen sie nicht mehr.

DIE AMAZONEN.

    Hochheilge Mutter! Du scheinst außer dir.

DIE OBERPRIESTERIN.

    Drei Jungfraun trat sie wütend in den Staub,
    Die wir geschickt, sie aufzuhalten; Meroe,
    Weil sie auf Knien sich in den Weg ihr warf,
    Bei jedem süßen Namen sie beschwörend,
2560   Mit Hunden hat sie sie hinweggehetzt.
    Als ich von fern der Rasenden nur nahte,
    Gleich einen Stein, gebückt, mit beiden Händen,
    Den grimmerfüllten Blick auf mich gerichtet,

   Riß sie vom Boden auf – verloren war ich,
   Wenn ich im Haufen nicht des Volks verschwand.
DIE ERSTE PRIESTERIN. Es ist entsetzlich!
DIE ZWEITE.   Schrecklich ists, ihr Fraun.
DIE OBERPRIESTERIN. Jetzt unter ihren Hunden wütet sie,
   Mit schaumbedeckter Lipp, und nennt sie Schwestern,
   Die heulenden, und der Mänade gleich,
   Mit ihrem Bogen durch die Felder tanzend,   2570
   Hetzt sie die Meute, die mordatmende,
   Die sie umringt, das schönste Wild zu fangen,
   Das je die Erde, wie sie sagt, durchschweift.
DIE AMAZONEN. Ihr Orkusgötter! Wie bestraft ihr sie!
DIE OBERPRIESTERIN.
   Drum mit dem Strick, ihr Arestöchter, schleunig
   Dort auf den Kreuzweg hin, legt Schlingen ihr,
   Bedeckt mit Sträuchern, vor der Füße Tritt.
   Und reißt, wenn sich ihr Fuß darin verfängt,
   Dem wutgetroffnen Hunde gleich, sie nieder:
   Daß wir sie binden, in die Heimat bringen,   2580
   Und sehen, ob sie noch zu retten sei.
DAS HEER DER AMAZONEN *außerhalb der Szene.*
   Triumph! Triumph! Triumph! Achilleus stürzt!
   Gefangen ist der Held! Die Siegerin,
   Mit Rosen wird sie seine Scheitel kränzen!
               Pause.
DIE OBERPRIESTERIN *mit freudebeklemmter Stimme.*
   Hört ich auch recht?
DIE PRIESTERINNEN UND AMAZONEN.
               Ihr hochgepriesnen Götter!
DIE OBERPRIESTERIN.
   War dieser Jubellaut der Freude nicht?
DIE ERSTE PRIESTERIN. Geschrei des Siegs, o du Hoch-
   Wie noch mein Ohr keins seliger vernahm! [heilige,
DIE OBERPRIESTERIN.
   Wer schafft mir Kund, ihr Jungfraun?
DIE ZWEITE PRIESTERIN.   Terpi! rasch!
   Sag an, was du auf jenem Hügel siehst?   2590
EINE AMAZONE *die während dessen den Hügel erstiegen,*
   mit Entsetzen. Euch, ihr der Hölle grauenvolle Götter,
   Zu Zeugen ruf ich nieder – was erblick ich!
DIE OBERPRIESTERIN.
   Nun denn – als ob sie die Medus' erblickte!

DIE PRIESTERINNEN. Was siehst du? Rede! Sprich!

DIE AMAZONE. Penthesilea,
Sie liegt, den grimmgen Hunden beigesellt,
Sie, die ein Menschenschoß gebar, und reißt, –
Die Glieder des Achills reißt sie in Stücken!

DIE OBERPRIESTERIN. Entsetzen! o Entsetzen!

ALLE. Fürchterlich!

DIE AMAZONE.
Hier kommt es, bleich, wie eine Leiche, schon
2600   Das Wort des Greuelrätsels uns heran.

Sie steigt vom Hügel herab.

Dreiundzwanzigster Auftritt

Meroe tritt auf. Die Vorigen.

MEROE. O ihr, der Diana heilge Priesterinnen,
Und ihr, Mars' reine Töchter, hört mich an:
Die afrikanische Gorgone bin ich,
Und wie ihr steht, zu Steinen starr ich euch.

DIE OBERPRIESTERIN.
Sprich, Gräßliche! was ist geschehn?

MEROE. Ihr wißt,
Sie zog dem Jüngling, den sie liebt, entgegen,
Sie, die fortan kein Name nennt –
In der Verwirrung ihrer jungen Sinne,
Den Wunsch, den glühenden, ihn zu besitzen,
2610   Mit allen Schrecknissen der Waffen rüstend.
Von Hunden rings umheult und Elefanten,
Kam sie daher, den Bogen in der Hand:
Der Krieg, der unter Bürgern rast, wenn er,
Die blutumtriefte Graungestalt, einher,
Mit weiten Schritten des Entsetzens geht,
Die Fackel über blühnde Städte schwingend,
Er sieht so wild und scheußlich nicht, als sie.
Achilleus, der, wie man im Heer versichert,
Sie bloß ins Feld gerufen, um freiwillig
2620   Im Kampf, der junge Tor, ihr zu erliegen:
Denn er auch, o wie mächtig sind die Götter!
Er liebte sie, gerührt von ihrer Jugend,
Zu Dianas Tempel folgen wollt er ihr:
Er naht sich ihr, voll süßer Ahndungen,

Und läßt die Freunde hinter sich zurück.
Doch jetzt, da sie mit solchen Greulnissen
Auf ihn herangrollt, ihn, der nur zum Schein
Mit einem Spieß sich arglos ausgerüstet:
Stutzt er, und dreht den schlanken Hals, und horcht,
Und eilt entsetzt, und stutzt, und eilet wieder: 2630
Gleich einem jungen Reh, das im Geklüft
Fern das Gebrüll des grimmen Leun vernimmt.
Er ruft: Odysseus! mit beklemmter Stimme,
Und sieht sich schüchtern um, und ruft: Tydide!
Und will zurück noch zu den Freunden fliehn;
Und steht, von einer Schar schon abgeschnitten,
Und hebt die Händ empor, und duckt und birgt
In eine Fichte sich, der Unglücksel'ge,
Die schwer mit dunkeln Zweigen niederhangt. –
Inzwischen schritt die Königin heran,   2640
Die Doggen hinter ihr, Gebirg und Wald
Hochher, gleich einem Jäger, überschauend;
Und da er eben, die Gezweige öffnend,
Zu ihren Füßen niedersinken will:
Ha! sein Geweih verrät den Hirsch, ruft sie,
Und spannt mit Kraft der Rasenden, sogleich
Den Bogen an, daß sich die Enden küssen,
Und hebt den Bogen auf und zielt und schießt,
Und jagt den Pfeil ihm durch den Hals; er stürzt:
Ein Siegsgeschrei schallt roh im Volk empor.   2650
Jetzt gleichwohl lebt der Ärmste noch der Menschen,
Den Pfeil, den weit vorragenden, im Nacken,
Hebt er sich röchelnd auf, und überschlägt sich,
Und hebt sich wiederum und will entfliehn;
Doch, hetz! schon ruft sie: Tigris! hetz, Leäne!
Hetz, Sphinx! Melampus! Dirke! Hetz, Hyrkaon!
Und stürzt – stürzt mit der ganzen Meut, o Diana!
Sich über ihn, und reißt – reißt ihn beim Helmbusch,
Gleich einer Hündin, Hunden beigesellt,
Der greift die Brust ihm, dieser greift den Nacken,   2660
Daß von dem Fall der Boden bebt, ihn nieder!
Er, in dem Purpur seines Bluts sich wälzend,
Rührt ihre sanfte Wange an, und ruft:
Penthesilea! meine Braut! was tust du?
Ist dies das Rosenfest, das du versprachst?
Doch sie – die Löwin hätte ihn gehört,

Die hungrige, die wild nach Raub umher,
Auf öden Schneegefilden heulend treibt;
Sie schlägt, die Rüstung ihm vom Leibe reißend,
2670   Den Zahn schlägt sie in seine weiße Brust,
Sie und die Hunde, die wetteifernden,
Oxus und Sphinx den Zahn in seine rechte,
In seine linke sie; als ich erschien,
Troff Blut von Mund und Händen ihr herab.

Pause voll Entsetzen.

Vernahmt ihr mich, ihr Fraun, wohlan, so redet,
Und gebt ein Zeichen eures Lebens mir.

Pause.

DIE ERSTE PRIESTERIN *am Busen der zweiten weinend.*

Solch eine Jungfrau, Hermia! So sittsam!
In jeder Kunst der Hände so geschickt!
So reizend, wenn sie tanzte, wenn sie sang!
2680   So voll Verstand und Würd und Grazie!

DIE OBERPRIESTERIN. O die gebar Otrere nicht! Die Gorgo
Hat im Palast der Hauptstadt sie gezeugt!

DIE ERSTE PRIESTERIN *fortfahrend.*

Sie war wie von der Nachtigall geboren,
Die um den Tempel der Diana wohnt.
Gewiegt im Eichenwipfel saß sie da,
Und flötete, und schmetterte, und flötete,
Die stille Nacht durch, daß der Wandrer horchte,
Und fern die Brust ihm von Gefühlen schwoll.
Sie trat den Wurm nicht, den gesprenkelten,
2690   Der unter ihrer Füße Sohle spielte,
Den Pfeil, der eines Ebers Busen traf,
Rief sie zurück, es hätte sie sein Auge,
Im Tod gebrochen, ganz zerschmelzt in Reue,
Auf Knieen vor ihn niederziehen können!

Pause.

MEROE. Jetzt steht sie lautlos da, die Grauenvolle,
Bei seiner Leich, umschnüffelt von der Meute,
Und blicket starr, als wärs ein leeres Blatt,
Den Bogen siegreich auf der Schulter tragend,
In das Unendliche hinaus, und schweigt.
2700   Wir fragen mit gesträubten Haaren, sie,
Was sie getan? Sie schweigt. Ob sie uns kenne?
Sie schweigt. Ob sie uns folgen will? Sie schweigt.
Entsetzen griff mich, und ich floh zu euch.

Vierundzwanzigster Auftritt

Penthesilea. – Die Leiche des Achills, mit einem roten Teppich
bedeckt. – Prothoe und andere.

DIE ERSTE AMAZONE.
  Seht, seht, ihr Fraun! – Da schreitet sie heran,
  Bekränzt mit Nesseln, die Entsetzliche,
  Dem dürren Reif des Hag'dorns eingewebt,
  An Lorbeerschmuckes Statt, und folgt der Leiche,
  Die Gräßliche, den Bogen festlich schulternd,
  Als wärs der Todfeind, den sie überwunden!
DIE ZWEITE PRIESTERIN.
  O diese Händ –!
DIE ERSTE PRIESTERIN. O wendet euch ihr Frauen!   2710
PROTHOE *der Oberpriesterin an den Busen sinkend.*
  O meine Mutter!
DIE OBERPRIESTERIN *mit Entsetzen.*
                    Diana ruf ich an:
  Ich bin an dieser Greueltat nicht schuldig!
DIE ERSTE AMAZONE.
  Sie stellt sich grade vor die Oberpriesterin.
DIE ZWEITE. Sie winket, schaut!
DIE OBERPRIESTERIN.   Hinweg, du Scheußliche!
  Du Hadesbürgerin! Hinweg, sag ich!
  Nehmt diesen Schleier, nehmt, und deckt sie zu.
Sie reißt sich den Schleier ab, und wirft ihn der Königin ins Gesicht.
DIE ERSTE AMAZONE.
  O die lebendge Leich. Es rührt sie nicht –!
DIE ZWEITE. Sie winket immer fort –
DIE DRITTE.   Winkt immer wieder –
DIE ERSTE. Winkt immer zu der Priestrin Füßen nieder –
DIE ZWEITE.
  Seht, seht!
DIE OBERPRIESTERIN.
              Was willst du mir? hinweg, sag ich!   2720
  Geh zu den Raben, Schatten! Fort! Verwese!
  Du blickst die Ruhe meines Lebens tot.
DIE ERSTE AMAZONE.
  Ha! man verstand sie, seht –
DIE ZWEITE.   Jetzt ist sie ruhig.
DIE ERSTE. Den Peleïden sollte man, das wars,
  Vor der Dianapriestrin Füßen legen.

DIE DRITTE. Warum just vor der Dianapriestrin Füßen?

DIE VIERTE. Was meint sie auch damit?

DIE OBERPRIESTERIN.   Was *soll* mir das?
    Was soll die *Leiche* hier vor mir? Laß sie
    Gebirge decken, unzugängliche,
2730   Und den Gedanken deiner Tat dazu!
    War ichs, du — Mensch nicht mehr, wie nenn ich dich?
    Die diesen Mord dir schrecklich abgefordert? —
    Wenn ein Verweis, sanft aus der Liebe Mund,
    Zu solchen Greuelnissen treibt, so sollen
    Die Furien kommen, und uns Sanftmut lehren!

DIE ERSTE AMAZONE.
    Sie blicket immer auf die Priestrin ein.

DIE ZWEITE. Grad ihr ins Antlitz —

DIE DRITTE.   Fest und unverwandt,
    Als ob sie durch und durch sie blicken wollte. —

DIE OBERPRIESTERIN.
    Geh, Prothoe, ich bitte dich, geh, geh,
2740   Ich kann sie nicht mehr sehn, entferne sie.

PROTHOE *weinend*. Weh mir!

DIE OBERPRIESTERIN.   Entschließe dich!

PROTHOE.   Die Tat, die sie
    Vollbracht hat, ist zu scheußlich; laß mich sein.

DIE OBERPRIESTERIN.
    Faß dich. — Sie hatte eine schöne Mutter.
    — Geh, biet ihr deine Hülf und führ sie fort.

PROTHOE. Ich will sie nie mit Augen wiedersehn! —

DIE ZWEITE AMAZONE.
    Seht, wie sie jetzt den schlanken Pfeil betrachtet!

DIE ERSTE. Wie sie ihn dreht und wendet —

DIE DRITTE.   Wie sie ihn mißt!

DIE ERSTE PRIESTERIN.
    Das scheint der Pfeil, womit sie ihn erlegt.

DIE ERSTE AMAZONE. So ists, ihr Fraun!

DIE ZWEITE.   Wie sie vom Blut ihn säubert!
2750   Wie sie an seiner Flecken jeden wischt!

DIE DRITTE. Was denkt sie wohl dabei?

DIE ZWEITE.   Und das Gefieder,
    Wie sie es trocknet, kräuselt, wie sies lockt!
    So zierlich! Alles, wie es sich gehört.
    O seht doch!

DIE DRITTE.   — Ist sie das gewohnt zu tun?

DIE ERSTE. Tat sie das sonst auch selber?
DIE ERSTE PRIESTERIN.   Pfeil und Bogen,
  Sie hat sie stets mit eigner Hand gereinigt.
DIE ZWEITE. O heilig hielt sie ihn, das muß man sagen!——
DIE ZWEITE AMAZONE.
  Doch jetzt den Köcher nimmt sie von der Schulter,
  Und stellt den Pfeil in seinen Schaft zurück.
DIE DRITTE. Nun ist sie fertig –
DIE ZWEITE.   Nun ist es geschehen –   2760
DIE ERSTE PRIESTERIN.
  Nun sieht sie wieder in die Welt hinaus –!
MEHRERE FRAUEN. O jammervoller Anblick! O so öde
  Wie die Sandwüste, die kein Gras gebiert!
  Lustgärten, die der Feuerstrom verwüstet,
  Gekocht im Schoß der Erd und ausgespieen,
  Auf alle Blüten ihres Busens hin,
  Sind anmutsvoller als ihr Angesicht.
PENTHESILEA. *Ein Schauer schüttelt sie zusammen; sie läßt den
  Bogen fallen.*
DIE OBERPRIESTERIN. O die Entsetzliche!
PROTHOE *erschrocken.*   Nun, was auch gibts?
DIE ERSTE AMAZONE.
  Der Bogen stürzt' ihr aus der Hand danieder!
DIE ZWEITE.
  Seht, wie er taumelt –
DIE VIERTE.   Klirrt, und wankt, und fällt –!   2770
DIE ZWEITE. Und noch einmal am Boden zuckt –
DIE DRITTE.   Und stirbt,
  Wie er der Tanaïs geboren ward.
                        Pause.
DIE OBERPRIESTERIN *sich plötzlich zu ihr wendend.*
  Du, meine große Herrscherin, vergib mir!
  Diana ist, die Göttin, dir zufrieden,
  Besänftigt wieder hast du ihren Zorn.
  Die große Stifterin des Frauenreiches,
  Die Tanaïs, das gesteh ich jetzt, sie hat
  Den Bogen würdger nicht geführt als du.
DIE ERSTE AMAZONE.
  Sie schweigt –
DIE ZWEITE.   Ihr Auge schwillt –
DIE DRITTE.   Sie hebt den Finger,
  Den blutigen, was will sie – Seht, o seht!   2780

DIE ZWEITE. O Anblick, herzzerreißender, als Messer!

DIE ERSTE. Sie wischt sich eine Träne ab.

DIE OBERPRIESTERIN *an Prothoes Busen zurück sinkend.*

O Diana!
Welch eine Träne!

DIE ERSTE PRIESTERIN. O eine Träne, du Hochheilge,
Die in der Menschen Brüste schleicht,
Und alle Feuerglocken der Empfindung zieht,
Und: Jammer! rufet, daß das ganze
Geschlecht, das leicht bewegliche, hervor
Stürzt aus den Augen, und in Seen gesammelt,
Um die Ruine ihrer Seele weint.

DIE OBERPRIESTERIN *mit einem bittern Ausdruck.*

2790   Nun denn – wenn Prothoe ihr nicht helfen will,
So muß sie hier in ihrer Not vergehn.

PROTHOE *drückt den heftigsten Kampf aus. Drauf, indem sie sich ihr nähert, mit einer, immer von Tränen unterbrochenen, Stimme.*

Willst du dich niederlassen, meine Königin?
Willst du an meiner treuen Brust nicht ruhn?
Viel kämpftest du, an diesem Schreckenstag,
Viel auch, viel littest du – von so viel Leiden
Willst du an meiner treuen Brust nicht ruhn?

PENTHESILEA. *Sie sieht sich um, wie nach einem Sessel.*

PROTHOE. Schafft einen Sitz herbei! Ihr seht, sie wills.

Die Amazonen wälzen einen Stein herbei. Penthesilea läßt sich an Prothoes Hand darauf nieder. Hierauf setzt sich auch Prothoe.

PROTHOE. Du kennst mich doch, mein Schwesterherz?

PENTHESILEA *sieht sie an, ihr Antlitz erheitert sich ein wenig.*

PROTHOE.   Prothoe
Bin ich, die dich so zärtlich liebt.

PENTHESILEA *streichelt sanft ihre Wange.*

PROTHOE.   O du,
2800   Vor der mein Herz auf Knieen niederfällt,
Wie rührst du mich!

Sie küßt die Hand der Königin.

               – Du bist wohl sehr ermüdet?
Ach, wie man dir dein Handwerk ansieht, Liebe!
Nun freilich – Siegen geht so rein nicht ab,
Und jede Werkstatt kleidet ihren Meister.
Doch wie, wenn du dich jetzo reinigtest,
Händ und Gesicht? – Soll ich dir Wasser schaffen?
– – Geliebte Königin!

PENTHESILEA. *Sie besieht sich und nickt.*

PROTHOE.   Nun ja. Sie wills.
   Sie winkt den Amazonen; diese gehen Wasser zu schöpfen.
   – Das wird dir wohltun, das wird dich erquicken,
   Und sanft, auf kühle Teppiche gestreckt,
   Von schwerer Tagesarbeit wirst du ruhn.   2810

DIE ERSTE PRIESTERIN.
   Wenn man mit Wasser sie besprengt, gebt acht,
   Besinnt sie sich.

DIE OBERPRIESTERIN. O ganz gewiß, das hoff ich.

PROTHOE. Du hoffsts, hochheilge Priesterin? – Ich fürcht

DIE OBERPRIESTERIN *indem sie zu überlegen scheint.*   [es.
   Warum? Weshalb? – Es ist nur nicht zu wagen,
   Sonst müßte man die Leiche des Achills –

PENTHESILEA *blickt die Oberpriesterin blitzend an.*

PROTHOE. Laßt, laßt –!

DIE OBERPRIESTERIN.   Nichts, meine Königin, nichts,
   Es soll dir alles bleiben, wie es ist. –   [nichts!

PROTHOE. Nimm dir den Lorbeer ab, den dornigen,
   Wir alle wissen ja, daß du gesiegt.
   Und auch den Hals befreie dir – So, so!   2820
   Schau! Eine Wund und das recht tief! Du Arme!
   Du hast es dir recht sauer werden lassen –
   Nun dafür triumphierst du jetzo auch!
   – O Artemis!

Zwei Amazonen bringen ein großes flaches Marmorbecken, gefüllt mit
Wasser.

PROTHOE.   Hier setzt das Becken her. –
   Soll ich dir jetzt die jungen Scheitel netzen?
   Und wirst du auch erschrecken nicht – –? Was
                           machst du?

PENTHESILEA *läßt sich von ihrem Sitz auf Knien vor das Becken*
niederfallen, und begießt sich das Haupt mit Wasser.

PROTHOE. Sieh da! Du bist ja traun recht rüstig, Königin!
   – Das tut dir wohl recht wohl?

PENTHESILEA *sie sieht sich um.*   Ach Prothoe!
     Sie begießt sich von neuem mit Wasser.

MEROE *froh.* Sie spricht!

DIE OBERPRIESTERIN.   Dem Himmel sei gedankt!

PROTHOE.   Gut, gut!

MEROE. Sie kehrt ins Leben uns zurück!

PROTHOE.   Vortrefflich!   2830

Das Haupt ganz unter Wasser, Liebe! So!
Und wieder! So, so! Wie ein junger Schwan! –

MEROE. Die Liebliche!

DIE ERSTE PRIESTERIN.   Wie sie das Köpfchen hängt!

MEROE. Wie sie das Wasser niederträufeln läßt!

PROTHE. – Bist du jetzt fertig?

PENTHESILEA.   Ach! – Wie wunderbar.

PROTHOE. Nun denn, so komm mir auf den Sitz zurück! –
Rasch eure Schleier mir, ihr Priesterinnen,
Daß ich ihr die durchweichten Locken trockne!
So, Phania, deinen! Terpi! helft mir, Schwestern!

2840   Laßt uns ihr Haupt und Nacken ganz verhüllen!
So, so! – Und jetzo auf den Sitz zurück!

Sie verhüllt die Königin, hebt sie auf den Sitz, und drückt sie fest an
ihre Brust.

PENTHESILEA.
Wie ist mir?

PROTHOE.   Wohl, denk ich – nicht?

PENTHESILEA *lispelnd.*   Zum Entzücken!

PROTHOE.
Mein Schwesterherz! Mein süßes! O mein Leben!

PENTHESILEA. O sagt mir! – Bin ich in Elysium?
Bist du der ewig jungen Nymphen eine,
Die unsre hehre Königin bedienen,
Wenn sie von Eichenwipfeln still umrauscht,
In die kristallne Grotte niedersteigt?
Nahmst du die Züge bloß, mich zu erfreuen,

2850   Die Züge meiner lieben Prothoe an?

PROTHOE. Nicht, meine beste Königin, nicht, nicht.
Ich bin es, deine Prothoe, die dich
In Armen hält, und was du hier erblickst,
Es ist die Welt noch, die gebrechliche,
Auf die nur fern die Götter niederschaun.

PENTHESILEA. So, so. Auch gut. Recht sehr gut. Es tut

PROTHOE. Wie, meine Herrscherin?   [nichts.

PENTHESILEA.   Ich bin vergnügt.

PROTHOE. Erkläre dich, Geliebte. Wir verstehn nicht –

PENTHESILEA.
Daß ich noch bin, erfreut mich. Laßt mich ruhn.

Pause.

2860 MEROE. Seltsam!

DIE OBERPRIESTERIN. Welch eine wunderbare Wendung!

MEROE. Wenn man geschickt ihr doch entlocken könnte—?

PROTHOE. – Was war es denn, das dir den Wahn erregt,
  Du seist ins Reich der Schatten schon gestiegen?

PENTHESILEA *nach einer Pause, mit einer Art von Verzückung.*

  Ich bin so selig, Schwester! Überselig!
  Ganz reif zum Tod o Diana, fühl ich mich!
  Zwar weiß ich nicht, was hier mit mir geschehn,
  Doch gleich des festen Glaubens könnt ich sterben,
  Daß ich mir den Peliden überwand.

PROTHOE *verstohlen zur Oberpriesterin.*

  Rasch jetzt die Leich hinweg!

PENTHESILEA *sich lebhaft aufrichtend.* O Prothoe!
  Mit wem sprichst du?

PROTHOE *da die beiden Trägerinnen noch säumen.*

                      Fort, Rasende!

PENTHESILEA.   O Diana!   2870
  So ist es wahr?

PROTHOE.   Was, fragst du, wahr, Geliebte?
  – Hier! Drängt euch dicht heran!

*Sie winkt den Priesterinnen, die Leiche, die aufgehoben wird, mit ihren
                  Leibern zu verbergen.*

PENTHESILEA *hält ihre Hände freudig vors Gesicht.*

                              Ihr heilgen Götter!
  Ich habe nicht das Herz mich umzusehn.

PROTHOE. Was hast du vor? Was denkst du, Königin?

PENTHESILEA *sich umsehend.*

  O Liebe, du verstellst dich.

PROTHOE.   Nein, beim Zeus,
  Dem ewgen Gott der Welt!

PENTHESILEA *mit immer steigender Ungeduld.*

                        O ihr Hochheiligen,
  Zerstreut euch doch!

DIE OBERPRIESTERIN *sich dicht mit den übrigen Frauen zusam-
  mendrängend.*   Geliebte Königin!

PENTHESILEA *indem sie aufsteht.*

  O Diana! Warum soll ich nicht? O Diana!
  Er stand schon einmal hinterm Rücken mir.

MEROE. Sehr, seht! Wie sie Entsetzen faßt!

PENTHESILEA *zu den Amazonen, welche die Leiche tragen.*

                              Halt dort! –   2880
  Was tragt ihr dort? Ich will es wissen. Steht!

Sie macht sich Platz unter den Frauen und dringt bis zur Leiche vor.

PROTHOE. O meine Königin! Untersuche nicht!

PENTHESILEA. Ist ers, ihr Jungfraun? Ist ers?

EINE TRÄGERIN *indem die Leiche niedergelassen wird.*

                                 Wer, fragst du?

PENTHESILEA. – Es ist unmöglich nicht, das seh ich ein.
Zwar einer Schwalbe Flügel kann ich lähmen,
So, daß der Flügel noch zu heilen ist;
Den Hirsch lock ich mit Pfeilen in den Park.
Doch ein Verräter ist die Kunst der Schützen;
Und gilts den Meisterschuß ins Herz des Glückes,
2890 So führen tücksche Götter uns die Hand.
– Traf ich zu nah ihn, wo es gilt? Sprecht ist ers?

PROTHOE. O bei den furchtbarn Mächten des Olymps,
Frag nicht –!

PENTHESILEA.   Hinweg! Und wenn mir seine Wunde,
Ein Höllenrachen, gleich entgegen gähnte:
Ich will ihn sehn!

                   Sie hebt den Teppich auf.

Wer von euch tat das, ihr Entsetzlichen!

PROTHOE. Das fragst du noch?

PENTHESILEA.   O Artemis! Du Heilige!
Jetzt ist es um dein Kind geschehn!

DIE OBERPRIESTERIN. Da stürzt sie hin!

PROTHOE.   Ihr ewgen Himmelsgötter!
2900 Warum nicht meinem Rate folgtest du?
O dir war besser, du Unglückliche,
In des Verstandes Sonnenfinsternis
Umher zu wandeln, ewig, ewig, ewig,
Als diesen fürchterlichen Tag zu sehn!
– Geliebte, hör mich!

DIE OBERPRIESTERIN.   Meine Königin!

MEROE. Zehntausend Herzen teilen deinen Schmerz!

DIE OBERPRIESTERIN.
Erhebe dich!

PENTHESILEA *halb aufgerichtet.*

                Ach, diese blutgen Rosen!
Ach, dieser Kranz von Wunden um sein Haupt!
Ach, wie die Knospen, frischen Grabduft streuend,
2910 Zum Fest für die Gewürme, niedergehn!

PROTHOE *mit Zärtlichkeit.*
Und doch war es die Liebe, die ihn kränzte?

MEROE. Nur allzufest –!

PROTHOE.   Und mit der Rose Dornen,
 In der Beeifrung, daß es ewig sei!
DIE OBERPRIESTERIN. Entferne dich!
PENTHESILEA.   Das aber will ich wissen,
 Wer mir so gottlos neben hat gebuhlt! –
 Ich frage nicht, wer den Lebendigen
 Erschlug; bei unsern ewig hehren Göttern!
 Frei, wie ein Vogel, geht er von mir weg.
 Wer mir den Toten tötete, frag ich,
 Und darauf gib mir Antwort, Prothoe.   2920
PROTHOE. Wie, meine Herrscherin?
PENTHESILEA.   Versteh mich recht.
 Ich will nicht wissen, wer aus seinem Busen
 Den Funken des Prometheus stahl. Ich wills nicht,
 Weil ichs nicht will; die Laune steht mir so:
 Ihm soll vergeben sein, er mag entfliehn.
 Doch wer, o Prothoe, bei diesem Raube
 Die offne Pforte ruchlos mied, durch alle
 Schneeweißen Alabasterwände mir
 In diesen Tempel brach; wer diesen Jüngling,
 Das Ebenbild der Götter, so entstellt,   2930
 Daß Leben und Verwesung sich nicht streiten,
 Wem er gehört, wer ihn so zugerichtet,
 Daß ihn das Mitleid nicht beweint, die Liebe
 Sich, die unsterbliche, gleich einer Metze,
 Im Tod noch untreu, von ihm wenden muß:
 Den will ich meiner Rache opfern. Sprich!
PROTHOE *zur Oberpriesterin.*
 Was soll man nun der Rasenden erwidern? –
PENTHESILEA. Nun, werd ichs hören?
MEROE.   – O meine Königin,
 Bringt es Erleichterung der Schmerzen dir,
 In deiner Rache opfre, wen du willst.   2940
 Hier stehn wir all und bieten dir uns an.
PENTHESILEA. Gebt acht, sie sagen noch, daß ich es war.
DIE OBERPRIESTERIN *schüchtern.*
 Wer sonst, du Unglückselige, als nur –?
PENTHESILEA. Du Höllenfürstin, im Gewand des Lichts,
 Das wagst du mir –?
DIE OBERPRIESTERIN. Diana ruf ich an!
 Laß es die ganze Schar, die dich umsteht,
 Bekräftigen! Dein Pfeil wars der ihn traf,

Und Himmel! wär es nur dein Pfeil gewesen!
Doch, als er niedersank, warfst du dich noch,
2950 In der Verwirrung deiner wilden Sinne,
Mit allen Hunden über ihn und schlugst –
O meine Lippe zittert auszusprechen,
Was du getan. Frag nicht! Komm, laß uns gehn.

PENTHESILEA. Das muß ich erst von meiner Prothoe hören.

PROTHOE. O meine Königin! Befrag mich nicht.

PENTHESILEA.
Was! Ich? Ich hätt ihn –? Unter meinen Hunden –?
Mit diesen kleinen Händen hätt ich ihn –?
Und dieser Mund hier, den die Liebe schwellt –?
Ach, zu ganz anderm Dienst gemacht, als ihn –!
2960 Die hätten, lustig stets einander helfend,
Mund jetzt und Hand, und Hand und wieder Mund –?

PROTHOE. O Königin!

DIE OBERPRIESTERIN. Ich rufe Wehe! dir.

PENTHESILEA.
Nein, hört, davon nicht überzeugt ihr mich.
Und stünds mit Blitzen in die Nacht geschrieben,
Und rief es mir des Donners Stimme zu,
So rief ich doch noch beiden zu: ihr lügt!

MEROE. Laß ihn, wie Berge, diesen Glauben stehn;
Wir sind es nicht, die ihn erschüttern werden.

PENTHESILEA.
– Wie kam es denn, daß er sich nicht gewehrt?

2970 DIE OBERPRIESTERIN. Er liebte dich, Unseligste! Gefangen
Wollt er sich dir ergeben, darum naht' er!
Darum zum Kampfe fordert' er dich auf!
Die Brust voll süßen Friedens kam er her,
Um dir zum Tempel Artemis' zu folgen.
Doch du –

PENTHESILEA. So, so –

DIE OBERPRIESTERIN. Du trafst ihn –

PENTHESILEA.   Ich zerriß ihn.

PROTHOE. O meine Königin!

PENTHESILEA.   Oder war es anders?

MEROE. Die Gräßliche!

PENTHESILEA.   Küßt ich ihn tot?

DIE ERSTE PRIESTERIN.   O Himmel!

PENTHESILEA.
Nicht? Küßt ich nicht? Zerrissen wirklich? sprecht?

DIE OBERPRIESTERIN. Weh! Wehe! ruf ich dir. Verberge
　　Laß fürder ewge Mitternacht dich decken!　　　[dich! 2980
PENTHESILEA. – So war es ein Versehen. Küsse, Bisse,
　　Das reimt sich, und wer recht von Herzen liebt,
　　Kann schon das eine für das andre greifen.
MEROE. Helft ihr, ihr Ewgen, dort!
PROTHOE *ergreift sie.*　　　　　　　Hinweg!
PENTHESILEA.　　　　　　　　　　　　　Laßt, laßt!
Sie wickelt sich los, und läßt sich auf Knieen vor der Leiche nieder.
　　Du Ärmster aller Menschen, du vergibst mir!
　　Ich habe mich, bei Diana, bloß versprochen,
　　Weil ich der raschen Lippe Herr nicht bin;
　　Doch jetzt sag ich dir deutlich, wie ichs meinte:
　　Dies, du Geliebter, wars, und weiter nichts.
　　　　　　　　　Sie küßt ihn.
DIE OBERPRIESTERIN. Schafft sie hinweg!
MEROE.　　　　　　　　　Was soll sie länger hier? 2990
PENTHESILEA.
　　Wie manche, die am Hals des Freundes hängt,
　　Sagt wohl das Wort: sie lieb ihn, o so sehr,
　　Daß sie vor Liebe gleich ihn essen könnte;
　　Und hinterher, das Wort beprüft, die Närrin!
　　Gesättigt sein zum Ekel ist sie schon.
　　Nun, du Geliebter, so verfuhr ich nicht.
　　Sieh her: als *ich* an deinem Halse hing,
　　Hab ichs wahrhaftig Wort für Wort getan;
　　Ich war nicht so verrückt, als es wohl schien.
MEROE. Die Ungeheuerste! Was sprach sie da?　　　3000
DIE OBERPRIESTERIN.
　　Ergreift sie! Bringt sie fort!
PROTHOE.　　　　　　　Komm, meine Königin!
PENTHESILEA *sie läßt sich aufrichten.*
　　Gut, gut. Hier bin ich schon.
DIE OBERPRIESTERIN.　　　　　So folgst du uns?
PENTHESILEA. Euch nicht! – –
　　Geht ihr nach Themiscyra, und seid glücklich,
　　Wenn ihr es könnt –
　　Vor allen meine Prothoe –
　　Ihr alle –
　　Und – – – im Vertraun ein Wort, das niemand höre,
　　Der Tanaïs Asche, streut sie in die Luft!
PROTHOE. Und du, mein teures Schwesterherz?　　　3010

PENTHESILEA. Ich?

PROTHOE. Du!

PENTHESILEA. – Ich will dir sagen, Prothoe,
Ich sage vom Gesetz der Fraun mich los,
Und folge diesem Jüngling hier.

PROTHOE. Wie, meine Königin?

DIE OBERPRIESTERIN. Unglückliche!

PROTHOE. Du willst –?

DIE OBERPRIESTERIN. Du denkst –

PENTHESILEA. Was? Allerdings!

MEROE. O Himmel!

PROTHOE. So laß mich dir ein Wort, mein Schwesterherz –
Sie sucht ihr den Dolch wegzunehmen.

PENTHESILEA.
Nun denn, und was? – – Was suchst du mir am Gurt?
– Ja, so. Wart, gleich! Verstand ich dich doch nicht.
– – Hier ist der Dolch.
Sie löst sich den Dolch aus dem Gurt, und gibt ihn der Prothoe.
Willst du die Pfeile auch?
Sie nimmt den Köcher von der Schulter.
3020 Hier schütt ich ihren ganzen Köcher aus!
Sie schüttet die Pfeile vor sich nieder.
Zwar reizend wärs von *einer* Seite –
Sie hebt einige davon wieder auf.
Denn dieser hier – nicht? Oder war es dieser –?
Ja, der! Ganz recht – Gleichviel! Da! Nimm sie hin!
Nimm alle die Geschosse zu dir hin!
*Sie rafft den ganzen Bündel wieder auf, und gibt ihn der Prothoe in
die Hände.*

PROTHOE. Gib her.

PENTHESILEA. Denn jetzt steig ich in meinen Busen nieder,
Gleich einem Schacht, und grabe, kalt wie Erz,
Mir ein vernichtendes Gefühl hervor.
Dies Erz, dies läutr' ich in der Glut des Jammers
3030 Hart mir zu Stahl; tränk es mit Gift sodann,
Heißätzendem, der Reue, durch und durch;
Trag es der Hoffnung ewgem Amboß zu,
Und schärf und spitz es mir zu einem Dolch;
Und diesem Dolch jetzt reich ich meine Brust:
So! So! So! So! Und wieder! – Nun ists gut.
Sie fällt und stirbt.

PROTHOE *die Königin auffassend.*
  Sie stirbt!
MEROE.   Sie folgt ihm, in der Tat!
PROTHOE.   Wohl ihr!
  Denn hier war ihres fernern Bleibens nicht.
                Sie legt sie auf den Boden nieder.
DIE OBERPRIESTERIN.
  Ach! Wie gebrechlich ist der Mensch, ihr Götter!
  Wie stolz, die hier geknickt liegt, noch vor kurzem,
  Hoch auf des Lebens Gipfeln, rauschte sie!
PROTHOE. Sie sank, weil sie zu stolz und kräftig blühte! 3040
  Die abgestorbne Eiche steht im Sturm,
  Doch die gesunde stürzt er schmetternd nieder,
  Weil er in ihre Krone greifen kann.

PENTHESILEA

[Phöbus-Fassung]

A. Erster Auftritt *[Vers 1–46, 116–237]*

B. Fünfter Auftritt *[Vers 626–720]*

(Zur Erklärung: Die Griechen sind von neuem geschlagen worden. Achill ist nur durch eine geschickte Wendung, mit seiner Quadriga, der Penthesilea entkommen, wobei diese mit dem Pferde gestürzt ist.)

C. Sechster Auftritt *[Vers 881–986]*

(Zur Erklärung: Penthesilea und Achill treffen sich während dieses Auftritts im Felde.)

D. Neunter Auftritt *[Vers 1170–1237]*

(Zur Erklärung: Penthesilea kann ihres Gegners nicht mächtig werden. Sie ist im Kampf mit dem Achill gefallen, man hat sie aus seinen Händen gerettet. Er verfolgt sie.)

[Vers 1170–1212]

Penthesilea, bleich, mit zerstörten Haaren, zum Versinken matt. Prothoe und Asteria führen sie. Gefolge von Amazonen.

PENTHESILEA. Hetzt alle Hund' auf ihn! Mit Feuerbüscheln
Die Elefanten peitschet auf ihn los!
Rhinozeros und Schakaln führt herbei,
Und laßt sie seine Glieder niedertreten!
PROTHOE. Geliebte! Hör mich! Ich beschwöre dich!
ASTERIA. Achilles naht!
PROTHOE.   Wenn dir dein Leben lieb,
So säume keinen Augenblick und flieh!
PENTHESILEA. Mir diesen Busen zu zerschmettern, Prothoe!
Die Brust, so voll Gesang, Asteria,
Ein Lied jedweder Saitengriff auf ihn!
Dem Bären kauert ich zu Füßen mich,
Und streichelte das Panthertier, das mir
In solcher Regung nahte, wie ich ihm.
PROTHOE. So willst du nicht entweichen?
ASTERIA.   Nicht dich retten?

PROTHOE. Das Ungeheuerste, o Königin,
  Hier soll es sich, auf diesem Platz, vollbringen?
PENTHESILEA.
  Wars meine Schuld, daß ich im Schlachtfeld mußte,
  Mit Erz und Stahl umschient, den Fuß ihm nahn?
  Was will ich denn, wenn ich das Schwert ihm zücke?
  Will ich ihn denn zum Orkus niederschleudern?
  Ich will ihn ja, ihr ewgen Götter, nur,
  An diese Brust will ich ihn niederziehn!
PROTHOE. Sie rast –
DIE OBERPRIESTERIN. Unglückliche!
ASTERIA.   Sie ist von Sinnen –
PROTHOE. Indes der Schreckliche stets weiter dringt –
  Was ist zu tun?
ASTERIA.   Ehrwürdigste der Mütter!
DIE OBERPRIESTERIN. Bringt sie in jenes Talgeklüft!
PENTHESILEA *einen Rosenkranz in zweier Mädchen Hand erblickend.*
                                            Ha, sieh!
  Wer gab Befehl, die Rosen einzupflücken?
DIE OBERPRIESTERIN. Warst dus nicht selbst, Verlorene –?
PENTHESILEA.   Wer? Ich!
DIE OBERPRIESTERIN. Es sollte sich das Fest des Siegs, nun ja!
  Das heiß ersehnte deiner Jungfraun, feiern.

E. Vierzehnter Auftritt [= 15. Auftritt. Vers 1749–1828, 1877–2025]

(Zur Nachricht: Penthesilea ist, in einem Anfall von Wahnsinn, in Ohnmacht gefallen, und, während der Ohnmacht, vom Achill gefangen genommen worden. Da sie erwacht, verschweigt man ihr, was vorgegangen; sie hält den Sohn des Peleus, von allem, was sie umringt, getäuscht, für *ihren* Gefangenen.)

F. Neunzehnter Auftritt [= 20. Auftritt. Vers 2352–2446]

(Zur Erklärung: Penthesilea ist, in dem Augenblick, da sie von ihrer wahren Lage (nämlich, daß nicht Achill der ihrige, sondern sie die Gefangne Achills war) unterrichtet worden, von den Amazonen befreit und aus seinen Armen gerissen worden. Sie ruft ihn, in der ersten Regung des Schmerzes zurück; doch, von der Oberpriesterin bitter und schonungslos darüber gestraft, steht sie jetzt beschämt und zitternd, im Gefühl gänz-

licher Vernichtung, vor ihrem Volke da, das noch obenein, in
diesem Gefecht um ihre Freiheit, seine eigenen Gefangenen eingebüßt hat.)

[Vers 2370–2397]

PENTHESILEA *nach einer Pause.*
  Mein Schwesterherz! Was sagte dieser Mann –
  Ists der Pelide, der so mit mir spricht?
PROTHOE. Verweigre ihm den Zweikampf, Königin.
PENTHESILEA. Er ruft, o Diana! mich, der mich zu schwach,
  Um sich mit ihm im Kampf zu messen, weiß,
  Zum Kampf ruft er auf Tod und Leben mich?
  Die Brust hier, erst zerschmettern will er sie,
  Mit seiner weißen Pferde Tritt, und dann
  Auf ihrem bleichen Kissen fröhlich ruhn?
  Was ich vom Fest der Rosen ihm gesagt,
  Und unserm Tempel, in der Eichen Dunkel,
  Hat ihn mit der Musik der Rede bloß,
  Wie eines Felsens starres Ohr, getroffen?
  Es rührt' ihn nicht, er dachte nichts dabei,
  Es rührt' ihn nicht, sein Bild aus Marmor hätt ich
  Gleich gut mit meinen Rosen kränzen können?
PROTHOE. Vergiß den Unempfindlichen.
PENTHESILEA.   Nun ists aus.
PROTHOE. Wie?
PENTHESILEA *verstört.*
          Gut, gut, gut.
PROTHOE.   Geliebte meiner Seele!
PENTHESILEA. Ihr sollt *all* die Gefangnen wieder haben.

[Vers 2410–2420]

PENTHESILEA. Halkymnia, greuelvolle Schnitterin,
  Die du des Schlachtfelds Erntefest bestellst,
  Mit deinen Sichelwagen mir herbei!
DIE OBERPRIESTERIN.
  Erscheint man so zum Zweikampf, Unglücksel'ge?
PENTHESILEA. Und ihr, die ihr der Menschen Saat zerdrescht,
  Daß Korn und Halm auf ewig untergehen,
  Ihr Elefanten-Reihen, stampft heran!
  Ihr Reuterscharen und ihr Bogenschützen,
  Zum Stoppellesen geizig hinterher!

Du ganzer Schreckenspomp des Kriegs, dich ruf ich,
Vernichtender, entsetzlicher, herbei!

Sie ergreift den großen Bogen des Reichs aus einer Amazone Hand.
Amazonen mit Meuten gekoppelter Hunde, Elefanten, Sichelwagen,
Fackeln usw.

PROTHOE. O, meine große Königin, höre mich!

G. *Einundzwanzigster Auftritt [Vers 2448–2550]*

H. *Zweiundzwanzigster Auftritt [Vers 2551–2584]*

PENTHESILEA

[Erster Auftritt. Vers 84–100]

[ODYSSEUS.]   Sie wendet,
Die Hände plötzlich mit Erstaunen faltend,
Zum Kreise ihrer Jungfraun sich, und ruft
Beklemmt: solch einem Gegner, Prothoe, ist
Otrere, meine Mutter, nie begegnet!
Die Freundin, die Betretne, schweigt, ich schweige,
Es sieht die Schar der Jungfraun rings sich an,
Indes von neu'm sie den Äginer sucht,
Bis jen' ihr schüchtern naht, und sie erinnert,
Daß sie mir noch die Antwort schuldig sei.
Drauf mit Verwirrung sie und stolz: sie sei
Penthesilea ...

[Zweiter Auftritt. Vers 254–260]

[DER HAUPTMANN.] Ein Felssturz heißt uns endlich wieder stehn:
Doch Schaudern faßt uns, ihr Argiverfürsten,
Da wir den großen Sohn der Thetis missen.
Sein Helmbusch, in des Kampfes dickster Nacht,
Hochher vom erznen Wagen weht er noch;
Umstarrt von tausend Spießen ist er schon;
Tod dünkt sein Los uns: bis er endlich jetzt
Zur Flucht die raschen Geißelhiebe schwingt.
Vom Hang der Berge rollt er stürzend nieder;
Auf uns kehrt sich sein Lauf, wir senden ihm,
Wir Jauchzenden, den Rettungsgruß schon zu:

[Vers 338–343]

Jetzt hätt ein Augenblick ihn retten können:
Die Königin versucht, die Rasende,
Noch stets des Felsens lotgerechten Sturz.
Jedoch die Jungfraun jetzt, mit Angstgeschrei,
Die eine breite Bergkluft fanden, rufen
Im Widerhall zehnfach des Tals ihr zu:
Hier sei ein Pfad! Und locken sie dahin.

[Dritter Auftritt. Vers 375–386]

[DER HAUPTMANN.] Naht er sich uns?

DER MYRMIDONIER.   Hah! wie er mit der Linken
  Vor über seiner Rosse Rücken geht!
  Wie er die Geißel umschwingt über sie!
  Wie sie von ihrem bloßen Klang erregt,
  Der Erde Grund, die Kräftigen, zerstampfen!
  Am Zügel ziehn sie, mit der Zunge Spiel,
  Des Atems bloßem Dampf, das Fahrzeug fort!
  Kein Blick kann durch der Schenkel Tanz sich drängen!
  So fleucht vom Spieß des Jägers heiß gedrängt,
  Ein Rudel Hirsche über die Gefilde.

[Vierter Auftritt. Vers 520–565]

ODYSSEUS. Doch jetzt, du Stolz der Danaer, wirst du,
  Wenn dich ein anderes nicht besser dünkt,
  Mit uns dich ins Argiverlager werfen.
  Die Söhne Atreus' rufen uns zurück.
  Wir werden sie, die hier zu stark uns ist,
  Ins Feld nach Ilium zu locken suchen,
  Wo Agamemnon, aus dem Hinterhalt,
  In einer Hauptschlacht sie empfangen wird.
  Sieh, diese tausend Schritte weichst du noch;
  Dort ist der Platz auf Erden, zweifle nicht,
  Wo sich der Obelisk dir heben wird.
  Denn ist der Kampf nur gleich von beiden Seiten,
  So triffst du auf des Schwertes Länge sie:
  Ganz Hellas, das entzückte, hör ich jauchzen,
  Wenn dein gestählter Fuß, du Göttlicher,
  Auf ihrer pflaumenweichen Wange steht.

ACHILLES. Sie schwitzen. Wasche sie mit Wein, du Freund dort!

AUTOMEDON.
  Man holt die Schläuche schon.

ACHILLES.   Gut. Brüst' und Schenkel.
  Wenn sie sich abgekühlt.

DIOMEDES.   Hier siehst du wohl,
  Äginerfürst, daß wir im Nachteil kämpfen.
  Bedeckt soweit das schärfste Auge reicht,
  Sind alle Hügel von der Weiber Haufen;
  Heuschrecken lassen dichtgeschloßner nicht
  Auf eine reife Saatenflur sich nieder.
  Vergebens, daß die Kampfbegierde heiß

An unsre tapfre Brüste klopft; wer sich,
Ein Fürst des Heers, will mit der Fürstin messen,
Der einzge Kampf, der seiner würdig ist,
Muß eine zweifelhafte Schlacht vorerst
Gemeinen Weibern liefern und Trabanten,
Die ihres Hauptes feile Wächter sind.

ACHILLES *in die Ferne blickend.*

Kann man die Göttliche hier sehn?

DIOMEDES.   Du fragst –

ANTILOCHUS. Er meint die Königin.

DIOMEDES.   Ich zweifle nicht.

EIN GRIECHENFÜRST.

Macht Platz! – Dort, allerdings.

ACHILLES.   Wo?

DER GRIECHENFÜRST.   Bei der Eiche –

DER GRIECHE *der ihm den Arm verbindet.*

Halt! Einen Augenblick –

DER GRIECHENFÜRST.   Wo sie gestürzt.

EIN HAUPTMANN.

Der Helmbusch wallt schon wieder ihr vom Haupte,
Und das Geschick des Tages scheint verschmerzt.

DER GRIECHE. Jetzt ists geschehn. Jetzt geh.

> *Er verknüpft noch einen Knoten, und läßt seinen Arm fahren.*

[Vers 607–621]

[ACHILLES.] Kein Mädchen hat so glüh'nd noch mein begehrt;
Und in des Kaukas Schlünden sucht ich sie,
Wenn sie nicht hier an dem Skamandros wär.
O zehen übermütger Sieger Blicke,
In einen Strahl gefaßt, ihr Danaer
Sie reichen an den Hohn noch nicht der unter
Den dunkeln Wimpern dieser Jungfraun glüht.
Kurz, geht: ins Griechenlager folg ich euch;
Mein Fahrzeug steht zum Heimzug stets geschirrt.
Doch eher nicht, ich schwörs, besteig ich es,
Als bis ich ihrer Füße Paar durchkeilen,
Den Keil an meine Achse binden, häuptlings
Sie durch den Kot des Landes schleifen kann. –
Folgt meine tapfern Myrmidonier mir!

EIN GRIECHE *tritt auf.* Penthesilea naht, ihr Könige!

ACHILLES. Ich auch, du siehst. Wir werden gleich uns treffen.

[Fünfter Auftritt. Vers 720–733]

[PENTHESILEA.]
Verflucht das Herz, das sich nicht bändgen kann.

PROTHOE. Mein Leben –

EINE AMAZONENFÜRSTIN *zu Prothoe.*

Nichts mehr –

PROTHOE.   Meine Königin

EINE ZWEITE AMAZONENFÜRSTIN.
Nichts, nichts mehr, Prothoe, wenn du uns liebst.

DIE ERSTE. Wir sind bereit –

DIE ZWEITE.   Laß ihrem Wunsch uns folgen.

PROTHOE. Ihr Rasenden! Wohin verirrt ihr euch?
Meint ihr, daß ich das Leben freudig nicht,
Wie ihr, an ihrer Wünsche letzten setzte? –
Wenn ich dich bat, den Kampf nicht zu verlängern,
Jetzt auf den Knien fleh ich dich, o Königin,
Nach Themiscyra uns zurück zu führen.
Gefallen ist das Los des Sieges dir,
Nichts bleibt dem Volke mehr zu wünschen übrig,
Als nur die Augen dir, Unglücklichen,
Um deine eignen Taten zu erblicken.
Befürchte nicht, daß dir Achilles folgt.
Sieh, wie du jetzo mit dem Heer dich stelltest,
Von dem Skamandros ist er abgeschnitten;
Entweich ihm, weich ihm von der Ferse nur:
Den Fuß, ich schwörs, den er mit Freiheit rührt,
In seiner Danaerschanze setzt er hin.
Ja jede Sorge von dir zu entfernen,
Will ich, ich selbst, den Schweif des Heers dir schirmen.

[Vers 785–820]

PENTHESILEA.   Schweig Verhaßte!
Asteria fühlt wie ich, es ist nur einer
Hier mir zu sinken wert, und dieser *steht*!

PROTHOE. Nicht von der Leidenschaft o Königin
Wirst du –

PENTHESILEA. Versuche nicht ein Wort mehr sag ich
Willst du den Zorn nicht deiner Königin wagen!
Hinweg!

PROTHOE. So wag ich meiner Königin Zorn!
Der Wahnsinn nur, ich wag es auszusprechen,
Kann wo das Glück sich völlig schon entschieden,

Sich einem neuen Wurfe anvertraun.
Erfüllt ist jeder Zweck des Krieges uns;
Die Götter schenkten reichern Segen uns
Als, auf des Altars Stufen hingebeugt,
Die Brüst' all deiner Jungfraun sich erflehten.
Dir selber sank Orest, der Atreus-Enkel,
Dir Pylades, Olynth auch, Angesander:
Dir Helden zu, an des Skamandros Ufern,
Wie sie den großen Müttern herrlicher
Am Euphrat nicht, am Indus nicht erschienen.
Der Rückzug nicht, der Kampf ist hier zu fürchten.
Der Sturm der von dem Kaukas niederwehte,
Er wird, wenn seine wilde Wut nicht schweigt,
Die beiden feindlichen Gewölke noch,
In eine finstre Nacht zusammen treiben.
Den Söhnen Priams seh ich Atreus sich
Vereinigen, am Horizont herauf,
Eh deine Seele ahndet, ziehn, auf uns
Mit einem Schlag sich fürchterlich entladen;
Vielleicht, daß eh die Sonne noch sich wendet,
In Rauch uns schon die Ernte aufgegangen,
Die ganze Schar uns, die wir überwunden,
So vieler Mühen Preis, entrissen ist.
PENTHESILEA. Ha, sieh! Versteh ich dich Unwürdige?
    Wen überwandst du.
PROTHOE.   Ich?
PENTHESILEA.   Du, ja, dich frag ich.
PROTHOE. Lykaon überwand ich, Königin,
    Den Fürsten der Arkadier, du sahst ihn!
    Den Schlechtesten der Hellassöhne nicht:
    Stolz, an dem Fest der Rosen werd ich ihn
    Zu unserm heilgen Tempel führen können.
PENTHESILEA. Nun denn – er soll dir nicht entrissen werden!

[Vers 864–872]

Doch ist die Amazonen-Schlacht geschlagen,
Liegt er umwunden von der Fessel jetzt,
Zu Füßen mir, nun dann, so möge rasselnd,
Die Freude ihre goldnen Pforten öffnen:
Zum Tempel geht der Jubelzug, dann bin ich
Die Königin des Rosenfestes euch! –

[Siebenter Auftritt. Vers 1047–1113]

[DIE OBERPRIESTERIN.] Fleuch mir, Arsinoe, vor ihr Antlitz hin,
  Und sag ihr: Mars ihr großer Ahnherr habe
  Des Volkes Wunsch erhört, ich forderte,
  Der Diana hohe Oberpriesterin,
  Zur Rückkehr in die Heimat sie, verzuglos,
  Zur Feier jetzt des Rosenfestes auf!
                    Die Amazone ab.
  Ward solche Schmach mir jemals noch erhört!
DIE ERSTE PRIESTERIN.
  Zeigt sich die Königin noch nicht, ihr Kinder!
DAS ERSTE MÄDCHEN *auf dem Hügel.*
  Nacht wieder des Gewitters deckt die Flur,
  Ihr Tempelfrauen; man kann nicht unterscheiden.
  Die Wolken sinken, wie ein Schleier, nieder,
  Ein Anblick, schauerlich Geheimnis voll,
  Als ob ein Werk des Orkus sich vollbrächte.
DIE ZWEITE PRIESTERIN.
  Seht, seht! Wie jene Jungfrau dort heraneilt.

[Achter Auftritt. Vers 1114–1120]
Eine Oberste tritt auf. Die Vorigen.

DIE OBERPRIESTERIN. Was bringst du uns!
DIE OBERSTE.   Flieht ihr Hochheiligen!
  Flieht, rettet schleunig die Gefangenen,
  Achilles stürzt mit seinem ganzen Heere,
  Siegreich auf diesen Platz stürzt er heran!
DIE ERSTE PRIESTERIN. Ihr Götter des Olymps, was ist geschehen!
DIE OBERPRIESTERIN. Wo ist die Königin, die Wahnsinnige?
DIE OBERSTE. Im Kampf gefallen – frage nicht! Hinweg!
  Durch das Entsetzen ihres Falles, rings
  Das ganze Amazonenheer zerstreut.
DIE ZWEITE PRIESTERIN.
  Fort, fort, ihr Jungfraun, mit den Jünglingen!
                    Die gefangenen Griechen ab.
DIE OBERPRIESTERIN. Nein, sei so karg, du Bote des Verderbens,
  Sei uns so karg mit Worten nicht. Sag an!

[Vers 1159–1169]

[DIE OBERSTE.] Die Rüstung reißt er von der Brust sich nieder,
  Und folgt der Jungfraun dichte Schar durchstrebend,

– Mit Keulen könnte man, mit Händen, ihn
Wenn man ihn treffen dürfte niederreißen –
Der Kön'gin unerschrocknen Schrittes nach:
Ein Regen nicht vermag von Pfeilen sausend
Und Steinen, Spießen, die sein Leben streifen,
Den ungeheuern Menschen aufzuhalten. –
Dort naht sie selbst schon die Verlorene.

DIE ERSTE PRIESTERIN.
O, ihr allmächtgen Götter! Welch ein Anblick!

[Neunter Auftritt. Vers 1238–1390]

PROTHOE. So soll sich das Entsetzliche vollbringen?
Um diese königlichen Glieder soll
Sich jenes frechen Griechen Kette schlagen?
Den Dienst sollst du der Sklaven ihm verrichten,
Und wenn, von solchem Tagwerk müde nun,
Dein Geist ins stille Reich der Schatten floh,
Soll dieser junge zarte, blühende Leib,
Auf offnem Felde schmachvoll hingeworfen
Soll er den Hunden eine Speise sich,
Dem scheußlichen Geschlecht der Vögel bieten
– Du weinst?

PENTHESILEA.   Schmerzen, Schmerzen, Schmerzen. Laß mich.

PROTHOE. Kann ich dir Linderung, Hülfe dir?

PENTHESILEA.   Nichts, nichts! –

PROTHOE. Komm meine Königin! Erhebe dich!
Du wirst in diesem Augenblick nicht sinken.
Oft, wenn im Menschen alles untergeht,
So hält ihn dies: wie das Gewölbe steht,
Weil seiner Blöcke jeder stürzen will.
Noch auch hat sich das Glück für immer nicht,
Falls *wir* nicht mit zerbrechen, abgewandt.
Laß uns zurück nach Thermidora gehn –

PENTHESILEA. Wo steht die Sonne?

PROTHOE.   Grad im Scheitel dir,
Noch eh die Nacht sinkt, treffen wir dort ein,
Die Glieder kannst du, die verwundeten,
Dort ruhn, des Heers zerstreute Splitter sammlen,
Auch dort wird dir ein Feld zum Schlagen sein.
Und folgt er dir, der Übermütige:
Wohlan denn, bei des Morgens erstem Strahl
Nimmst du den Krieg der Jungfraun wieder auf.

CYNTHIA. Was siehst du? Worauf heftet sich –?

PENTHESILEA *an Prothoes Brust ihr Haupt verbergend.* Ach Prothoe!
Warum so hoch mir überm Haupt, o Freundin?
Warum in ewig fernen Flammenkreisen
Mir um den sehnsuchtsvollen Busen spielen?

PROTHOE. – Wer meine beste Königin?

PENTHESILEA.   Gut, gut –
Wo geht der Weg?

CYNTHIA.   Nach Thermidora, fragst du?
– Du kannst den Talweg, den bequemeren,
Du kannst den kürzern Pfad der Felsen wählen.

PROTHOE. Wozu entschließen wirst du dich?

PENTHESILEA.   Den Felsen,
                Sie steht auf.
Da komm ich ihm um so viel näher. Kommt.

PROTHOE. Wem, meine Königin?

PENTHESILEA.   Euren Arm, ihr Lieben.

CYNTHIA. Hier stütze dich. Sobald du jenen Gipfel
Der dort die Eichen überragt, erstiegen,
Bist du in Sicherheit. Komm fort.

PENTHESILEA *indem sie plötzlich stehen bleibt.* Doch höre:
Eins, eh ich weiche, bleibt mir übrig noch.

PROTHOE. Dir übrig noch?

CYNTHIA.   Und was?

PROTHOE.   Unglückliche!

PENTHESILEA. Eins noch, ihr Freundinnen. Und rasend wär ich,
Das müßt ihr selbst gestehn, wenn ich im ganzen
Gebiet der Möglichkeit mich nicht versuchte.
Den Ida will ich erst auf Pelion
Und Pelion wieder auf den Ossa wälzen,
Den Ossa will ich auf den Kaukasus,
Und Kaukasus auf dem Altai türmen,
Mir von Altai, Pelion, Kaukasus,
Den Weltgebirgen, eine Leiter bauen,
Und auf der Staffeln höchst' empor mich schwingen.

PROTHOE. Nein, meine Teuerste –

PENTHESILEA.   Nicht! Und warum nicht?

PROTHOE. Dies Werk ist der Giganten –

PENTHESILEA.   Der Giganten!
Worin denn fühl ich schwächer mich, als sie?

PROTHOE. Jedoch, gesetzt –! Was würdest du? –

PENTHESILEA. Blödsinnige!
  Bei seinen goldnen Flammenhaaren zög ich
  Zu mir hernieder ihn –
PROTHOE. Wen?
PENTHESILEA. Helios,
  Wenn er am Scheitel mir vorüberfleucht.
PROTHOE *zu den Priesterinnen.* Habt ihr dies Wort gehört?
PENTHESILEA *schaut, während dessen auf eine Brücke gekommen, in den Fluß nieder.* Ich, Rasende!
  Da liegt er mir zu Füßen ja – Nimm mich!
    Sie will in den Fluß sinken, Prothoe und Cynthia halten sie.
PROTHOE. Ihr Himmlischen!
CYNTHIA. Sie sinkt uns atemlos –
PROTHOE. Penthesilea! höre mich! Erwache!
CYNTHIA. Es ist umsonst! Ihr Leben ist entflohn.

[Zwölfter Auftritt. Vers 1460–1474]

ACHILLES *den Ätolier zurück stoßend.* Der weicht ein Schatten
  Von diesem Platz, der mit der Hand sie anrührt! –
  Gib.
PROTHOE. Hier.
ACHILLES *indem er die Königin in seine Arme nimmt.*
  Du gehst, und folgst, und schlägst die Frauen –
  Fort! Mir zu Lieb. Erwidre nichts.
    Er legt sie an die Wurzel einer Eiche nieder.
DIOMEDES. Was machst du?
ULYSSES *der während dessen mit dem Heer aufgetreten.*
  Auf! Ehe sich die Scharen wieder sammlen.

[Dreizehnter Auftritt. Vers 1498–1537]

[PROTHOE.] Wenn sie ins Leben, die Unglückliche,
  Uns freudig wiederkehrt, so sei der Sieger
  Das erste nicht, das freudlos ihr begegnet.
  Entrück ihr diese deine Griechen-Schar;
  Und muß sie endlich, die Gefangne, dich,
  Die Überwindrin noch vor kurzem, grüßen,
  So fordr' es früher, Edelmütger, nicht,
  Als bis ihr Geist dazu gerüstet steht.
ACHILLES. Wahrhaftig. Reizt' es sie? – Hinweg ihr Freunde!
  – Du sagst, es reizte sie?
    Das Gefolge des Achilles ab.

PROTHOE.   Fort – frage nicht!
  – Hinter ihren Rücken berge dich.

[Vierzehnter Auftritt. Vers 1538–1554]
Penthesilea, Prothoe, Achilles, Gefolge von Amazonen.

PROTHOE. Sie schlägt die Augen auf – Penthesilea!
  Wohin entfloh dein lebensmüder Geist?
  In welchen fernen Glanzgefilden regt er
  Das schwanenweiße Flügelpaar? O ruf ihn,
  Geliebte, ruf in deine Brust ihn wieder –!
  Es ist der Stern, der deinem Volke strahlt,
  Und in der schauerlichen Mitternacht,
  Verderben wir, die unsern Pfad umdunkelt,
  Wenn du die sichre Führerin, uns weichst. –
  Komm, hebe dich an meine Brust.
PENTHESILEA.   Wo bin ich?
PROTHOE. Kennst du die Stimme deiner Schwester nicht?
  Führt diese Flur, von Silberduft umflossen,
  Dich dies Gewässerrauschen nicht zurück?
  Sieh diese deiner treuen Frauen Schar:
  Wie an dem Eingang eines neuen Lebens
  Stehn sie, und rufen dir: willkommen! zu.

[Vers 1573–1595]

PROTHOE. Wie? Diesen ahndungsvollen Schreckenstraum,
  Ihn hättest du –?
PENTHESILEA.   Auf jeden Zug o Freundin,
  Der meiner Lippe zitternd jetzt entflohn.
  Wenn ich den Arm, den ungefesselten,
  Um deinen Leib nicht schläng, ich könnte fragen,
  Wo er mein harre, der Entsetzliche:
  So lebhaft gaukelte der Wahn um mich,
  Es perlt der Schweiß noch von der Stirne mir.
PROTHOE. Sei ruhig meine Teuerste.
PENTHESILEA.   Wie! Ruhig –
PROTHOE. Welch ein Geschick auch über dich verhängt sei,
  Wir tragen es, wir beide: fasse dich.
PENTHESILEA. Ich bin so ruhig, Prothoe, wie das Meer,
  Das hinter hohen Felsgestaden liegt;
  Nicht ein Gefühl in mir, das Wellen schlägt.
  Dies sonderbare Wort, es jagt mich plötzlich,
  Sei ruhig! wie die Braut des Windes, Prothoe,

Die offnen Weltgewässer, schäumend auf.
Was steht ihr denn so seltsam? So verstört?
– Und sendet Blick' in meinen Rücken hin,
Als ob ein Unhold dräuend hinter mir
Mit wildem zähngefletschten Anlitz stünde?

[Vers 1605–1614]

PROTHOE. Steht er nicht ohne Waffen hinter dir?
PENTHESILEA. Gleichviel – ich eine Königin in Fesseln!
    Ich wills –
PROTHOE.   So sieh ihn doch nur an, Verlorne!
    Scheint er mit mildem Antlitz nicht bereit,
    Sich selber deiner Fesseln darzubieten?
PENTHESILEA. Nein, sprich.
PROTHOE.   Achilles! Wenn du menschlich bist!
PENTHESILEA. Er wär gefangen mir?
PROTHOE.   Dir, ja, gefangen.
    Sprich selbst, Pelide, ich beschwöre dich
    – Du schweigst, Entsetzlicher!
ACHILLES *indem er vortritt.*   In jedem Sinne,
    Du Göttliche! Gewillt, mein ganzes Leben
    In deiner Blicke Fesseln zu verflattern.
        Penthesilea drückt ihre Hände vors Gesicht.
PROTHOE. Da hörst du es. Er sank – erzähls ihr, Lieber!

[Vers 1653–1697]

[PENTHESILEA] Ihr jungen Rosenpaare tretet auf;
    Ihr Gäste steht im Kreis, ihr festlichen,
    Ihr Mütter, ihr schneelockigen, ihr Kinder:
    Das Volk, der ganze Häupterkeil, herein
    Und müßt er der Portale Riß zersprengen.
    Und all ihr flatternden Gewänder, schürzt euch,
    Ihr goldenen Pokale, füllt euch an,
    Ihr Tuben schmettert, donnert, ihr Posaunen,
    Der Jubel mache, der melodische,
    Den festen Bau des Firmamentes beben! –
    O Jupiter, dürft ich dich niederrufen,
    Könnt ich dich selbst, Apoll den herrlichen,
    Euch, ihr Kamönen, Grazien begrüßen
    Daß sich ein Hochzeitsfest verherrliche,
    Wie der Olymp noch nicht durchjubelte,
    Das Hochzeitsfest der krieggeworbnen Bräute,

Der Kinder Pelops' und der Kinder Mars'! –
O Prothoe! *Sie fällt ihr um den Hals.*

PROTHOE.   Die Freude, seh ich wohl,
Ist dir verderblich, Kön'gin, wie der Schmerz:
Zum Wahnsinn heftig treibt dich beides hin.
Wo warst du jetzt, o du Unglückliche?
Blick um dich her – zerstreut bist du. Komm zu dir.

PENTHESILEA. O laß mich, Prothoe! O laß dies Herz
Zwei Augenblick in diesem Strom der Lust,
Wie ein besudelt Kind, sich untertauchen,
Mit jedem Schlag in seine üppgen Wellen
Wäscht sich ein Makel mir vom Busen weg.
Das Unglück, sagt man, läutert die Gemüter,
Ach, nur die erznen, Freundin, meines nicht.
Vernichtet hat die Glut mich, umgewandelt,
Und nicht mehr kenntlich war ich mir und dir.
Doch jetzt, wenn mir Diana gnädig ist,
Stell ich zur Lust mich wieder her: ach Prothoe,
Der Mensch kann groß, ein Held, im Leiden sein,
Doch göttlich ist er, wenn er selig ist. –
Sprich, du vergibst mir doch?

PROTHOE.   O meine Königin!

PENTHESILEA. So ist die Hälfte meines Blutes dein. –

[– (1 5. Auftritt) Vers 1749–1757]

PENTHESILEA. Komm jetzt, du süßer Nereidensohn,
Komm, lege dich zu Füßen mir – Ganz her!
– Ich bin verhaßt dir, hoff ich nicht, o Jüngling?
Ich habe dir im Kampf nicht weh getan?
Wie? Oder doch? hat dich mein Spieß verletzt?

ACHILLES *zu ihren Füßen.*
Nichts als den Arm –

PENTHESILEA.   Es ist unmöglich. Rede!

ACHILLES. Geritzt, du siehst, nichts weiter.

PENTHESILEA.   Was! Mein Spieß?

ACHILLES *ungeduldig.*
Er steckt' dir schief am Latz, du hörst. Das Schicksal
Wenn man mit Weibern kämpft. Was willst du mir?

[Vers 1830–1876]

PENTHESILEA. Wohlan – so wärst du unterrichtet, denk ich,
So kannst du aufstehn.

ACHILLES.   Wie?
PENTHESILEA.   Kannst wieder gehn.
ACHILLES. Gehn, meine süße Pflegerin, schon wieder?
  Von deinem Busen sendest du mich fort?
PENTHESILEA. Verhüte, Artemis, was denkst du auch?
  Wenn du mir bleiben willst, o Jüngling, bleibe,
  Und niemals von der Ferse weiche mir.
  Kann ich dir gleich was Süßes tun und Liebes?
  Willst du erquickt sein? Mit dem Saft der Rebe?
  Mit der Orange? Mit der Feige? Sprich?
ACHILLES. O lösche mir der Seele Durst, Geliebte,
  Und gib auf eine Frage Antwort mir,
  Die mich und all die Meinen drängt.
PENTHESILEA.   So rede!

[Vers 2018–2032]

ACHILLES. Oh! Freundin!
PENTHESILEA.   Nun? Was gibts?
ACHILLES.   Ich möchte gleich
  Hingehn wo sie begraben liegt, und weinen.
PENTHESILEA *lächelnd.*
  Du wunderlicher Mensch! Du Tor!
ACHILLES.   Geh, geh!
PENTHESILEA. Willst du von mir nichts wissen mehr?
ACHILLES.   Geh, sag ich.
  Was gibts noch weiter jetzt in deiner Rede?
PENTHESILEA. Was es noch weiter gibt in meiner Rede?
  Viel noch, gar viel, wenn du mich hören willst
  Gar vieles noch, das dich erfreuen wird –
  Was er sich für Gedanken machen mag!
ACHILLES.
  Meinst du? Nun freilich wohl – Wahrhaftig, meinst du?
  Wo blieben wir doch stehn? Ganz recht. Nun weiß ich.
PENTHESILEA. Bei jener großen Tanaïs. Ich erzählte
  Wie sie den Staat der Frauen uns begründet.
ACHILLES. Da eben blieb ein Punkt im Dunkeln.
PENTHESILEA.   Welcher?
ACHILLES. Denn dieser stolze Frauenstaat, sag an,
  Der ohn der Männer Hülf entstand, wie pflanzt er
  Doch ohne Hülfe sich der Männer fort?
  Wirft euch Deukalion, von Zeit zu Zeit
  Noch eine seiner Schollen häuptlings zu?

PENTHESILEA. Deukalion?

ACHILLES. Ja! Oder ist es anders?

PENTHESILEA. Deukalion!

ACHILLES. Wohlan, wie ist es denn?

PENTHESILEA. Willst du das wissen?

ACHILLES. Allerdings, das will ich.

PENTHESILEA. Wohlan, so höre mich – du drückst mich, Lieber.

Sie entfernt ihn von sich.

[Vers 2044–2055]

PENTHESILEA.

Drauf jetzt, sag ich, erscheint, im Schmuck der Feste,
Dianas Priesterin im Tempel Mars.
Und trägt, tief auf ihr Antlitz hingestreckt,
Dem Gotte, dem erschrecklichen, den Wunsch
Der königlichen Völkermutter vor.
Mars dann, wenn er die Kön'gin will erhören,
– Denn oft verweigert ers, die Berge geben,
Die schneeigen, der Nahrung nicht zu viel;
Und wenns an Korn fehlt, weißt du, für den Menschen,
Sind Menschen Korn selbst für des Todes Hunger:
Oft also schlägt er das Gesuch uns ab.
Doch wenn die Ernt' ergiebig uns gewesen,
Zeigt er, als seinen Stellvertreter, uns
Ein Volk an, der Olympische, ein würdges,
Das in der keuschen Brust, rein und geprägt,
Der Menschheit heilgen Stempel aufbewahrt:
Drauf jetzt ergeht ein Jubel durch die Stadt.

[Vers 2061–2100]

Die Königin benennt den Tag, es hebt
Der goldene Mond sich auf, die Tube donnert,
Zu Pferde schwingt erglühend sich die Schar,
Und still und heimlich, wie auf wollnen Sohlen,
Gehts zu dem Lager hin der Jünglinge.
Hier an den Pforten schleichend eingetroffen,
Ruhn wir, zwei Augenblicke, in nahen Wäldern,
Von unsrer Reise, Pferd' und Menschen, aus;
Und rauschend wie die Windsbraut, brechen wir,
Verwüstend, in den Wald der Männer ein,
Und wehn die Tapfersten, die uns gesunken,
Wie Samen, wenn die Wipfel sich zerschlagen,

In unsre heimatlichen Fluren hin.
Hier hegen wir, im Tempel Dianas, ihn
Und pflegen durch endloser Feste Reihe,
Die wir also begrüßen Rosenfest!
– Und denen niemand sich bei Todesstrafe,
Als die der Lorbeer krönet, nahen darf –
Bis er uns aufgeht; schicken, reich beschenkt,
Wie Könige, die Männer allzusamt,
Am Fest der reifen Mütter, wieder heim;
Der jungen Söhne Leben knicken wir,
Die Töchter aber frohen Angedenkens,
Ziehn wir zum Dienst des Frauenstaates groß.

ACHILLES. Nun – jetzo fast errät mans, Königin.
Denn jetzt – nicht? kommst du her –

PENTHESILEA.   Nun hätt ich schon
Das heitre Fest der Rosen zwanzigmal
Erlebt und drei ...

[Vers 2110–2117]

Die Mutter lag, die bleiche, scheidende,
Mir in den Armen eben, als die Sendung
Des Mars mir festlich im Palast erschien;
Und seinen Aufruf mir verkündigte.
Die Völker, hieß es, Danaer und Phryger,
In deren Kampf, vor der Dardanerburg,
Die Götter allzusamt hernieder stiegen,
Hab er den Bräuten diesmal ausersehn;
Und ich, die künftge Herrscherin des Reichs,
Ich solle ihre junge Brautschaft führen.
Es traf sich just, daß keines Volkes Wahl
Das Land umher noch so entzückt als diese.

[Vers 2170–2204]

– Was blickst du so zerstreut, mein Freund –
            Man hört ein Geräusch hinter der Szene.
ACHILLES.   Mich dünkt –

PROTHOE *heimlich zum Achilles.*
Willst du dich eilen, Göttlicher, und ihr –

PENTHESILEA. Sind das Gefangene, die dort –?

PROTHOE.   Was sonst –?

PENTHESILEA. Ha! Sonderbar.

ACHILLES.   Nun? Weiter! Drauf? Als du
Dich dem Skamandros nahtest –?
PENTHESILEA.   In dem Maße,
   Als ich mich dem Skamandros näherte,
   Und alle Täler rings, die ich durchrauschte,
   Von dem Trojanerstreite widerhallten,
   Schwand mir der Schmerz, und meiner Seele ging
   Die große heitre Welt des Krieges auf.
   Es schien mir süß zugleich und ungeheuer,
   Recht würdig einer Königin, das Werk,
   Das mir die große Mutter auferlegt.
   Ich dachte so: wenn die Momente sich,
   Die großen allzusamt der Weltgeschichte
   Mir wiederholten, wenn die ganze Schar
   Mir der Heroen, die die Lieder singen,
   Aus den Gestirnen glänzend niederstiegen,
   Ich könnte keinen trefflichern doch finden
   Den ich mit Rosen mir bekränzt, als ihn,
   Den Lieben, Wilden, Süßen, Schrecklichen,
   Den Überwinder Hektors! O Pelide!
   Mein ewiger Traum warst du! Bald sah ich dich,
   Wie du ihn niederschlugst, den Flüchtigen,
   Vor dem Achajertor, wie er die Scheitel,
   Die blutigen, auf nackter Erde schleifte,
   Wie Priam der weißlock'ge dir erschien.
   Wie du ihm erst Patroklus' Leiche zeigtest;
   Und heiße Tränen weint ich, wenn ich dachte,
   Daß eine Regung dir, du Schrecklicher,
   Die marmorharte Menschenbrust durchzuckt.
ACHILLES *heimlich zu Prothoe.*
   Es war wohl nichts.
PROTHOE.   So scheints.
PENTHESILEA.   Wie aber ward mir,
   O Pelid, als ich dich selbst erblickte!

[Vers 2223–2233]

 – Was blickst du?
PROTHOE *heimlich.*   Ich beschwöre dich, Pelide.
PENTHESILEA. Du wirst mir doch zum Tempel, Lieber, folgen?
ACHILLES *heimlich zu Prothoe.*
   Sind das die Griechen, sprich?
PENTHESILEA.   Was habt ihr vor?

ACHILLES. Du sollst den Gott der Erde mir gebären!
   Prometheus soll von seinem Sitz erstehn,
   Und dem Geschlecht der Welt verkündigen:
   Dies ist ein Mensch, so hab ich ihn gewollt!

[Vers 2249–2257]

PENTHESILEA. Entsetzlicher!
ACHILLES.   Ich höre Waffen klirren,
   Ein Bote naht sich bleich mir und bestürzt,
   Und eine Unheilskunde bringt er mir.
   Dir aber bringt er nichts, versteh mich wohl,
   Dein Schicksal ist auf ewig abgeschlossen;
   Gefangen bist du mir, ein Höllenhund
   Bewacht dich minder giftig, als ich dich.

[Fünfzehnter (= 16.) Auftritt. Vers 2261–2269]

[DER HAUPTMANN.]
   Das Schlachtglück hat den Rücken uns gekehrt.
   Die Amazonen drängen wieder vor,
   Und ihre Losung ist: Penthesilea!
   Ulysses weicht, wir halten sie nicht mehr,
   In wenig Augenblicken sind sie da.
ACHILLES *steht auf und reißt sich die Kränze ab.*
   Denn Waffen mir herbei! Die Pferde vor.
   Mit meinem Wagen rädern will ich sie.
PENTHESILEA. Der Schreckliche!
ACHILLES.   Sind sie noch weit von hier?
DER HAUPTMANN.
   Dort wo der Weg sich durch die Täler schleicht,
   Kannst du schon ihren goldnen Mond erblicken.

[Achtzehnter (= 19.) Auftritt. Vers 2303–2351]

[PENTHESILEA.] Wenn Menschen, die die Übereinkunft zügelt,
   Mit sich, nicht mit des Waldes Bären kriegen,
   Gibts ein Gesetz, frag ich, des Krieges auch,
   Das den Gefangenen, der sich ergeben,
   Aus seines Siegers Banden lösen kann?
   – Neridensohn!
DIE AMAZONEN.   Ihr Götter, ist es möglich?
ASTERIA. Ehrwürdge Priesterin der Artemis!
EINE OBERSTE *zu der Oberpriesterin.* Hast du gehört?

DIE ZWEITE OBERSTE.   Sie zürnt, ich bitte dich
  Weil wir von ihrer Fesseln Schmach sie lösten.

DIE OBERPRIESTERIN. Nun denn, du setzest würdig, Königin,
  Mit diesem Schmähungswort, muß ich gestehn,
  Den Taten dieses Tags die Krone auf.
  Nicht bloß, daß du, jedweder Sitte spottend,
  Das Haupt für deine Kränze suchst, nicht bloß,
  Daß du zu schwach, im Kampf es hinzuwerfen,
  Ihm selbst im Kampf erliegst, nicht bloß, daß du,
  Durch einen Krieg, so sinnentblößt geführt,
  Die Jünglinge, leichtsinnig, ungroßmütig,
  Die sich dein tapfres Heer erwarb, verlierst:
  Du zürnst auch deinem treuen Volke noch,
  Das deine Ketten bricht, du wendest dich,
  Und rufst den Überwinder dir zurück.
  Wohlan denn, große Königin, so bitt ich
  Für diese rasche Tat dich um Verzeihung;
  Vergib: sie ist jetzt nicht mehr gern geschehn.
  Frei, in des Volkes Namen, sprech ich dich,
  Du kannst zum Nereïdensohn dich wenden;
  Kannst ihn mit flatterndem Gewand ereilen,
  Der dich in Fesseln schlug, und ihm den Riß,
  Da, wo wir sie zersprengten, überreichen:
  Also ja wills das heilge Kriegsgesetz!
  Uns aber, uns vergönnst du, Königin,
  Daß wir zurück nach Themiscyra gehn,
  Und eine andre Herrscherin uns wählen
  Aus dem Geschlecht der großen Tanaïs,
  Die sie hinweg vom goldnen Bogen wasche,
  Die Schmach, die deine Hand ihm angetan.

Pause.

PENTHESILEA *zitternd.*
  Prothoe!

PROTHOE. Mein Schwesterherz! Was willst du?

PENTHESILEA. Sind sie zusamt verloren, die Gefangenen?

PROTHOE. So hör ich.

PENTHESILEA.   Sinds durch mich? – Sprich!

PROTHOE.   Fasse dich.
  Ein andrer Krieg kann sie uns wiederschenken.

PENTHESILEA. O niemals!

PROTHOE.   Wie?

ENTHESILEA.   O Prothoe!
Daß mich der Erde tiefster Grund verschlänge!

[Neunzehnter (= 20.) Auftritt. Vers 2370–2403]

ENTHESILEA. Wie sprach der Mann? – O Freundin! Hört ich
PROTHOE. Verweigere ihm das Treffen Königin.   [recht?
ENTHESILEA. *Er* ruft, den ich mit Rosen mir bekränzte,
  Zum Kampf auf Tod und Leben mich heraus?
  Hier diese Brust, er will sie erst zerschmettern,
  Mit seiner Pferde Tritt, und dann, o Schwester,
  Auf ihren leichenbleichen Kissen ruhn?
  Was ich vom Tempel ihm der Diana sagte,
  Hat ihn mit der Musik der Rede bloß,
  Wie eines Felsen starres Ohr, getroffen?
  Es rührt' ihn nicht, er dachte nichts dabei,
  Er liebt mich nicht, sein Bild aus weißem Marmor
  Hätt ich mit gleichem Glücke krönen können?
PROTHOE. Vergiß den Unempfindlichen.
ENTHESILEA.   Nun ists aus.
PROTHOE. Wie?
ENTHESILEA.   Gut, gut, gut.
PROTHOE.   Geliebte meiner Seele!
ENTHESILEA. Ihr sollt all die Gefangnen wiederhaben.
DER HEROLD. Du willst –?
ENTHESILEA.   Ich wills, ja! Sag es ihm, o Herold:
  Er soll im Angesicht der Götter mich,
  Die Furien auch ruf ich herab, mich treffen!
                    Der Donner rollt.
DIE OBERPRIESTERIN. Wenn dich mein Wort gereizt, Penthesilea,
  So wirst du mir den Schmerz –
ENTHESILEA.   Laß mich, du Heilige!
  Ich will den Bogen wieder reinigen.

[Zweiundzwanzigster (= 23.) Auftritt. Vers 2677–2694]

DIE ERSTE PRIESTERIN *am Busen der zweiten weinend.*
  Solch eine Jungfrau! Im Gespräch so sinnig!
  In jeder Kunst der Hände so geschickt!
  Beim Tanz so zierlich! Ihr Gesang so rührend!
  So voll Verstand, und Würd und Grazie!
DIE OBERPRIESTERIN. O die gebar Otrere nicht! Die Gorgo
  Hat im Palast der Kön'ge sie gezeugt!

DIE ERSTE PRIESTERIN *fortfahrend.*

    Sie war so sanft wie neugeborne Kinder!
Die Weste waren nicht so mild als sie!
Die Herzen gingen ihr wie Blumen auf,
Und was sie irgend tat, es war ein Kuß.
Sie trat den Käfer nicht den fröhlichen
Der unter ihrer Füße Sohle spielte,
Den Pfeil, der eines grimmgen Ebers Busen
Verwundete, rief sie zurück, es hätte
Sie sein gebrochner Blick und seine Töne
Zu seinen Füßen niederziehen können!

    [Dreiundzwanzigster (= 24.) Auftritt. Vers 2768–2778]

PENTHESILEA. *Ein Schauer schüttelt sie zusammen: sie läßt den Boge fallen.*

MEHRERE FRAUEN. O die Entsetzliche!

DIE DRITTE OBERSTE.   Habt ihr gesehn?

DIE ERSTE. Der Bogen stürzt' ihr aus der Hand darnieder.

DIE ZWEITE. Seht wie er taumelt –!

DIE DRITTE.   Klirrt –!

DIE VIERTE.   Und wankt –!

DIE ZWEITE.   Und fällt –

DIE DRITTE. Nun liegt er still.

DIE ERSTE.   Ihr hohes Amt ist aus,
    Und nie mit Händen mehr berührt sie ihn.

DIE OBERPRIESTERIN *indem sie Prothoe von sich drückt.*

    Und keiner ist, der ihrer sich erbarmt? –
Penthesilea! Meine Königin!
Komm her, willst du an meinem Busen ruhn?
Ich bin mit dir zufrieden Treffliche,
Vergib mir, wenn ich dich beleidiget.
Die Tanaïs selbst, du wunderbar Erhabne,
Sie hat den Bogen das gesteh ich jetzt
So groß und würdig nicht geführt, als du.

    [Vers 2905–2913]

DIE OBERPRIESTERIN.   Meine Königin
    Erhebe dich!

            Sie richten sie halb auf.

PENTHESILEA.   Ach, diese blutgen Rosen!
    Ach dieser Kranz von Greueln um sein Haupt!

Ach, wie die Windung, frischen Grabduft streuend,
Ein Jubel für die Würmer niedergeht.
PROTHOE. Hinweg von diesem jammervollen Anblick.
Rufst du ins Leben, Kön'gin, ihn zurück?

[Vers 2926–Ende]

[PENTHESILEA.] Doch wer bei diesem frechen Raub, die Pforte,
Die allgemeine, ruchlos mied, durch alle
Schneeweißen Alabaster-Wände mir
In diesen Tempel brach, wer diesen Jüngling,
Das Ebenbild der Götter, so entstellt,
Daß die Verwesung ihn, wie an ein Fremdes,
Vorübergeht, wer ihn so zugerichtet
Daß ihn das Mitleid nicht beweint, die Liebe,
Von unwillkürlichen Gefühlen überwältigt,
Ihm noch im Tode untreu werden muß:
Den will ich meiner Rache opfern. Sprich!
PROTHOE. Unglückliche! Wer sonst, als nur du selbst –?
PENTHESILEA. Du schändlichste der Lügnerinnen! Du Teufel!
Das wagst du mir –?
PROTHOE.   Diana ruf ich an!
Möcht ich mit jedem Wort zu Schanden werden!
Als dein Geschoß zu Boden ihn gestreckt,
Da warfest du mit allen deinen Hunden,
Dich über ihn, und schlugst, du Gottgestrafte –
O meine Lippe zittert auszusprechen,
Was du getan. Frag nicht! Komm laß uns gehn.
PENTHESILEA. Was? Ich? Ich hätt ihn –? Unter meinen Hunden
Mit diesen kleinen Händen, hätt ich ihn –?
Und dieser Mund hier, den die Liebe schwellt –?
Ach zu ganz anderm Dienst gemacht, als ihn –?
Die hätten, lustig stets einander helfend,
Mund jetzt und Hand, und Hand und wieder Mund –?
PROTHOE. O wehe! Wehe! ruf ich über dich!
PENTHESILEA. Nein du Geliebte bei den ewgen Göttern
Eh bög ich hungrig auf mich selbst mich nieder,
Also, sieh her –! Und öffnete die Brust mir,
Und tauchte diese Hände so – sieh her!
Hinunter in den blutgen Riß, und griff
Das Herz, das junge dampfende, hervor,
Um es zu essen, ach, als daß ich nur
Ein Haar auf seiner lieben Scheitel krümmte.

PROTHOE. Ich rufe wehe, wehe über dich!

PENTHESILEA. Nun freilich – wenn du es versichern kannst.

PROTHOE. Hinweg, hinweg von diesem Schreckensort!

PENTHESILEA. Wie käm das denn, daß er sich nicht gewehrt?

PROTHOE. Er liebte dich Unglückliche; gefangen
    Wollt er sich dir ergeben, darum naht' er!
    Darum zum Kampfe fordert' er dich auf!
    Die Brust voll süßen Friedens kam er her
    Um dir zum Tempel Artemis' zu folgen.
    Doch du –

PENTHESILEA. So, so. Doch ich –

PROTHOE.   Du Wütende –!

PENTHESILEA. Ich Wütende –

PROTHOE.   O frage nicht! Du gräbst
    Dir ewge Reue aus meiner Brust hervor.

PENTHESILEA. Nun ist mir alles klar, und jegliches,
    O Licht der Mittagssonn ist nicht so hell.
    – Beim Styx, es ist gelogen, Prothoe.

PROTHOE. Laß ihn, wie Berge diesen Glauben stehn;
    Ich bin es nicht, die ihn erschüttern wird.

PENTHESILEA. Gebissen also würklich? Tot gebissen?

PROTHOE. Ich rufe: Wehe! dir!

PENTHESILEA.   Nicht tot geküßt?

PROTHOE. Ich rufe: Wehe! dir! Verberge dich!
    Laß fürder ewge Mitternacht dich decken!

PENTHESILEA. So war es ein Versehn. Küsse, Bisse,
    Das reimt sich, und wer recht von Herzen liebt
    Kann schon das eine für das andre greifen.

PROTHOE. Unglückliche! Und damit denkst du dich –?

PENTHESILEA. Im Ernst

PROTHOE *sie hinweg reißend.* Hinweg!

PENTHESILEA.   Laßt, laßt!

PROTHOE.   Fort! Sag ich.

PENTHESILEA *vor der Leiche hinkniend.*
    Du lieber, süßer Bräutgam, du vergibst mir.
    Ich habe mich bei Diana, bloß versprochen,
    Weil ich der raschen Lippe Herr nicht bin.
    Doch jetzt sag ichs dir deutlich, wie ichs meinte:
    Dies, du Geliebter, wars, und weiter nichts.
                    Sie küßt ihn.

PROTHOE. O ihr allmächtgen Götter, welch ein Anblick.

DIE OBERPRIESTERIN. O die Unglückliche!

PENTHESILEA.   Ich bilde mir,
  Mein süßer Liebling, ein, daß du mich doch,
  Trotz dieses groben Fehlers, recht verstandst.
  Beim Jupiter! Der Meinung will ich sterben
  Dir waren meine blutgen Küsse lieber
  Als die lustfeuchten einer andern.
  Du hieltst mir wett ich, als ich dich erstickte,
  Gleich einer Taube still, kein Glied hast du,
  Vor Wollust, überschwenglicher, o Diana!
  Keins deiner Glieder mir dabei gerührt.
PROTHOE. Ach die Erbarmungswürdige!
OBERPRIESTRIN.   Die Verlorne!
PENTHESILEA. Sieh, Prothoe, sieh – der Rest von einer Lippe–
  Sprich, dünkts dich nicht als ob er lächelte?
  O beim Olymp! Er ist mir ausgesöhnt,
  Und jener andre Teil er lächelt auch.
  Nun denn, du hast auch recht, o du mein Abgott!
  – Denn wenn du alles wohl dir überlegst
  So hab ich dich vor Liebe aufgegessen.
PROTHOE. Komm meine liebste Königin, hinweg!
PENTHESILEA *sich aufraffend.*
  Ja! Jetzt muß ich fort!
PROTHOE.   Wohin nun denkst du?
PENTHESILEA. Wohin? Ich darf ihn ja nicht warten lassen.
  Ist er nicht bei der großen Diana schon?
OBERPRIESTRIN. Wie, du Unglückliche –!
PROTHOE.   Mein Schwesterherz.
OBERPRIESTRIN.
  Du willst –?
PROTHOE.   Du denkst –?
PENTHESILEA.   Was? Allerdings.
OBERPRIESTRIN.   O Himmel!
PROTHOE. So will ich dir was sagen. *Sie neigt sich über sie.*
PENTHESILEA.   Nun? Was willst du?
  Was gibts? Was suchst du mir? Ja, so! Du Liebe
  Wart! Gleich! Hier –
    Sie löst sich den Dolch aus dem Gurt und gibt ihn der Prothoe.
               Willst du die Pfeile auch, da hier!
  Da schütt ich ihren ganzen Köcher aus.
      Sie schüttet die Pfeile vor sich nieder.
  Zwar – reizend wärs, von einer Seite –
      Sie hebt einige davon wieder auf.

Wenn dieser hier – nicht? Oder war es dieser –?
Ja der! Ganz recht – Gleichviel! Da nimm sie hin.
Da, nimm sie alle zu dir hin.

Sie rafft sie alle zusammen auf und gibt sie der Prothoe in die Hände.

PROTHOE.   Gib her.

PENTHESILEA. Denn jetzt steig ich in meinen Busen nieder,
Gleich einem Schacht, und grabe, kalt wie Erz,
Mir ein Gefühl hervor; dies Erz, dies nehm ich,
Und läutre es dreimal in der Glut des Jammers,
Hart mir zu Stahl; und tränk es, bis zur Sättigung
Mit Gift, heiß ätzendem, der Reue, durch und durch,
Und hämmr' es auf der Liebe Amboß, mir,
Und schärf und spitz es mir zu einem Dolch;
Und diesem Dolch jetzt reich ich meine Brust:
So! so! so! so – Und wieder! Nun ists gut.

Sie fällt und stirbt.

PROTHOE. Sie stirbt.

DIE ERSTE OBERSTE. Sie folgt dem Jüngling.

PROTHOE.   Wohl, wohl ihr!
Denn hier war ihres fernern Bleibens nicht.

DIE ERSTE PRIESTERIN.
Ach, wie gebrechlich ist der Mensch, ihr Götter!
Wie frisch, die hier geknickt liegt, noch vor kurzem,
Hoch auf des Lebens Gipfel, rauschte sie!

DIE OBERPRIESTRIN.
Sie sank, weil sie zu stark und üppig blühte!
Die abgestorbne Eiche steht im Sturm,
Doch die gesunde stürzt erbrochen nieder,
Weil er in ihre Krone greifen kann.

Ende.

ANMERKUNGEN

Der zerbrochne Krug

Entstehung: Erste Anregung 1802 in der Schweiz durch einen Kupfer-stich von Le Veau (1782) nach einem verschollenen Gemälde von Debucourt. Niederschrift der drei ersten Szenen auf Pfuels Veranlassung 1803 in Dresden. Vorläufige Fertigstellung April 1805 in Berlin; weitere Arbeit in Königsberg. Während Kleists Gefangenschaft gelangt das Manuskript über Rühle an Adam Müller, der es Anfang August 1807 an Goethe schickt. Gereizt durch den Mißerfolg der Weimarer Inszenierung (Einteilung in drei Akte!) veröffentlicht Kleist sofort einige Fragmente im März-Heft des Phöbus. Nachdem eine Aufführung durch Iffland in Berlin unmöglich geworden war, erscheint das Stück Februar 1811 bei Reimer als Buch.

Erstaufführung: 2. März 1808 in Weimar; dann 1816 und 1818 in München und Breslau. Erst seit 1820 (Bearbeitung von Friedrich Ludwig Schmidt) auf den Bühnen heimisch.

Textüberlieferung:

a) Eigenhändige Handschrift in Folio; aus Tieck/Köpkes Nachlaß noch heute in der Staatsbibliothek Berlin. Unvollständig – es fehlen 1633–2290; die Handschrift hat den längeren Schluß, der in der Buchfassung fragmentarisch als »Variant« abgedruckt ist, und diente, wie redaktionelle Notizen von Kleists Hand zeigen, als Vorlage für den Phöbus-Abdruck; noch ohne Szeneneinteilung. – In Nachbildung der Handschrift hrsg. von P. Hoffmann, Weimar 1941.

b) Fragmente – 1. 6. 7. Auftritt – im Phöbus, drittes Stück, März 1808 (siehe Varianten). Einige Abweichungen gegenüber a.

c) Buchausgabe: »Der zerbrochne Krug, ein Lustspiel, von Heinrich von Kleist. Berlin. In der Realschulbuchhandlung. 1811.« (Mit »Variant« im Anhang.) Danach unser Text. – Die Buchausgabe beruht auf einer verschollenen, die Änderungen in a nicht berücksichtigenden, aber gleichfalls überarbeiteten Handschrift. – Ein Exemplar der Buchausgabe mit eigenhändigem Namenseintrag »H. v. Kleist« auf dem Titelblatt wurde 1926 von Henrici, Berlin, versteigert (Katalog CXII).

Quellen: Das Hauptmotiv – der Richter, der seine eigene Tat aufdecken muß – sowie die analytische Entwicklung der Handlung gehen auf Sophokles' »König Ödipus« zurück, zu dem Kleists Lustspiel ein tragikomisches Gegenstück bildet; selbst Adams Klumpfuß deutet auf Oidipus = Schwellfuß. Nach Richard F. Wilkie (Germanic Review, 1948) entnahm Kleist einige Motive und Situationen Christian Felix Weises Einakter »Der Krug geht so lange zu Wasser, bis er zerbricht, oder der Amtmann« (1786). Kleists Quellen für die Beschreibung des Kruges siehe unter 649.

Zeugnisse zur Entstehung:

Zschokke (1842): »In meinem Zimmer hing ein französischer Kupferstich, ›La cruche cassée‹. In den Figuren desselben glaubten wir ein trauriges Liebespärchen, eine keifende Mutter mit einem zerbrochenen Majolikakruge und einen großnasigen Richter zu erkennen.« – (1825): »Die ausdrucksvolle Zeichnung belustigte und verlockte zu mancherlei Deutungen des Inhalts. Im Scherz gelobten die drei, jeder wolle seine eigentümliche Ansicht schriftlich ausführen. Ludwig Wieland verhieß eine Satire, Heinrich von Kleist entwarf ein Lustspiel und der Verfasser der gegenwärtigen Erzählung das, was hier gegeben wird.«

E. v. Bülow (1848): In Dresden 1803 »soll Kleist eines Abends, als Pfuel Zweifel an seinem komischen Talent geäußert, ihm die drei ersten Szenen des schon in der Schweiz begonnenen Lustspiels diktiert haben«.

Kleist an Massenbach, 23. 4. 1805: »Schließlich erfolgt der Krug.«

Kleist an Rühle, 31. 8. 1806: »Ich habe der Kleisten eben wieder gestern eins geschickt, wovon Du die erste Szene schon in Dresden gesehen hast. Es ist der zerbrochene Krug ... Meine Vorstellung von meiner Fähigkeit ist nur noch der Schatten von jener ehemaligen in Dresden.«

Goethe an Adam Müller, 28. 8. 1807: »Der zerbrochene Krug hat außerordentliche Verdienste, und die ganze Darstellung dringt sich mit gewaltsamer Gegenwart auf ... Das Manuskript will ich mit nach Weimar nehmen, in der Hoffnung Ihrer Erlaubnis, und sehen, ob etwa ein Versuch der Vorstellung zu machen sei.«

Kleist an Goethe, 24. 1. 1808: »[Penthesilea] ist übrigens ebenso wenig für die Bühne geschrieben, als jenes frühere Drama: der Zerbrochne Krug, und ich kann es nur Ew. Exzellenz gutem Willen zuschreiben, mich aufzumuntern, wenn dies letztere gleichwohl in Weimar gegeben wird. Unsere übrigen Bühnen sind weder vor noch hinter dem Vorhang so beschaffen, daß ich auf diese Auszeichnung rechnen dürfte ...«

Kleist an Ulrike, 8. 2. 1808: »Der zerbrochene Krug ... wird im Februar zu Weimar aufgeführt, wozu ich wahrscheinlich mit Rühle ... mitreisen werde.«

Kleist an Collin, 14. 2. 1808: Außerdem habe ich noch ein Lustspiel liegen, wovon ich Ihnen eine, zum Behuf einer hiesigen Privatvorstellung (aus der nichts ward) genommene Abschrift schicke.«

F. W. Riemer, Weimar, 2. 3. 1808: »Abends ›Der Gefangene‹ und der ›Zerbrochene Krug‹, der anfangs gefiel, nachher langweilte und zuletzt von einigen wenigen ausgetrommelt wurde, während andere zum Schluß klatschten. Um 9 Uhr aus.«

Goethe zu Falk: »Sie wissen, welche Mühe und Proben ich es mir kosten ließ, seinen ›Wasserkrug‹ aufs hiesige Theater zu bringen.

Daß es dennoch nicht glückte, lag einzig in dem Umstande, daß es dem übrigens geistreichen und humoristischen Stoffe an einer rasch durchgeführten Handlung fehlt. Mir aber den Fall desselben zuzuschreiben, ja, mir sogar, wie es im Werke gewesen ist, eine Ausforderung deswegen nach Weimar schicken zu wollen, deutet, wie Schiller sagt, auf eine schwere Verirrung der Natur ...«

Kleist an Fouqué, 25. 4. 1811: »Es kann auch, aber nur für einen sehr kritischen Freund, für eine Tinte meines Wesens gelten; es ist nach dem Tenier gearbeitet, und würde nichts wert sein, käme es nicht von einem, der in der Regel lieber dem göttlichen Raphael nachstrebt.«

Zum Text:

Vorrede (S. 5): steht nur im Manuskript a, nicht in der Buchausgabe. Hinter *Ödip* (Zeile 18) nachträglich eingefügt und wieder gestrichen: *als die Frage war, wer den Lajus erschlagen?* Kleist hatte sich 1803 Sophokles' »König Ödipus« aus der Dresdner Bibliothek geborgt.

50: *Ziegenbock am Ofen* – ursprünglich deutlicher: *der an der Ofenkante eingefügt*

73 ff: *Holla, Huisum, Hussahe* – von Kleist erfundene Ortsnamen.

142 ff: Plutarch erzählt, daß Demosthenes einmal in der Volksversammlung unter dem Vorwand, erkältet zu sein, gegen seine Überzeugung geschwiegen habe, weil er von Alexanders Schatzmeister Harpalos bestochen worden war.

306: *Euer Gnaden* – hier und auch sonst bei Kleist gewöhnlich: *Ew. Gnaden.*

309: *seit Kaiser Karl dem fünften* – Halsgerichtsordnung Karls V. von 1532 (»Carolina«).

312: *Puffendorf* – Samuel Frh. v. Pufendorf (1632–94), Verfasser des »Elementa jurisprudentiae universalis« und »De statu imperii germanici«; in der Buchausgabe: *Puffendorff.*

385: *Sackzehnde* – Naturalleistung der Bauern an Pfarrer und Schulmeister.

488: *Fiedel* – Pranger-Instrument.

493: *der Schergen* – so in a, b und c; E. Schmidt: *Scherge*

521: *um alle Wunden* – zu ergänzen: *Christi.*

560: *Pips* – Geflügelkrankheit.

574: *Klägere* – altertümelnde Form. Die nun folgende Szene mit den deplazierten Fragen des Dorfrichters ist in Goethes »Lehrjahren«, I 13, vorgebildet, worauf Friedrich Michael (Jahrb. d. Kleistges. 1922) aufmerksam machte.

624: *vereinte Staaten* – die Niederlande.

646 f: Diese Verse und überhaupt das Kunstmittel, die Bilder des zerbrochnen Kruges beschreiben zu lassen, gehen zurück auf Salomon Geßners Idylle vom zerbrochenen Krug:

>»Ach! zerbrochen ist er, der Krüge schönster! Da liegen
Seine Scherben umher! ...«

Heinrich Geßner schrieb 1802 die von Ramler in Verse ge-
brachte Idylle seines Vaters ab, wohl um damit gleichfalls
einen Beitrag zum Dichterwettstreit zu liefern. Auch in
Zschokkes Erzählung (1813) spielt nach Kleists Vorgang die
Krugbeschreibung eine Rolle: »den guten Adam ohne Kopf
und von der Eva nur noch die Beine fest stehend ... das
Lämmlein bis auf den Schwanz verschwunden, als hätte es der
Tiger hinuntergeschluckt.«

649 ff: Karl V. übergab 1555 zu Brüssel die Niederländischen Provinzen an seinen Sohn Philipp. Für seine Darstellung benutzte
Kleist neben Schillers »Abfall der Niederlande« vermutlich
die französische Ausgabe von Famianus Stradas »Histoire de
la guerre de Flandre«, Paris 1652, sowie die deutsche Ausgabe
von Jan Wagenaars »Geschichte der Vereinigten Niederlande«, Leipzig 1756/66 (nach de Leeuwe in »Duitse Kronieck«,
Jg. 12, 1961, S. 123–45).

657: *der Franzen und der Ungarn Königinnen* – Eleonore und Maria, die
Schwestern Karls V.

661: *Philibert* – ein Ritter Karls V.

664: *Maximilian* – Neffe Karls V., galt für ausschweifend (»der
Schlingel«!); später als Maximilian II. deutscher Kaiser.

667: *Erzbischof von Arras* – Granvella, Bischof von Arras und spä-
terer Erzbischof von Mecheln, gegen den sich der Haß der
Niederländer erhob. Hinter 667 hatte Kleist ursprünglich
eingefügt:

Den Hirtenstab hielt er, und hinter ihm
Sah man geschmückt den ganzen Klerus prangen:

doch wollte er offenbar nicht den gesamten Klerus vom Teufel
holen lassen.

681 f: Die Meergeusen eroberten 1572 Briel in Südholland unter
Willem van Lumey, nicht unter *Oranien.*

697: *Tirlemont* – 1635 von den Franzosen erobert. Die Komik der
Erzählung liegt darin, daß der Schneider, der sich den Hals
bricht, dies schlecht »mit eignem Mund« erzählen kann (P.
Hoffmann).

706: *Sechsundsechzig* – d. i. 1666.

vor 712: WALTER – im Manuskript von fremder Hand aus ADAM
verbessert; entsprechend im Buchdruck. Nach dem von
Minde-Pouet übernommenen Vorschlag J. Körners (Germa-
nisch-romanische Monatsschrift 1927) wären dagegen 720 ff.
und 730 ff. Adam zuzuteilen, was aber in diesem Fall dem Be-
fund von a, b und c widerspricht.

758: *bankerott* – fehlt in Buchausgabe, ebenso 594: *ungeduldig.*

847: *Kossät* – Kotsasse, Tagelöhner (der in einer Kote sitzt).

939 f: *Nun schießt . . . das Blatt mir* – volkstümliche Redensart: »ich bin aufgeregt; die Augen gehen mir auf« (Blatt = Zwerchfell?).

942: *Hirschgeweihe* – als Zeichen des betrogenen Liebhabers.

980: *Detz* – Deets, märkisch: Kopf (frz. tête).

1133: *Wars der Herr Jesus?* – dieser blasphemische Vers ist es offenbar, den Fouqué in seinem »Gespräch über die Dichtergabe H. v. Kleists« (Morgenblatt 1816) als einzigen weggelassen wünscht, nicht, wie E. Schmidt annahm, V. 259.

1238: *twatsch* – märkisch: töricht (mittelhochdeutsch »twâs« = Narr).

1530–33: *Pythagoräer-Regel* – auf die Pythagoreische Schule zurückgehende Zahlensymbolik. In seinem »Fragment eines Haushofmeister-Examens« (Bd. 5) zitiert Kleist nach Shakespeare »des Pythagoras Lehre, wildes Geflügel anlangend«.

1486: *Rect'* – lat. »recta via« (geradewegs).

1679: *So koch dir Tee* – Berlinisch: »Tu, was du willst!« (nach de Leeuwe).

1741: *praeter propter* – lat. »ungefähr«; wie »Amphitryon« 81.

nach 1820: *Er zeigt seinen linken Fuß* – Man hat auf einen Irrtum im Text geschlossen, da es nach V. 22 gerade der linke ist, den er verbergen sollte; aber Adam mag zum Trotz den Klumpfuß vorzeigen.

Varianten zum »Zerbrochnen Krug«

S. 70–73: *Fragmente aus dem Lustspiel: der zerbrochne Krug* – Im dritten Stück des Phöbus, März (ausgegeben: Ende April) 1808; als Druckvorlage diente die Folio-Handschrift (siehe Textüberlieferung).

70: Die zu Anfang abgedruckte Fußnote bezieht sich auf die Weimarer Aufführung vom 2. März 1808.

73: *B. Zur Erklärung* – Abweichende Fassung auf verschollenem, 1914 versteigertem Zettel (s. E. Schmidts Lesarten S. 321).

C. Warum Kleist *niederländischen* und *Dem span'schen Philipp* im Phöbus nur durch Striche andeutet, ist nicht ersichtlich. Die Stelle, nach welcher der Setzer unter Fortlassung der Krugbeschreibung mit dem Abdruck fortzufahren hatte, ist im Manuskript durch einen waagrechten Strich vor V. 730 gekennzeichnet.

Weitere Varianten im Phöbus:

445: *Der Laffe! Seht!* – so auch im Manuskript statt: *Der eitle Flaps!*

450: *So faßt' ich sie beim Griff jetzt, sieht er, so,*

502: *Laßt diesem Ort des Unheils uns entfliehn!* – statt *Unglücks-*

zimmer, wie es zunächst im Manuskript hieß und in der Buchausgabe beibehalten wurde.

559: *Das jüngst ein Indienfahrer mir geschenkt, | Schwarz, wie ein Rab', mit goldner Toll und Flügeln,* – so auch im Manuskript, wo die Fassung der Buchausgabe durchstrichen ist.

nach 744: *am Abend* – ADAM *(wendet sich mit der Gebärde des Erschreckens).* FRAU MARTHE *(fortfahrend).* – so auch im Manuskript.

755: *In jedem Winkel brüchig liegt ein Stück* – *brüchig* nur im Phöbus.
nach 805: *Man legt die Worte niemand in den Mund.* – so auch im Manuskript.

S. 74–89: *Variant* – nach der Folio-Handschrift (faksimiliert hrsg. von P. Hoffmann; siehe Textüberlieferung); die dort durch Manuskriptverlust fehlenden Verse (1908–2290) nach dem »Variant« der Buchausgabe.

Unter der Bezeichnung »Variant« (ebenso in Kleists Epigramm »Rechtfertigung«, Bd. 1, S. 29) brachte Kleist als Anhang der Buchausgabe den 12. Auftritt (bis 2381) in der Fassung, wie sie der Folio-Handschrift entspricht. Daß dieser längere Schluß tatsächlich der ursprüngliche war und auch der Weimarer Aufführung von 1808 zugrunde lag, konnte ich anhand eines bisher unbekannten Berichts über die Aufführung in der »Allgemeinen deutschen Theater-Zeitung«, 11. 3. 1808, ermitteln, in dem es u. a. heißt: »nun müssen wir noch den zweiten und den (das ganze Stück verdarb dritthalb Stunde) eine Stunde währenden, dritten Akt, alles ein einziges Verhör, mit anhören«, wobei die Darstellerin des Evchens »die eigentliche plagende Erzählerin« gewesen sei. Durch diesen Fund (mitgeteilt im Jahrb. d. Dt. Schillerges. 1963) dürfte die alte Streitfrage, welche Fassung in Weimar gespielt wurde, endgültig geklärt sein.
1939: *nach dem Hergang* – im Erstdruck: *den* – P. Hoffmann vermutet ein Druckversehen für: *noch den Hergang* (so auch bei Tieck, 1826)
2006: *Ich glaubte fast, du weißt, daß es dir steht.* – von Tieck und E. Schmidt zu Unrecht in *glaube* verbessert; nach P. Hoffmanns richtiger Beobachtung konjunktivisch gemeint: »Ich würde es fast glauben, wenn ich nicht wüßte, daß du nicht eitel bist.«
2299: *zum Vater Tümpel* – im Manuskript zunächst: *zu Vater Veit dort*
2305: *zu so viel* – *so* fehlt im Manuskript.
2312: *also* – in der Buchausgabe nicht gesperrt.
2376: *O Jesus!* – in der Buchausgabe: *O Himmel!*
2380 f: Hier endet der Variant in der Buchausgabe von 1811 (und in den Kleist-Ausgaben) auf folgende Weise: *Nach Utrecht geh ich, | Und steh ein Jahr lang auf den Wällen Schildwach, | Und wenn ich das getan, u. s. w. . . . ist Eve mein!*

Amphitryon

Entstehung: 1806 in Königsberg; möglicherweise auf eine Anregung Zschokkes zurückgehend, der 1805/6 die Ausgabe seiner eigenen Übersetzungen von »Molieres Lustspielen und Possen« ohne den »Amphitryon« erscheinen ließ. Rühle vermittelte das Manuskript während Kleists Gefangenschaft an den Dresdner Buchhändler Arnold; Adam Müller gab es mit einer Einleitung heraus.

Erstaufführung: 1899 am Neuen Theater in Berlin.

Textüberlieferung: Erstdruck »Heinrich von Kleists Amphitryon, ein Lustspiel nach Moliere. Herausgegeben von Adam H. Müller. Dresden, in der Arnoldischen Buchhandlung.« o. J. (Mai 1807) Danach Titelauflage: »Neue wohlfeilere Ausgabe. Dresden. 1818.« – Vorangestellt ist die

»Vorrede des Herausgebers.

Eine leichte Betrachtung des vorliegenden Lustspiels wird zeigen, daß die gegenwärtige Abwesenheit des Verfassers von Deutschland und keine andre Veranlassung den Beistand einer fremden Hand bei der Bekanntmachung des Werks nötig machte. Es bedarf nämlich so wenig einer Empfehlung, daß diesmal, ganz der gewöhnlichen Ordnung entgegen, der Herausgeber viel mehr durch den Amphitryon, als die eigentümliche, auf ihre eigne Hand lebende Dichtung durch den Herausgeber empfohlen werden kann … Möge der Leser, wenn er in Betrachtung dieses Jupiters und dieser Alkmene sich der Seitenblicke auf den Moliere, oder den Plautus, oder die alte Fabel selbst, durchaus nicht erwehren kann – den Wörterbüchern, den Kunstlehren, und den Altertumsforschern, die ihm dabei an die Hand gehen möchten, nicht zu viel trauen: das altertümliche Kostüm gibt die Antike noch nicht; ein tüchtiger, strenger metrischer Leisten gibt noch nicht den poetischen Rhythmus; und das Geheimnis der Klassizität liegt nicht in der bloßen Vermeidung von Nachlässigkeiten, die leise verletzen, aber nicht ärgern, nicht verunstalten, oder verdunkeln können das Ursprüngliche und Hohe, das aus dem Werke herausstrahlt. Mir scheint dieser Amphitryon weder in antiker noch moderner Manier gearbeitet: der Autor verlangt auch keine mechanische Verbindung von beiden, sondern strebt nach einer gewissen *poetischen Gegenwart*, in der sich das Antike und Moderne – wie sehr sie auch ihr untergeordnet sein möchten, dereinst wenn getan sein wird, was Goethe entworfen hat – dennoch wohlgefallen werden.

Erwägt man die Bedeutung des deutschen und die Frivolität des Moliereschen Amphitryon, erwägt man die einzelnen von Kleist hinzugefügten komischen Züge, so muß man die Gutmütigkeit bewundern, mit der die komischen Szenen dem Moliere nachgebildet sind: der deutsche Leser hat von dieser mehrmaligen Rückkehr zu dem französischen Vorbilde den Gewinn, kräftig an das Verhältnis des poetischen Vermögens der beiden Nationen erinnert zu werden.

Einen Wunsch kann der Herausgeber nicht unterdrücken, nämlich den, daß im letzten Akte das thebanische Volk an den Unterschied des göttlichen und irdischen Amphitryon gemahnt werden möchte, wie Alkmene im zweiten Akt. *Gewollt* hat es der Autor, daß die irdische Liebe des Volks zu ihrem Führer ebensowohl zu Schanden werde, als die Liebe der Alkmene zu ihrem Gemahl – aber nicht *ausgedrückt.*

Adam H. Müller.«

Quellen: Neben Molières »Amphitryon« (1668) scheint Kleist auch Rotrous »Les Sosies« (1636), J. D. Falks »Amphitruon« (1804), möglicherweise auch die alte Komödie des Plautus gekannt und stellenweise benutzt zu haben. – In Szene 4 bis 6 des zweiten Aktes und in der Schlußszene weicht Kleist völlig von seiner Vorlage ab.

Zeugnisse zur Entstehung:

Chr. G. Körner an Verleger Göschen, 17. 2. 1807: »Vorjetzt bitte ich Sie um baldige Antwort auf eine Anfrage, wozu mich ein merkwürdiges poetisches Produkt veranlaßt, das ich hier im Manuskript gelesen habe … Der Verfasser ist jetzt als Gefangener in eine französische Provinz gebracht worden, und seine Freunde wünschen das Manuskript an einen gutdenkenden Verleger zu bringen, um ihm eine Unterstützung in seiner bedrängten Lage zu verschaffen. Adam Müller … will die Herausgabe besorgen und noch einige kleine Nachlässigkeiten im Versbau verbessern. Von ihm habe ich das Manuskript erhalten.«

A. Müller an Fr. von Gentz, 9. 5. 1807: »Die äußere Ungeschliffenheit der Verse wegzuschaffen, hielt ich nicht für meinen Beruf, um so weniger, als ich den innern Rhythmus dieses Gedichts zu verletzen für ein Verbrechen gegen die poetische Majestät dieses großen Talents gehalten haben würde.«

Kleist an Ulrike, Chalons, 8. 6. 1807: »Rühle hat ein Manuskript, das mir unter andern Verhältnissen das Dreifache wert gewesen wäre, für 24 Louisdor verkaufen müssen.«

Kleist an Wieland, 17. 12. 1807: »Der Gegenstand meines Briefes [vom März 1807] war, wenn ich nicht irre, der Amphitryon, eine Umarbeitung des Molierischen, die Ihnen vielleicht jetzt durch den Druck bekannt sein wird, und von der Ihnen damals das Manuskript, zur gütigen Empfehlung an einen Buchhändler, zugeschickt werden sollte.«

Goethe, 13. 7. 1807: »Gegen Abend Hr. von Mohrenheim, russischer Legationssekretär, welcher mir den Amphitryon von Kleist, herausgegeben von Adam Müller, brachte. Ich las und verwunderte mich, als über das seltsamste Zeichen der Zeit.«

Kleist an Ulrike, 17. 9. 1807: »Zwei meiner Lustspiele [Amphitryon, Krug] sind schon mehrere Male in öffentlichen Gesellschaften, und immer mit wiederholtem Beifall, vorgelesen worden.«

Zum Text:

23: *Sosias* – Kleist betont, wohl durch Molières Schreibung *Sosie* beeinflußt, den Namen auf der zweiten Silbe, was der griechischen, nicht der lateinischen Betonung entspricht.

45: *Doch wär es gut, wenn du die Rolle übtest?* – von E. Schmidt und den späteren Herausgebern zu Unrecht in einen Ausruf verwandelt.

70: *Labdakus* – Kleist entlehnt den Namen der Ödipus-Tragödie; bei Molière wie bei Plautus heißt der feindliche Feldherr Ptérélas.

88, 94, 97: *Stürzt – rückt – Stürzt* – ohne Apostroph: historisches Präsens.

172: *Was wirst du nun darauf beschließen.* – Das von Zolling eingeführte Fragezeichen verändert den Ton.

178: *Ich muß, jedoch* – Das in den Ausgaben fehlende Komma drückt deutlich die Verlegenheit des Sosias aus (drei Zäsuren!).

187: *Du sagst von diesem Hause dich?* – hier wie auch sonst französische Diktion: *Tu te dis de cette maison?* (Molière)

397: *Risse* – märkisch: Prügel.

454: *Wie leicht verscheuchst du diese kleinen Zweifel?* – Das Fragezeichen ist zu halten, da der Satz fragend zu denken ist.

477: *Die Kunst* – als Apposition von Kleist in Kommas gesetzt.

505: *Schwingen* – im Erstdruck *Schweigen:* Lesefehler des Setzers!

529: *Lakoner* – der Hinweis auf die sprichwörtliche spartanische Schweigsamkeit nicht bei Molière.

552: *scharwenzeln* – Zerbr. Krug 1355: *scharwenzen* = umwerben.

587: *adjungieren* – beigesellen.

615: *Vom Ei* – wörtl. Übersetzung des lat. »ab ovo«: von Anfang an.

617: *ehr* – wie meist auch sonst bei Kleist ohne Apostroph.

620: *aus Furcht, vergebt mir* – Komma fehlt bei Kleist, da ohne Zäsur zu sprechen.

642: *salva venia* – lat. »mit Verlaub«.

664: *Was für Erzählungen?* – kein Ausrufezeichen.

704: *wie glaubt mans.* – kein Fragezeichen, siehe auch 172.

823: *Here* – Hera, griech. Name der Juno; lateinische und griechische Formen wechseln bei Kleist.

882: *deine Knie* – metrisch korrekter: *dein Knie;* Druckfehler?

957: *Ortolan* – Gartenammer, von den Römern als Leckerbissen geschätzt; nicht bei Molière.

1028: *Fletten* – niederdeutsch: Fittiche.

1142: *einzig, unschätzbare* – Das für Kleist typische Komma darf nicht getilgt werden; vgl. Homburg 1166 u. ö.

1206: *nannt* – im Druck *nennt* (wohl Druckfehler).

1286: *Makel* – im Druck nach damaliger Schreibung *Mackel*

1355: *Tyndariden* – Kastor und Pollux, die von Jupiter gezeugten Söhne der Leda und des Tyndarus; Vordeutung auf 2334.

1383: *Wie rührst du mich?* – Das Fragezeichen ist als typisch zu halten.

1450: *an seinem Nest gewöhnt* – Gentz, durch Adam Müller auf Nachlässigkeiten der Sprache aufmerksam gemacht, bezeichnet diese Stelle als »einzige Sprachunrichtigkeit«, die er gefunden habe.

1463: *den Göttern angenehm.* – kein Fragezeichen.

1514–31: Diese Verse aus der von Kleist hinzugedichteten 5. Szene werden von A. Klingemann (Zeitung f. d. eleg. Welt, 19. 7. 1807) als Beispiel zitiert, »daß bei dem höchsten Dichtergenie es dennoch nur einseitig gelingen kann, einen eigentümlich antiken Gegenstand romantisch darzustellen.«

1534 ff: hinter *sträuben* und *auserkoren* ist im Druck ein Punkt, während er hinter *mich* fehlt; es erscheint richtiger, den ersten, nicht den zweiten Punkt in ein Komma zu verwandeln.

1581: *Auf daß* – im Erstdruck wohl versehentlich: *Auf, daß*.

1644: *Saupelz* – Gentz an Müller, 16. 5. 1807: »Alsdann hätte ich das Wort ›Saupelz‹ weggewünscht, weil es doch etwas *zu* niedrig ist, ob es gleich da, wo es steht, nichtsdestoweniger gute Wirkung tut.«

1725: *Wo steckt ihr denn!* – kein Fragezeichen.

1732: *getreten; ich* – Schon Tieck schob hier unnötigerweise *den* ein.

1765: *gezecht?* – kein Ausrufezeichen, wie seit Zolling zu lesen.

1802: *so sagt man ihm, warum?* – kein Ausrufezeichen.

1851: *beginnt* – im Erstdruck fehlerhaft *beginnet*

1967: *unverschämter* – im Erstdruck: *Unverschämter*

1994 ff: *Eine Hütte – in Einem Bette – Ein Los* usw. – die Betonung nach damaligem Gebrauch durch Großschreibung ausgedrückt; hier wie auch sonst von uns durch Kursivdruck wiedergegeben.

2055: *von der Bank gefallen* – unehelich (auf der Bank, nicht im Ehebett) gezeugt; ähnlich Homburg 1567 u. ö.

2089 u. ö.: *Argatiphontidas* – so bei Molière; im Erstdruck gelegentlich fehlerhafte Schreibung (thi statt ti).

2156: *das andre Ihr Bedienter* – seit J. Schmidt unnötigerweise in *des andren Ihr Bedienter* verändert; »*Ihr Bedienter*« ist gleichsam in Anführungszeichen zu denken.

2224: *Bosphorus* – damals übliche falsche Schreibung.

2251: *zu unterscheiden?* – seit Zolling von den Herausgebern in einen Ausruf verwandelt, was den Sinn verändert.

2283: *in die Nacht* – *die* fehlt versehentlich im Erstdruck.

2335 f: *Dir wird ein Sohn geboren werden, Dess Name Herkules* – Die
Worte erinnern an die Marien-Verkündigung. Adam Müller
und – wohl durch ihn beeinflußt – H. K. Dippold (Morgenblatt, 3. 6. 1807) und Goethe sprechen überhaupt von einer
Umdeutung der Fabel durch Kleist »ins Christliche«.

2344: *Und im Olymp empfang ich dann, den Gott* – Das syntaktisch
störende und deshalb von E. Schmidt wie gewöhnlich getilgte
Komma gibt eine gewichtige Zäsur.

2345: *Und diese hier, nicht raubst du mir?* – Das Komma betont zwar
etwas unglücklich den zweifach auftretenden Binnenreim, ist
aber als Kleistisch zu halten.

2362: *Ach!* – Die Schönheit des Schlusses wird schon von der zeit-
genössischen Kritik hervorgehoben. Allgem. Literaturzeitung
24. 7. 1807: »und schön ist das überwältigende, unaussprech-
liche Gefühl von dieser plötzlichen Offenbarung durch
Alkmenens einfaches Ach! ausgedrückt, womit das Drama
bedeutend schließt.« A. Klingemann in der Zeitung f. d. eleg.
Welt, 19. 7. 1807: »ein Ach von tiefer Bedeutung; wo Unschuld und Sünde in den kleinsten Laut zusammenschmelzen.«
Ähnlich eine Notiz Jean Pauls: »Das Final-›Ach‹ würde zu
viel bedeuten, wenn es nicht auch zu vielerlei bedeutete.« –
Dagegen Goethe: »Das Ende ist aber klatrig.«

Penthesilea

Entstehung: In Königsberg begonnen, in der Gefangenschaft fort-
gesetzt, in Dresden Herbst 1807 vollendet. Januar 1808 eröffnet ein
»Organisches Fragment« den Phöbus, Herbst 1808 erscheint bei
Cotta die Buchausgabe, die Kleist zunächst im Selbstverlag heraus-
geben wollte.

Erstaufführung: 23. April 1811 pantomimische Darstellung einzel-
ner Teile (nach vorangegangener Rezitation) durch Henriette Hen-
del-Schütz im Konzertsaal des Berliner Nationaltheaters. Mai 1876
erster Aufführungsversuch nach der Bearbeitung von S. H. Mosenthal
am Kgl. Schauspielhaus zu Berlin.

Textüberlieferung:

a) Manuskript eines Kopisten (des gleichen, der Kleists Königs-
berger Aufsatz »Über die allmähliche Verfertigung der Gedanken«
abschrieb), von Kleist mit Tinte, Bleistift und Rötel korrigiert;
einige nachträgliche Änderungen im 1. bis 7. Auftritt gehen über
den Erstdruck c hinaus. (Siehe Varianten) – Nach Kleists Tod im
Besitz Sophie von Hazas, dann mit dem Tieck/Köpkeschen Nachlaß in die Preuß. Staatsbibliothek gekommen, heute im Depot der

Universitätsbibliothek Tübingen. Textabdruck (fehlerhaft) durch Charlotte Bühler, Frankfurt a. M. 1921, Kleukens-Presse.

b) »Organisches Fragment« im 1. Phöbus-Heft, Januar 1808, mit verbindendem Text von Kleist. (Siehe Varianten) Der Text entspricht weitgehend dem Druck c, gelegentlich auch der Kopie a.

c) Buchausgabe: »Penthesilea. Ein Trauerspiel von Heinrich von Kleist. Tübingen, im Verlag der Cottaischen Buchhandlung und gedruckt in Dresden bei Gärtner. 1808.« (Die ersten Exemplare, wie sie uns mit Kleists Widmungen für Baron Buol und F. G. Wetzel erhalten sind, tragen im Titel nur den Druckvermerk: »Dresden, gedruckt bei Carl Gottlob Gärtner«.) Danach unser Text.

Quellen: Benjamin Hederichs »Gründliches mythologisches Lexicon«, 2. Aufl. 1770, insbesondere die Stichworte »Amazonen«, »Penthesilea«, »Pentheus« (Schilderung der Mänaden!); ferner Euripides' »Bakchen«, Homers »Ilias« u. a. Kleist benutzt nicht die übliche Fassung der Sage, wonach Achill die Amazonenkönigin tötet und sich in die Sterbende verliebt, sondern eine bei Hederich verzeichnete Variante, nach der es Penthesilea zunächst gelingt, ihren Gegner zu erlegen; allerdings tötet auch hier der wiedererstandene Achill am Ende die Amazonenfürstin.

Zeugnisse zur Entstehung:

Kleist an Rühle, 31. 8. 1806: »Jetzt habe ich ein Trauerspiel unter der Feder.«

Kleist an Ulrike, 8. 7. 1807: »Ich habe deren noch in diesem Augenblick zwei fertig; doch sie sind die Arbeit eines Jahres ...«

Kleist an Marie, Spätherbst 1807: »Ich habe die Penthesilea geendigt, von der ich Ihnen damals, als ich den Gedanken zuerst faßte, wenn Sie sich dessen noch erinnern, einen so begeisterten Brief schrieb ... Es ist hier schon zweimal in Gesellschaft vorgelesen worden.« – »Um alles in der Welt möcht ich kein so von kassierten Varianten strotzendes Manuskript einem andern mitteilen, der nicht von dem Grundsatz ausginge, daß alles seinen guten Grund hat.« – »Es ist wahr, mein innerstes Wesen liegt darin ...: der ganze Schmutz [!] zugleich und Glanz meiner Seele.« Vgl. den vollständigen Text der Briefe, Bd. 7 Nr. 116–118.

Kleist an Wieland, 17. 12. 1807: »Soviel ist gewiß: ich habe eine Tragödie (Sie wissen, wie ich mich damit gequält habe) von der Brust heruntergehustet; und fühle mich wieder ganz frei!«

Kleist an Goethe, 24. 1. 1808: »Ich war zu furchtsam, das Trauerspiel, von welchem Exzellenz hier ein Fragment finden werden, dem Publikum im Ganzen vorzulegen. So, wie es hier steht, wird man vielleicht die Prämissen, als möglich, zugeben müssen, und nachher nicht erschrecken, wenn die Folgerung gezogen wird.«

Kleist an Collin, 14. 2. 1808: »Von der Penthesilea, die im Druck ist, sollen Sie ein Exemplar haben, sobald sie fertig sein wird.«

Kleist an Cotta, 7. 6. 1808: »Dieser Druck der ersten Bogen schreckt
die Hr. Buchhändler ab, das Werk anders, als in Kommission, zu
übernehmen, und gleichwohl setzen mich die großen Kosten, die
mir der Phöbus verursacht, außerstand, im Druck dieses Werks
fortzufahren.«

Kleist an Cotta, 24. 7. 1808: »Ew. Wohlgeboren haben sich wirklich, durch die Übernahme der Penthesilea, einen Anspruch auf
meine herzliche und unauslöschliche Ergebenheit erworben.«

Varnhagen nach seinem Besuch bei Cotta, im Winter 1808: »Wir
sprachen von Kleists Penthesilea, die er verlegt hat, er war unzu-
frieden mit dem Erzeugnis, und wollte das Buch gar nicht an-
zeigen, damit es nicht gefordert würde.«

Kleist an Collin, 8 Dez. 1808: »Wie gern hätte ich das Wort von
Ihnen gehört, das Ihnen, die Penthesilea betreffend, auf der Zunge
zu schweben schien! Wäre es gleich ein wenig streng gewesen!
Denn wer das Käthchen liebt, dem kann die Penthesilea nicht
ganz unbegreiflich sein, sie gehören ja wie das + und — der
Algebra zusammen, und sind ein und dasselbe Wesen, nur unter
entgegengesetzten Beziehungen gedacht.«

Johanna v. Haza an Tieck, 1816: »Leider besteht mein ganzer
Reichtum in einer Abschrift seiner Penthesilea, die ich Ihnen
hiebei mit Vergnügen überschicke, da, als sie geschrieben wurde,
nur einige wenige Abschriften in den Händen vertrauter Freunde
davon existierten . . .«

Namenverzeichnis zu »Penthesilea«

Äginer – Achilles; sein Vater
Peleus stammte aus Ägina.

Äthioper – Afrikaner.

Ätolier – Griechen, Bewohner
Ätoliens.

Agamemnon – Führer der Griechen vor Troja.

Ares – Kriegsgott, lat. Mars.

Argiver – Bewohner von Argos;
Griechen überhaupt.

Artemis – Göttin der Jagd, lat.
Diana; bei Kleist Hauptgöt-
tin der Amazonen. In V. 703
hat Handschrift und Phöbus
statt dessen *Aphrodite*.

Atriden – Agamemnon und
Menelaos, Söhne des Atreus.

Briseïs – von Achill erbeutete
Sklavin, die ihm Agamemnon
streitig machte.

Danaer – Bewohner von Argos;
die Griechen überhaupt.

Dardaner – Bewohner von Dar-
danos in Troas; Trojaner
überhaupt.

Deïphobus – Sohn des Priamus;
die korrekte Betonung des
viersilbigen Namens liegt auf
dem i.

Delius – Apollo, nach der Sage
auf der Insel Delos geboren.

Deukalion – der Noah der griech.
Sage, schuf mit den hinter
sich geworfenen Steinen ein
neues Menschengeschlecht.

Diana – s. Artemis.

Doloper – Volksstamm in Thes-
salien.

Erinnyen, Eumeniden – Rachegöt-
tinnen.

Gorgonen – Ungeheuer der Unterwelt; nach Hederich auch »streitbare Frauen aus Afrika«, Feindinnen der Amazonen.

Hades – Unterwelt.

Helios – Sonnengott.

Hellas – Griechenland.

Hellespont – antiker Name der Dardanellen.

Hephästos – Gott der Schmiedekunst.

Herkuls Säulen – die Säulen des Herkules, Straße von Gibraltar.

Horen – Göttinnen, hüten die Tore des Olymps.

Hymen – Hymenäos, griech. Hochzeitsgott.

Hymetta – eigentlich Hymettos, Berg in Attika.

Ilium – Troja.

Inachiden – die Griechen als Nachkommen des Königs Inachos von Argos.

Isthmus – auf der Landenge von Korinth wurden Wagenkämpfe ausgetragen.

Kozyth – Kokytos, Fluß der Unterwelt.

Kronide, Kronion – Zeus, Sohn des Kronos.

Laertiade – Odysseus, Sohn des Laertes.

Lapithen – mythischer Volksstamm, kämpften gegen die Kentauren.

Larissäer – von Virgil gebrauchter Beiname des Achilles; Kleist meint aber V. 232 den »Laertiaden« Odysseus.

Lernäersumpf – Wohnort der neunköpfigen Hydra.

Mänaden – rasende Frauen im Gefolge des Dionysos.

Mavors – ältere Form für Mars.

Myrmidonen – thessalischer Volksstamm unter Führung des Achilles.

Neridensohn – Achilles; seine Mutter war die Tochter des Meergotts Nereus.

Numidier – afrikanisches Reitervolk.

Orkus – Unterwelt.

Patroklus – Achills Freund, von Hektor getötet.

Pelide – Achilles, Sohn des Peleus.

Pergam – Pergamos, die Burg von Troja.

Pharsos – von Kleist erfundener Name.

Phtia – Hauptstadt der Myrmidonen; Kleist schreibt stets *Phtya*.

Priamiden – Söhne des trojanischen Königs Priamus; vor allem Hektor, dessen Leichnam Achill um die Stadtmauern schleifte.

Skythen – griech. Sammelname für die nordöstlichen Nomadenvölker.

Styx – Fluß der Unterwelt.

Teukrische – Trojaner, nach ihrem ersten König Teukros.

Themiscyra – Hauptstadt des Amazonenreichs.

Thetis – Achills Mutter, Tochter des Meergottes Nereus.

Tydide – Diomedes, Sohn des Tydeus.

Ulyß – falsche lat. Form für Odysseus; so durchweg im Phöbus-Abdruck.

Zum Text:

70: *rings um ihr* – Kleistisch; darf nicht zu *ringsum ihr* verbessert werden.

151: *groß* – gehört zu *düngend*, nicht etwa zu *Leibern*.

178: *Ormen* – Ulmen, nach franz. »orme«; ebenso 319.

399: *Senne* – ältere Form für Sehne.

575: *Wo sie, in beider Heere Mitte nun,* – so der Korrekturhinweis am Schluß der Buchausgabe; im Text stand das *nun* hinter *sie*.

606: *auf Küssen* – so in Handschrift und Druck; Kleist benutzt sonst nicht diese alte Form von *Kissen*.

720: *nicht mäßgen* – so in a, b und c. Man erwartet: *noch mäßgen*; vgl. hierzu Schultze-Jahde, Jahrb. d. Kleist-Ges. 1925/26 und Archiv f. d. Studium d. n. Sprachen, 1936, S. 10–17.

747: *seit einer Hand voll Stunden* – Kleists Schreibung wechselt mit *Handvoll*, was eine etwas andere Nuance gibt (z. B. 768).

803–6: trotz Doppelpunktes noch von *wirst du* (802) abhängig. Ein bösartiger zeitgenössischer Kritiker druckte die vier für sich allein sinnlosen Verse ab, um dann hinter 807 *,Das ist ja sonderbar und unbegreiflich!'* als Kommentar: »Freilich! freilich! –« zu setzen.

821: *ihn den Gefangenen* – *der Gefangenen* unnötige Konjektur.

863: *ehr* – wie meist bei Kleist ohne Apostroph.

867: *Fittichen* – Kleist schreibt stets *Fittigen*.

1083: *Diamantengürtels* – im Druck (nicht verbessert) *Diametengürtels;* der berühmte Gürtel der Amazonenkönigin Hippolyta (Hederich).

1291: *Warum weinst du?* – *du* fehlt im Druck; Handschrift: *Du weinst?*

1349 f: Das gleiche Bild in Kleists Brief vom 16. 11. 1800.

1364: *Komm fort.* – Die beiden Worte, die im Manuskript noch Cynthia (= Prothoe) spricht, sollten im Druck wohl Meroe zugeteilt werden, fielen aber hinter der Personenangabe MEROE ganz aus.

1393: EINE AMAZONE – so im Manuskript; im Druck: DIE AMAZONE (wohl Druckversehen).

1420 f: Ineinander verschlungene Verse. 1420 lautet: *Der Rasende! | Entwaffnet nennt er sich.* 1421: *Die Unglückselige! | Entseelt ist sie.* In den Ausgaben meist falsch eingerückt; auch darf die dritte Klammer natürlich nicht mehr die Zeile *Was ist zu tun?* umfassen.

1511: *beschwör ich dich!* – E. Schmidt setzt nur ein Komma.

1587: *des Felsen* – E. Schmidt verbessert: *der Felsen*

1596: *es ist nicht* – *ist* im Druck nicht gesperrt; im Manuskript unterstrichen.

1989: *die Busenlosen* – volksetymologische Namensdeutung, die Kleist bei Hederich fand.

2003 f: *Nicht – allerdings!* Im Phöbusdruck: *Nicht – allerdings; so heftig nicht als sie.* | *Man war gescheut.* Wahrscheinlich ist das Zeichen hinter *allerdings* ganz wegzudenken.

2015 f: Nach Goethes Meinung grenzte diese Stelle völlig an das Hochkomische.

2112: *feierlich* – in der Handschrift *festlich,* was metrisch korrekter ist.

2240: *Was ists?* – kein Ausrufezeichen.

2269: *goldner Halbmond* – Diana-Feldzeichen der Amazonen.

2273: *sendest du herab!* – kein Fragezeichen.

2300: *weiter bringt* – E. Schmidt druckt hier nach der Handschrift: *weiter trägt.*

2373: Zschokke in »Miszellen f. d. Neueste Weltkunde«, 28. 12. 1808: »Die Klafterhöhe steht hier mit der Endlosigkeit in schlechter Nachbarschaft.«

2421 ff: die Hundenamen z. T. nach Hederich (Actäons Meute); *Akle* richtiger *Alke.*

2450: *anvertraue* – im Druck versehentlich *vertraue*

2488: *zum Gefangnen* – in a und b: *zu gefangen*

2577: *vor der Füße Tritt.* – kein Komma.

2783–89: wird 1808 von Zschokke als geschmackloser Schwulst bezeichnet.

2795: *viel auch, viel littest du* – im Druck fehlerhaft *viel, auch viel*

2800: *mein Herz auf Knien* – Kleist schickt das 1. Phöbusheft »auf den ›Knien meines Herzens‹« an Goethe; Zitat nach dem biblisch-unkanonischen »Gebet Manasses«.

2843: *mein süßes!* – im Druck *mein Süßes!*

2911: *die ihn kränzte?* – kein Ausruf.

2975: *Ich zerriß ihn.* – kein Fragezeichen; tonlos gesprochen zu denken.

2995: *Ekel* – hier wie auch sonst meist bei Kleist: *Eckel*

3021: *von einer Seite* – im Druck *Einer,* also betont zu sprechen.

3041 ff: Das gleiche Bild schon in Kleists Brief vom 29. 7. 1801 (Bd. 6, Nr. 50) sowie fast wörtlich in »Familie Schroffenstein« 961–63.

Varianten zu »Penthesilea«

S. 259–62: *Organisches Fragment* – nach verschollener Handschrift im Phöbus, Januar 1808, mit Kleists Erklärungen. Die Bezeichnung »Organisches Fragment« wird von Arnim in der ›Zeitung für Einsiedler‹ als »glücklicher Ausdruck des H. v. Kleist« übernommen und noch 1820 von Goethe zitiert.

Im Personenverzeichnis fehlt *Meroe* (ebenso in dem erhaltenen Manuskript); für *Odysseus* im Text durchgehend *Ulysses.*

Weitere Phöbus-Varianten:

33: *Troilus* statt des falsch betonten *Deiphobus;* ebenso 174: *Troil daher* (Korrektur Adam Müllers?)

1765: hinter PENTHESILEA die sonst fehlende Szenenbemerkung: *indem sie die Kränze nimmt.*

1782: *Ich wollte sie am Stocke kosten.* – 1783 und die darauf folgende Szenenbemerkung fehlt im Phöbus.

1992 f. im Phöbus: *Die war der Krone eures Reiches wert, | Und meine Männerseele beugt sich ihr.* – im Manuskript: *Nun denn, beim Zeus, die war der Krone wert! | Die war gemacht, mit Männern sich zu messen.*

1995–97: *Kein Laut vernahm sich, als der Bogen nur, | Der aus der Hand, geöffnet im Entsetzen, | Der Priesterin, wie jauchzend, niederfiel.* – ebenso im Manuskript.

2410 (S. 261): *Halkymnia* – von Kleist erfundener Name.

2446: *F (Neunzehnter Auftritt* = 20. Auftritt der Buchausgabe) schließt im Phöbus wie folgt: DIE OBERPRIESTERIN. *Seht, die Wahnsinnige! U.s.w.* – Da im Phöbus nun G als *Einundzwanzigster Auftritt* folgt, muß man sich offenbar einen unbekannten 20. Auftritt dazwischen denken, der im Phöbus fortfiel.

2463: nach ACHILLES die sonst erst 2489 auftauchende Szenenbemerkung: *das Blut schießt ihm ins Gesicht.*

S. 263–86: *Varianten* – Hier sind nur die wesentlichsten, sowohl'vom Phöbusdruck wie der Buchausgabe meist erheblich abweichenden Stellen aus dem von Kleist korrigierten Manuskript verzeichnet (siehe Textüberlieferung a). Diese ursprüngliche Fassung ist erheblich krasser und in gewissem Sinne »moderner« als die in den Kleistausgaben befindliche. Das Manuskript ist, da nicht von Kleists Hand, bisher nicht faksimiliert; der kaum mehr zugängliche bibliophile Neudruck von 1921 ist ebenso wie der Erich Schmidtsche Lesartenapparat fehlerhaft. S. 269, Zeile 23 ff. (entspricht Vers 1349 f.): *Oft, wenn im Menschen alles untergeht* . . . – Diese Verse werden von Adam Müller als Motto seines Aufsatzes »Von der Modulation des Schmerzes« (Vermischte Schriften, Bd. 1, 1812) nach Kleists Manuskript zitiert.

INHALT